量から質に迫る

人間の複雑な感性をいかに「計る」か

徃住彰文……監修　村井 源……編

新曜社

本書の監修者であり，各著者の指導教員でもあった徃住彰文教授は，数年間にわたる闘病生活の末2013年7月1日に逝去されました。著者一同心よりご冥福をお祈り申し上げます。

目次

序章　高次感性と量的研究　1 ………………………………… 村井　源

第1節　高次感性とは　1
第2節　量的研究と質的研究　7
第3節　高次感性は科学の対象となるか　12

第1部　文学における高次感性

第1部を読む前に——テキストと高次感性　22

第1節　言語データと高次感性　22
第2節　テキスト中の単語が示す意味　23
第3節　テキストの意味を補完する要素　24
第4節　文学理解に必要な解釈技法　25
第5節　定量的なテキスト分析　26

第1章　虚構理解の認知過程　29 ………………………………… 良峯徳和

第1節　虚構理解の高次感性　29
第2節　虚構概念の理論的検討　30
第3節　虚構テキスト理解過程のシミュレーションシステム構築の試み　43
第4節　虚構理解の高次感性解明に向けた課題　50

第2章　汎文芸テキスト解析論　54 ………………………………… 工藤　彰

第1節　文芸作品のテキスト分析　54
第2節　小説家の文体をとらえる　57
第3節　小説の物語をとらえる　68

i

第 4 節　展望　74

第 2 部　思想・芸術における高次感性

第 2 部を読む前に──思想・芸術と高次感性　78
第 1 節　価値観の体系としての思想・芸術　78
第 2 節　思想・芸術的感性と評価軸の特定　79
第 3 節　思想・芸術的感性の定量的分析のための 2 つの戦略　80

第 3 章　聖書解釈の計量分析　84 ……………………………………… 村井　源

第 1 節　宗教思想と現代社会　84
第 2 節　宗教思想を扱ううえでの難しさ　85
第 3 節　宗教思想と科学　86
第 4 節　宗教思想テキストの成立　88
第 5 節　神学者による解釈の計量分析　92
第 6 節　翻訳分析　98
第 7 節　聖書の科学的解釈に向けて　105

第 4 章　日本民謡の計量分析　107 ……………………………………… 河瀬彰宏

第 1 節　音楽の計量分析へのいざない　107
第 2 節　なぜ日本民謡を分析するのか　109
第 3 節　日本民謡の楽曲コーパスの構築　110
第 4 節　日本民謡の音楽的特徴をどのようにとらえるか　110
第 5 節　旋律から記号列を作成する手順　111
第 6 節　青森県の子守唄を使った抽出例　113
第 7 節　日本民謡の音楽的特徴　114
第 8 節　日本民謡の地域性　120
第 9 節　日本列島の地域区分　121

第10節 階層的クラスタリングによる分類結果　122
第11節 従来の学説との比較　124
第12節 総括　125

第5章　批評の計量分析　127　……………………………川島隆徳

第1節 批評の計量分析とは　127
第2節 計量分析の手順　131
第3節 ケーススタディ：ゲーム批評の計量分析　142
第4節 批評の計量分析の展望　147

第3部　社会における高次感性

第3部を読む前に——社会と高次感性　150

第1節 感情と社会的な高次感性　150
第2節 社会的な高次感性のための定性的分析と定量的分析　151
第3節 さまざまな分野での社会的な高次感性の定量分析　154

第6章　感情機構のシミュレーション　157　……………………野田浩平

第1節 感情機構研究の歴史的背景　157
第2節 人工脳方法論による抑うつ感情モデル　160
第3節 社会エージェントシミュレーターによる抑うつ・不安感情モデル　171
第4節 まとめ　174

第7章　笑顔の進化と発達　177　……………………………川上文人

第1節 研究の背景　177
第2節 研究1：自発的微笑の系統発生と個体発生　178
第3節 研究2：幼児期の笑顔の初期発達　184

第4節　研究3：笑顔の日米比較　191
第5節　結論　196
第6節　徃住先生とのこと　198

第8章　人工物に対する認知構造　200　　　松本斉子

第1節　はじめに：日常に近い場における心の様子　200
第2節　人工物に対する高次感性　201
第3節　愛着感情の機能　209
第4節　手紙文の分析　210
第5節　日常的に喚起される高次感性に関わるデータの収集　211
第6節　プロトコル分析の応用と限界　212
第7節　おわりに　212

終　章　高次感性の科学に向けて　215　　　村井　源

第1節　現在までの高次感性研究　215
第2節　今後の課題　217
第3節　将来的な展望　218

あとがき　221
人名索引　223
事項索引　224

装幀　臼井新太郎
装画　町山耕太郎

序　章　高次感性と量的研究

村井　源

> 　従来感性工学や認知科学では視覚・聴覚・匂いなど，単一感覚的な感性が中心的に分析されてきた。これに対し，複数の感覚的な感性を統合した結果として機能する感性で，背景的知識やさまざまな周辺的な状況の認識の影響が強く現れるものを高次感性と呼ぶことにする。高次感性は文学・芸術・思想などさまざまな領域に働いており，従来は人文学的な質的研究の手法のみで扱われてきた。本書では高次感性に対して定量的・科学的な方法論でのアプローチを試みる。

第1節　高次感性とは

1　はじめに

　「美しい」と感じる心の繊細さはどこまで科学的に解明できるだろうか？「善い」と感じる心の豊かさはどこまで数値的に分析できるだろうか？　本書が扱うのは，非常に答えの出にくいこれらの諸問題である。従来「美しい」や「善い」ことを扱うのは美学や文学，哲学や倫理学の領域であった。しかし21世紀となった現在，これらの複雑で非常に人間的で，一見すると科学になじまないように見えるさまざまな領域に対しても，徐々に定量的なアプローチの分析が試みられてきている。ただ残念なことに，結論から言うと，「美しい」ことも「善い」こともまだすべてが科学的に解明されたわけではない。本書で紹介したいのは，「美しい」ことや「善い」ことに現在どこまで迫れているのかという，いくつかの途中経過の報告である。今後新しいアプローチでこの問題に取り組むであろう未来の研究者たちにとって，われわれのたどってきた軌跡

が何かのヒントになり，「美しい」ことと「善い」ことが「真に」明らかになるための助けとなれば幸いである。

2　感性とは

本書が主な対象とする「高次感性」とは何か，ということを述べる前に，まず「感性」とは何かについて考えてみたい。「感性」とは一般的に人間の感覚・知覚やその認識と解釈における特徴や傾向のことを指す。人間の感覚は視覚・聴覚・味覚・嗅覚・触覚の五感であると言われることが多いが，実際にはそれ以外にも力覚，圧覚などいくつかの感覚器がある。これらの感覚器はそれぞれ特定の物理的な量，たとえば視覚の場合には可視領域の電磁波，聴覚の場合には空気の振動，などを計測し，その結果を電気信号に変えて神経を通じて伝達する仕組みである。このように多数のさまざまな感覚器から得られた信号は最終的に脳に送られ，人間はそれを通じて外の世界（場合によっては人間の体の内部も）の様子を把握するメカニズムになっている。「感性」とは単に信号のあるなしを感じるだけではなく，感じたものに対する認識や評価を含むようなより包括的な知覚のシステムであり，人間の感覚・知覚のメカニズムのさまざまな段階で働くと考えられている[1]。

感性を理論的に分析するアプローチは心理学や認知科学においてなされており，伝統的な刺激と反応の理論に基づきアンケート分析やインタビュー，視線追跡や脳機能計測などさまざまなアプローチでの感性の分析がさかんに行われている。また，より実用的な側面からとらえる学問としては感性工学がある。感性工学はデザイン工学などと結びつき，建築，ファッション，広告，ヒューマンインターフェースや工業デザインなどさまざまな領域において応用研究が行われてきている。われわれが日常的に接する人工物にはこれらの感性的な研究成果に基づいてデザインされた物が少なくない。

3　感覚的感性と高次感性

心理学や感性工学等で扱われてきた感性の多くは，人間がもっている感覚器で知覚可能な種類のデータに基づいたものであった。しかし一般的に感性と呼ばれる現象はそれらにとどまらない。たとえば，作家が独特の文体を用いて作

品を世に送り出すとき，それは作家の「感性」のなせる業だと考えられる。ただしこのときの「感性」は先ほどの「感性」とは異なり，人間の感覚器と類似した計測器を工学的に実現することで計れるようになる種類のものではないだろう。同様に，芸術家の「感性」，映画監督の「感性」，ゲームクリエイターの「感性」などもやはり工学的に計測困難なものであろうと考えられる。残念ながら今のところ，計測以前の問題として，作家の「感性」とは何であるかということ自体にもまだ明確な答えが出されているわけではない。作家の「感性」とは創作のプロセスにおいて働く評価や価値判断の何らかの機能であろう，というような曖昧な仮定をおくことができる程度である。さらに言えば，そもそも，作家の創作プロセスに関しても，作家が自身の感覚器を通じて過去に経験した出来事が言語の知識や想像力と結びついて脳内で処理を施され，その結果として文章が産出されるのではないか，というような至極曖昧な推測程度のことしか現段階では語ることができない。つまりこの種の「感性」についてはいまだにわからないことだらけなのである。このよくわからない複雑な「感性」についての統一的な名称は確立していないが，低次の感覚的な感性に対して本書では「高次感性」と呼ぶことにしたい。

4 　高次感性の特徴

　高次感性を扱ううえでの研究上の第一の特徴は，従来主流で扱われてきた感覚的な感性に比べて非常につかみどころがなく，直接的なデータを得にくいという点にある。たとえば，先に挙げた作家の感性について考えてみてほしい。作家の感性を単純な物理的量の数値で示すことはできるだろうか？　まず無理だろう。この種の感性は単純に高い低いなどの数値で表せる種類のものではないのだ。

　高次感性に関する直接的なデータを得にくいことの理由はいくつか考えられる。その原因の一つは高次感性が複数の感覚的な「感性」を統合した結果であることだ。作家の例で言うと，一流の作家の情景描写では視覚のみならず聴覚や嗅覚，触覚などの諸感覚を総動員した文章表現が施されることがある。これらの複数の感覚器からの入力を何らかの方法で情報として統合し，取捨選択した結果，一つの情景描写が言葉として出力されるのである。そのため，視覚的

な情報や聴覚的な情報など一種類の感覚的情報だけを分析しても作家の感性にはとうていたどり着けないだろう．これらの種々の感覚的な情報は脳で統合されると考えられるが，現在の計測機器では，感性情報の処理に関連する脳内の部分が特定できる程度であり，脳内で働いている感性的なメカニズムがどのようになっているかを精度よく直接的に分析することは難しい．

また高次感性に対しては，背景的な知識やさまざまな周辺的な状況の認識の影響が強く現れることも分析が困難な原因となる．実は感覚的な感性であっても対象に対する背景的知識やその場の状況によって認識が影響を受けることはさまざまな実験によって明らかになってきているのだが，高次感性の場合にはそれらの影響がより強く表れると考えられる．たとえば小説の好みなどを考えてみると，どのような作家の作品を高く評価するかということはテキストの良し悪しだけでなく読者の個人的な嗜好で決まっている[2]．そのため同じ小説であっても評価者によって評価が分かれるが，これは一般の人だけでなくプロの文芸評論家の場合でも同様である．これらの読者による嗜好の差異は，生まれつきの好みだけでなく，読書経験の量や過去にどのようなジャンルの小説を読んだかなどに強く影響を受けることが徐々にわかってきている．つまり，色や形に関する感性を分析する場合と違って，文学的な感性を正確に分析したいのであれば，過去どのような作品を読んできたのかもデータとして取り込む必要があるのだ．

このように高次感性は，複数の種類の感覚的な感性を統合した，過去の記憶などの背景的な知識や環境の影響を強く受ける，直接的な計測が困難な抽象的な感覚や知覚の傾向であると言えよう．このため高次感性を科学的に分析するためにはさまざまな工夫が必要になる．

5　高次感性の種類と領域

高次感性に関していくつかの特徴を述べたが，これらの特徴に当てはまる対象としてどのようなものがあるかについて例を紹介したい．

5.1　文学における感性

文学を読解する側では，テキストに書かれた言葉のニュアンスを読み取った

り，それらの言葉の連なりから情景を脳内に再構成したりするところで感性が重要な役割を果たしていると推測される．テキスト読解に関する心理実験などでは，先に述べたように読者の性格や好み，過去の読書経験が読解に大きな影響を与えていることがわかりつつある．また文学を創造する側でも同様に作者の過去の読書経験を含むさまざまな経験や体験が創作活動に影響を及ぼしていると考えられる．これらはいずれも高次感性の働きと言うことができよう．

5．2　芸術における感性

芸術作品に対しては，単に見るだけ・聞くだけで視覚的特徴としての単なる色と形の評価や聴覚的特徴としての周波数や音色の感覚的な感性評価を行うこともできる．しかし，たとえば音楽であれば単なる周波数や音色の個別的評価にとどまらず，周波数や音色の組み合わせや時系列での変化，テンポやリズム，韻律，調和的に織りなされるパターン，そしてそれらの種々の特徴が歴史的・文化的な背景と組み合わさって作品を構成している．もしある作品をより深く味わって鑑賞しようとするならば，作品に含まれる多数の要素間の複雑な関係性を理解し，作品の背景を知り，関連する他の作品群と比較し，鑑賞者の過去の経験と照らし合わせ，それらに感覚器からの複合的な情報を統合する形で鑑賞することになる．このような意味で単なる感覚的感性を越えた芸術的感性というものを想定することが可能であり，それは当然高次感性に含まれるものである．

5．3　思想・宗教における感性

感性の一つの機能は良し悪しへの複合的な評価であり，思想・宗教などの体系的に構成された価値判断の思考様式もまたその意味において実は非常に感性的である．特に，思想・宗教等の背景的な知識や論理に基づく評価の様式は非常に抽象的で，過去のさまざまな思想との関係性や人間と社会に関わるさまざまな個別の対象への評価の論理などの多数の要因が複雑に絡み合った構造をもっている．このため，その構造と働き，そして分析の困難性において高次感性の領域に含まれるものである．一般には思想・宗教を感性に含めることは少ないが，本書では思想・宗教もまた高次感性の一つの側面として分析対象に含

めて検討していく。

5.4　社会的な感性

　人間が他者と交わる場が社会であるが，社会においてすなわち他者との複雑な人間関係においても当然のことながら種々の感性的なメカニズムが働いている。社会において働く主要な感性的機能の一つは感情であろう。感情には基本感情とそれ以外の感情があり，基本感情は文化や歴史に関係なく万人に共通であるという説が出されている[3]。

　では，基本感情が感覚的感性，それ以外の感情が高次感性に相当するのであろうか？　実は基本感情であれそれ以外の感情であれ，人間の感情自体が非常に高次感性的である。感情は，さまざまな感覚器からの入力を統合して状況を認識した結果として生じるものであり，その場の状況や過去の出来事の影響を強く受けることがわかっており，間違いなくこれは高次感性である。ただし感情に関しては，そもそもコミュニケーションのためのメカニズムであるという考え方もあるほど，その明示的な表出（表情など）や言語表現による他者への伝達機能が発達している。そのため他の高次感性に比べて比較的計測が容易であり，古くから学問的な分析も高度に進展してきている。社会的な感性に関しては他の領域に比べて分析がすでにある程度円熟していると言えるだろう。逆に言えば，高次感性のうちで今まで科学的に本格的な研究がされてきたのは残念ながら感情などの社会的に働く領域のみ，ということでもある。

　以上が本書で扱う主な高次感性の諸領域であるが，他にも高次感性が特徴的に働くと考えられる人間と社会に関わる領域は数多く存在する。残念ながらそれらのすべてについて取り上げて述べることは一冊の本の範囲を逸脱するので割愛するが，今後高次感性の研究の進展とともに他の領域にもスポットライトがあてられることを期待したい。

第2節　量的研究と質的研究

1　定量的研究と定性的研究

　高次感性を分析するための具体的な手法を検討する前に，研究の手法について基本的なところから見直してみよう。まず，研究には大きく分けて定量的研究と定性的研究という2種類の大きな分類がある。定量的研究とは，非常に大まかに言うと，具体的に数えることのできる何かを対象とした研究である。定性的研究とは数えることが困難な対象に対して，量ではなく性質を観察し記述することで理解を深めようという研究手法である。この2つをもう少しなじみの深い言葉で置き換えるならば，定量的研究は科学的な手法，定性的研究は人文学的な手法と言うこともできよう。心理学のような理系と文系の中間的な位置にある学問の場合には，定量的な手法と定性的な手法の両方から目的と対象に合わせて適宜選択することになるが，多くの学問分野ではもともとどちらかの手法しか用いないことが一般的である。

　これから分析を試みようとしている対象が数えられる場合，定量的な科学的手法が適用可能となる。逆に言えば，何らかの意味で数えられる対象でなければ科学的手法は適用できない。しかし人文学的手法であれば数えられる対象であれ，数えられない対象であれ，どちらにも適用可能である。ではなぜ，何にでも適用できる定性的な人文学的手法を使わずに，わざわざ科学的手法を用いるのだろうか？　この理由を知るために次に科学の特徴について考えてみよう。

2　科学とは何か

　科学とは何かに関しては，科学史や科学哲学を専門とする人々の間でも意見が分かれており，完全に統一的な定義が存在するわけではない。しかし，科学とは反証可能性をもつ方法論であるという主張[4]は比較的多くの研究者に支持されている。反証可能性とは，ある学説や研究結果に対して，他の人の立場からそれが正しいかどうかを検証することができ，間違っていることを科学的に示す可能性のある状態になっていることである。反証可能性を満たすための重要な必要条件として再現性がある。同じ条件で同じことが行われた場合に同

じ結果が得られることを再現性と呼ぶが，再現性がなければ反証が不可能であることは自明であろう。それにそもそも再現性のない結果は，過去の推測にも未来の予測にも利用不可能であり，学問的な価値がない。

　反証可能性を満たすために，かつ，学問として有用であるために必要な再現性だが，この再現性を得るために必要な条件の一つとして定量性がある。定量性がない，すなわち数量として測ることができない対象の場合，その対象については言葉で特徴を記述することになる。言葉で記述された特徴は，対象に対する記述者の認識を言語化したものであるが，実は人の脳内の概念と言語の関係は非常に複雑であり，同じ時代・文化に属する者同士であっても，同じ単語が完全に同じ概念を指すことは基本的にない。そのため，言葉で意味を伝達しようとすると，ニュアンスのずれから生じる齟齬がどうしても含まれることになる。数量の場合にはその定義が客観的であるため，齟齬は生じない（もちろん，何を指す数量かという点に齟齬が生じることはある）。よってある対象に対して本当に同じ結果を得たかどうかを検証できるためには，検証の対象が数量の形をとっている，すなわち定量性があることも必要なのである。

3　定量的でないことの問題点

　反証可能性のメリットについて理解を深めるために，反証可能性のない場合の問題点について考えてみよう。文学や美学，哲学や神学などの学問分野ではほとんどの研究が反証可能性のない形で行われているが，たとえば文学の分野で，ある作品が名作か駄作かを決定するにはどうすればよいだろうか。文学では「○○賞」というような文学賞が多数作られており，文学賞の中で権威あるものに選ばれた作品はある意味では「名作」，それを書いた著者は「一流作家」ということになる。しかし，日本で非常に権威があり若手作家の登竜門と呼ばれている芥川賞であっても，受賞した作家が皆「一流作家」としてその後の人生を送るわけではない。逆に村上春樹のように，芥川賞の選考委員会から酷評されて賞にもれた作家が後に世界的作家として名をはせることもある。つまり，文学の世界では，「一流」の批評家が行った判断も必ずしも正しくはない。さらに言えば，「正しい」批評などそもそも存在しない。

　文学などの評価においては，どのように価値があるかを審査者が言葉で説明

するが，その言葉が示す意味概念は単純に数量として計ることができない。また何に対してなぜ価値があると判断したかを説明する言葉も数量として計ることは難しい。そのため，同じ次元の数量ではない評価間の比較は客観的にはなりえない。また，審査者が用いる評価基準も第三者には見えないので，評価基準自体が妥当であるかですら客観的には判定不能である。つまり，文学を客観的に評価することは非常に困難である。このため，ある作品が名作であるか駄作であるか延々と議論が収束しないようなことが文学の世界では多々ある。これが100メートル走のように数量（たとえばゴールまでの時間）で評価可能なものであれば，客観的に優劣をつけ，またその結果に基づいて問題点や改善点を検討することでさらなる向上を目指すことが可能である。同じ人間に対する評価であっても，この差は明らかであろう。良し悪し，正誤，美醜，善悪等の判断が，主観性が高い（他人からその妥当性を判断不能な）形でしか行えないという点が，定性的手法のみを用いる人文学全般に関わる根本的な問題なのである。

　では逆に反証可能性をもつ科学的手法から得られた結果であれば100パーセント正確なのだろうか？　決してそうではない。反証可能性はあくまで「反証」できる「可能性」をきちんと確保した形で何かを語るということでしかない。とは言うものの，反証可能性がある場合，それがない場合に比べて結果の正確性は著しく向上することが期待される。反証可能性がある場合，第三者による検証によって間違っている結果を明示的に除去することが可能になるためである。たとえば，先の100メートル走の場合，計測時に吹いた強風の影響で本当の実力を反映していないというような反証を試みることが可能である。この場合は，風の吹いていない状態でもう一度走り直すことで先の結果が妥当かどうかを再検証することができる（ただし，走者の体調を完全に同じにはできないが）。このように再現性のある計量的な形で結果が提示されていれば，問題となった条件を変更して再度計量し直すことで，より正確性を向上させる道が開かれている。正誤の判定すら不能の状態から比べればこれは格段の進歩だと言えよう。つまり，もしある物事をよりよく理解したいと考えるならば，反証可能性を担保した科学的手法，すなわち定量的研究の手法を積極的に用いるべきなのである。

4　定性的研究の必要性

　ではなぜ，すべての研究で科学的手法を用いないのだろうか？　科学的な方法論が発展したのは18世紀以降であり，それ以前からある伝統的な学問はもともと人文学的な方法論で行われていた，ということも理由の一つではある。しかし，すでに21世紀になり，科学的手法の有用性が明らかになったのにもかかわらず，人文学的手法のままで行われている分野が多数残っている理由はそれだけではない。科学的方法論を適用するための絶対条件である定量性を満たすことが困難な領域が多数存在するのである。

　まず，人間や社会に関する事象を対象とする場合，なぜそれがそのようになっているのかほとんど見当がつかないということがありうる。たとえば，人間の心の複雑な変化は，現時点ではまだまだ解明されておらず，何を計測すればどこを計ったことになるのかも判然としていない。分析対象とするものが全体として中の見えないブラックボックス的な性質をもち，しかも入力と出力の因果関係から中のメカニズムを推測できない場合には，定量以前の問題として，まずとにかく見える範囲の特徴を観察者の言葉で記述していくしかない。これはすなわち定性的研究である。

　また，定量的なデータを得られないという場合がいくつか考えられる。その一つとして，対象に対する適切な計測方法がまだ確立されていない領域がある。たとえば，美術作品を見たときに感じる「美しさ」の種類と量はどのように計ればよいだろうか？　原理的には脳内の信号の何らかの変化であると推測されるが，現段階では，どの種類の脳機能計測機器でどの箇所をどのように計測すればよいか判明していない。他には，すでに過去となった歴史的事象で定量的なデータが入手できない，あるいは入手できても分析するにはデータの量が少なすぎるという場合もある。古代や中世の哲学・思想や歴史的事象などに着目した場合に，何らかの適切な分析法があったとしても当事者は故人であり，しかもほとんどのデータは失われている。また歴史的出来事はもう一度同じように再現することができない，一回性の事象である。それ以外にも，観察対象の事象に関連すると思われるさまざまな計測可能な数量が判明しているが，それらがあまりに多すぎて実質的にデータの取得も分析も困難な場合もある。これらの場合も，やはり定性的な研究が有力な手段とならざるを得ない。

5 定性的研究の定量化，定量的研究の定性化

このように，従来定性的研究しか適用できないと考えられてきた領域が人文学分野を中心に多数存在しているが，これらの領域では本当に定量的研究を適用することができないのだろうか？

人文学分野では定性的研究の結果として，対象に対する言葉での記述が得られる場合が多い。これらの言葉による記述を可能な限り客観的に分析するというのは定量化の一つの方策である。たとえば言葉の意味を人工的に定義して表現の統一性を図る，記述の対象を細分化したり限定したりして内容のブレを減らす，大量の記述を集めて統計的に分析するなど，もともと定性的な分析の結果であっても，工夫により定量的な結果に近づける方法は多数考えられる。

また，歴史的事象，過去の偉人の思想など一回性の事象の場合は当時の状況と同じものを再現することは不可能で，そのような意味で再現性はない。しかし，歴史的な一回性の事象に関して残されているデータを第三者が同じプロセスで分析しても同じ結果が出るという意味であれば，一回性の事象に対しても再現性を保持した分析は行いうる。さらに，データの量がある程度確保できるならば，分析の結果に対して統計的な分析によって科学的な有意性を確認することも可能である。

逆に定量的研究を定性化していくアプローチも考えうる。定量的に計る対象をより細分化・詳細化し，それらの関係性をさらに精緻に分析していくことによって，高次感性のような複雑で緻密な対象を，多数の相異なる数量の関係性として表現し，より本質的で正確な分析を実現できる可能性もある。

ただし定性的研究は一般的に対象に対するデータを取得するのに莫大な労力と時間を要する場合が多く，従来定量的に扱われてきた領域に比べて，十分な量のデータを確保することが概して困難である。また定量的研究を精緻化する場合にもやはり莫大な労力の増大が伴う。そのため，情報処理技術や計算機の能力，既存のコーパス[*1]・データベース，分析用のソフトウェアなどを活用することでそれらの労力を低減し，人文学的領域の定量化を図ることが重要である。また，単に量を増やしたりデータを細分化したりするだけではなく，分析

---

*1 コーパスとは，大規模にテキストデータを収集し，一定の形式に整えて利用可能な状態としたもの。言語学や情報学などの分野で主に用いられる。

対象ごとにその特徴をとらえつつ，さまざまな工夫を凝らして取り組む必要もある。実際，これらを実現することはなかなか困難である。しかし，決して不可能ではない。

第3節　高次感性は科学の対象となるか

1　高次感性を含むデータ

　本節では，高次感性を定量的手法で科学的に分析するための戦略について考えてみたい。高次感性を定量化しようとして問題になるのは，高次感性の実態が非常に計測しにくい抽象的な概念のような形の場合が多いことである。ここで言う抽象的な量とは，目に見える形で取り出すことはできないが，人が感じたり考えたりする量のことである。たとえば，文学の良さや，芸術作品の美しさはこの種の抽象的な量である。

　人がどのように感じたり考えたりするのかを何らかの機器で計測できれば，原理的にはこの種の抽象量の定量化は可能であろう。しかし，脳内の詳細な情報の流れを精度よく直接観察することは現在の技術では困難である。そこで，脳内にある抽象的な量に関する情報を，他者とコミュニケーションするときに用いる計測可能な量を用いて推測する，というのが1つめの戦略である。

　他者とのコミュニケーションに用いる計測可能な量とは具体的には，言語やその他の記号，表情・仕草，造形・絵画等である。これらの種々の表現は，他者に何らかの情報を伝える必要があるため，音・色・形などの物理的に把握可能な形で明示的に伝達されることになっている。そのため，定量的にデータを採取し分析することが可能となる。すなわち，抽象的な量を何らかの形で内包する，定量化可能な具体的対象を分析することによって，とらえどころのない高次感性に迫ろうということである。たとえば，言語は脳内の情報を効率的にコミュニケーションする手段として最も発達した媒体である。このため言語を定量的に分析することで，考えられたすべての高次感性の情報は扱えなくとも，社会において相互にコミュニケーションが行われる程度のレベルまでの高次感性は分析できる可能性がある。またたとえばプロトコル法[5]のように，脳内の思考を意識的に言語化して外に出す手法を用いることでも，やはり言語を通

して高次感性の分析を行うことが可能である。

　情報化社会の進展により，言語の場合は電子テキスト化して記録することで容易に定量的な分析が実現できるソフトウェアが多数作られている。言語以外の記号，たとえば楽譜なども同様に電子化してさまざまな定量分析を実施することができる。音や色や形の場合もテキストや記号ほど容易ではないが，それぞれ定量化して分析にかけることが可能である。

　ただし，この戦略を採用する場合に注意しなければならない点がある。言語や記号などの外的に出力される客観的に計測可能な情報は定量的に分析可能だが，人が感じたり考えたりしている「思い」そのものではないという点である。人の「思い」が外に出力される過程には，さまざまな要因が複雑に絡み合っており，結果的に得られる言語や記号には多種多様な要素が混在していることが多い。そのため，何らかの目的で自分が分析したいと考えている「思い」だけを抽出することは一般的に困難である。このような場合に，分析対象データの量を増やすことで雑多な要素を相対的に低減させる手法は多くの場合有効であるが，人文学が主に対象とするような歴史上の人物の「思い」の場合には新たにデータを増やせないことなども問題となる。他にもいくつか考えるべき点はあり，高次感性を言語や記号などコミュニケーションの手段から抽出する場合には，これらの問題点をさまざまな工夫を凝らして乗り越えていく必要がある。

2　高次感性を定量化するために

　分析しようと考える高次感性を定量化するために最も重要なことは，適切なデータの選別である。先述のように，高次感性の含まれたデータには多くの場合多種多様な他の要素がまじりあっており，抽出したい高次感性に関する要素が，分析しやすい形でかつ高品質に含まれているデータを慎重に選別する必要がある。ただし，目的によって選別の基準は千差万別である。この点に関しての詳細は次章以降の具体的な個々の対象に対する分析の実例を参照されたい。

　データ収集において一般的に共通する重要な点としては，当然のことではあるが信頼性のあるデータを大量に集めるということがある。データの量を増やすことによって，分析にかけた場合にノイズの低減による信頼性の向上が期待でき，また統計学の利用による結果の妥当性の判別も期待できる。ただし，人

の微細な感情や思いを正確に何度も再現してもらうことは困難（たとえば過去の記憶が影響し繰り返しても同じ結果にならない）であるため，同じ人を相手にして繰り返しデータ採取を行うことはあまり有効ではない．

　また，定量的分析での結果は，対象のある性質を示す何らかの数量であり，その解釈には評価（「多い」「普通」「少ない」など）の基準，すなわち比較対象が必要である．もし平均的文学や平均的音楽のようなものが存在するならば，それと比較して多いとか少ないとかがわかればよいが，現実的な問題として万人が納得する平均的芸術のようなものは存在しない．そこで，何らかの意味で適切な比較対象を設定することで，結果の意義を評価する必要が生じる．このとき，着目している要素以外の部分が類似した対象との比較を行うことで，他のさまざまな要素の影響を低減した結果を得ることも可能である．頻繁に用いられる比較のパターンとしては，同時代・同ジャンルで並び立つ巨匠の比較，同じ作者の時代やジャンルでの差異，同じジャンルでの時代による変化，同時代でのジャンル間の比較などがある．

3　高次感性の抽出に有用な技法
3.1　データを記号列としてとらえる

　高次感性を定量的に分析するためには，高次感性を含んだデータを定量的な形にする必要がある．言語の場合にはすでにそれが文字という記号の並びであり，さまざまな定量的分析手法が適用可能である．音楽の楽譜の場合も音符や休符という記号の並びとしてとらえることが可能であり，やはり同様に記号列として定量的な扱いが可能となる．

　それ以外に，たとえば表情や仕草などの場合には，観察者がどのような内容をもったコミュニケーションであるかを判定して記号化する手法などが取られる場合が多い．観察者の判断が関係する場合には客観性を保つために，別の観察者との判断の一致度を統計学的に分析する手法などが一般的に採用される．

　記号列になったデータに対しては，記号を個別に数える，いくつかの記号のまとまりの単位で数える，複数の記号間の関係を数える，記号をグループ化する，記号のメタ情報を分析するなど種々のアプローチがありうる．以下ではこれらのアプローチごとに有用な手法をいくつか簡潔に紹介していく．

3.2　記号を個別に数える

　記号列の特徴を定量的にとらえる場合，最初に考えることはどの記号がいくつ出ているか，である。これは単純なようだがすべての分析の基礎となるデータである。どのくらいの種類の記号が使われているかという記号の豊富さや偏りに明確な特徴が出ることもあり，単純に数えるだけであるからといっておろそかにすべきではない。記号の出現回数に，どの記号が，どこにいくつ出るかなどの出現位置の情報なども組み合わせることで，より高度な分析も可能である。記号を数えるうえで注意すべきことは，ある量が出現したことが「多い」と考えるべきなのか，それとも「少ない」と考えるべきなのかは，何らかの評価基準や比較対象を定めないと決められないということである。数えた結果だけがあっても比較対象がなければその結果にどのような意味があるかは考察できない。また何かに比較して「多い」あるいは「少ない」ことがわかった場合でも，それが偶然なのか有意義な結果なのかは統計学的な種々の手法を用いて確認する必要がある。

3.3　記号の塊を数える

　記号列の分析において，いくつかの記号の連続をパターンとすることが有意義な場合がある。たとえばテキストの場合には文字の連続からなる単語や複数単語からなるフレーズの単位で定量分析を行った方が目的のデータを得られる場合は少なくない。また，より大きな単位としてテキストを命題に分割する内容分析やプロトコル分析と呼ばれる手法も高次感性の分析には有用である。音楽の場合にも音符単体ではなく主要な旋律や和音などの単位で分析することが有効な場合がある。また連続する音符と音符の音の高さの差分が特徴の分析に有用なこともある。これらのいくつかの記号がまとまった単位を考慮することは，分析の目的に適した新しい記号をもともとあった記号を統合して作り出すことに相当する。すなわち，新しく作り出された記号（もともとあった記号の塊）に対しても，単純な記号を数えるのと同様のさまざまな分析が可能となる。

3.4　記号の関係を数える

　多数の記号が並んでいる場合，記号同士の関係性も分析の対象となる。記号

列における記号間の関係性としては，連続的な関係（前後に連続して出現）と共起的な関係（必ずしも連続ではないが周辺に一緒に出現）の大きく2つに分けることができる。連続的な関係性を分析するための手法としては，Nグラム（N-gram）やマルコフ連鎖（Markov Chain）などが用いられ，共起的な関係を分析するための手法としては潜在意味解析（Latent Semantic Analysis：LSA）や共起ネットワーク分析などが頻繁に用いられる。以下で簡略に各手法について述べる。

N グラム：連続するN文字（Nは自然数）にどのような出現パターンがあるのかの調査。頻出する連続パターンから，記号の意味のまとまりを知ることが可能である。テキスト分析では熟語やフレーズ，新語の抽出などに用いられることが多い。また明示的な区分のない音楽などでも基本となるメロディーの抽出や楽曲の構造分析に用いられることもある。

マルコフ連鎖：次にどの記号が来るのか，前の記号の配置から確率論的に推測できるという仮定をおき，他の記号への遷移の確率をデータから計算し，ネットワークを構築して分析するという手法。記号間の関係性やグループ，連続的なパターン，中心的な記号の役割などが分析できる。

潜在意味解析：テキストにおいて，着目する特定の単語の周辺に出現するその他の単語の出現頻度をベクトルの形状にして分析に用いる手法。古くから人文系で用いられてきた，コンコルダンス分析という文脈に沿った単語の意味分析の手法を定量的にしたものと考えることもできる。

共起ネットワーク分析：ある記号の周辺に出現する記号の回数を数えていき，その情報をもとに記号間の「距離」を計算する。そして記号間の「距離」が近いもの同士を線で結んでネットワークを構築し，ネットワーク分析のさまざまな手法を適用して分析を行う。どこまでを周辺とするかと，周辺の出現頻度から記号間の「距離」を導き出すにはさまざまな計算方法があり，目的に応じて方法を選択する必要がある。マルコフ連鎖やNグラムと類似するが，非連続

的で緩やかな関係性を分析したい場合に適する手法。

3.5 記号をグループ化する

記号間の関係を考えるうえで，似ている物をまとめるグループ化の手法も有用である。記号自体をグループ化するクラスタリングや，類似の挙動をする記号間の関係性からその背後にある要因を特定していく因子分析・主成分分析などの手法が頻繁に用いられる。

クラスタリング：大量の記号からクラスター（塊）を抽出する方法で，大きくトップダウンとボトムアップの2つのアプローチに分かれる。トップダウンは最初に全体を一つとして距離の遠い物から分割していき適度なサイズにする方法で，逆にボトムアップはバラバラの状態からスタートして近い物から順につなげて塊を作っていく方法である。トップダウンでもボトムアップでも分析結果の構造は階層的な樹木のような形（樹形図：デンドログラムとも呼ぶ）になる。クラスタリングでも何を記号の「近さ」にするかで種々の方法に分かれる。ネットワークの形状のデータをクラスタリングする場合と通常の特徴量の並んだ行列形式のデータをクラスタリングする場合が多い。

因子分析・主成分分析：変数が行列形式になったデータに対して，多次元空間上で「より有意義で少数」の次元にするために座標を回転させて変数の数を減らす技法。重要な変数を選別して話を単純化できると同時に，何と何が関連性の高い変数で同じグループとして扱うべきなのかも理解できる。

3.6 記号のメタ情報を考える

記号列を含むテキストなどのデータにはそのデータがどのようなものであるかを示すメタデータ（データのデータ）と呼ばれるデータがある。テキストの場合にはメタデータを書誌情報とも呼ぶ。メタデータには，著者・作者，言語，作成年月日，地域，ジャンル，形式などの非常に多様な種々の情報が含まれる。単純な記号の出現回数に，テキスト上の位置，作品の年代，作者，ジャンルなどさまざまなメタ的な情報を組み合わせるだけでも，年代ごとの特徴，作者の

個性，ジャンルの傾向など非常に有意義な特徴が抽出できることは少なくない。頻繁に用いられる一般的なメタデータの国際的な標準規格としてはダブリン・コア（Dublin Core[*2]）が有名である。

その他に頻繁に用いられるメタ情報としては引用・参照・ハイパーリンクなどの引用関係がある。引用関係の分析は比較的古くから行われており，科学論文や特許情報の分析などに用いられてきたが，近年ではウェブページ間の関係性の解析などにも用いられている。

3.7 その他の分析手法

大規模なデータに基づく分析以外にも，高次感性を定量的に取り扱うアプローチはさまざまに存在する。データに基づく分析はどちらかといえばボトムアップに分析結果を積み上げていくことで高次感性に迫ろうという方向性だが，逆に高次感性はこのようなメカニズムではないかと仮定をおいてトップダウンに迫っていく方法論もある。たとえば，コンピュータ上でシステムモデルを設計してメカニズムについて探究したり，シミュレーションを用いてノイズの入らない実験室的な環境下でどのような要因が高次感性のメカニズムに重要な役割を果たしているかを特定したりするなどの手法がこれにあたる。

4 手法・データの選択と恣意性

上で挙げたのは頻繁に用いられるデータ分析手法のごく一部にすぎないが，シンプルな一次元的記号列であっても，特徴の取り方，分析の手法には無限の可能性があることがおわかりいただけるかと思う。その中のどのデータの取得法，どの分析手法を選ぶかは分析者の「選択」による。分析者の「選択」には恣意性が伴い，その点においては定量分析であっても残念ながら客観的ではない[*3]。手法の選択には，類似の目的やデータに対して過去に成功例があるものなどを用いることが多いが，当然のことながら過去に成功した手法が最適であるとは限らない。そのため，新しい対象に対して取り組む場合，常に何か別のもっとよい切り口がないかを検討する必要がある。それは逆に言えば，常に既

[*2] ダブリンで開かれたメタデータの国際会議に由来。http://dublincore.org/ など参照。
[*3] この点に興味のある方はクーンのパラダイム論などを参照されたい。

存の手法を超える結果を出しうる可能性が開かれているということでもある。

　高次感性の定量的な分析はまだ新しい分野であり，方法論もすでに確立されたとは言い難い。読者の皆さんの新しい発想と方法論での挑戦を期待したい。

▷引用文献

［1］鈴木邁（監修），大沢光（編著），田近伸和・石井威望・加藤俊一・今中武・村上陽一郎・西川泰夫・黒須正明（著）（2000）感性工学と情報社会：感性工学は情報社会の課題にどう取り組もうとしているのか．森北出版．
［2］三和義秀（2013）小説を対象とした読後の感情状態形成モデルの研究：読者のパーソナリティ特性と認知的評価に基づいて．情報知識学会誌，23(1)，92-110．
［3］ランドルフ・ランディ・コーネリアス（著），齊藤勇（監訳）（1999）感情の科学：心理学は感情をどこまで理解できたか．誠信書房．
［4］カール・R・ポパー（著），大内義一・森博（訳）（1971）科学的発見の論理．恒星社厚生閣．
［5］海保博之・原田悦子（編）（1993）プロトコル分析入門：発話データから何を読むか．新曜社．

▷参考文献

トーマス・クーン（著），中山茂（訳）（1971）科学革命の構造．みすず書房．

第 1 部

文学における高次感性

第1部を読む前に──テキストと高次感性

> 文字データから成るテキストを理解するためにはテキスト上にある情報だけでは不十分であり，さまざまな辞書やデータベース，種々の解釈技法などを用いる必要がある．そのため文学などのテキストを定量的に解釈しようとした場合，人文学で積み重ねられてきた種々の技法を，コンピュータ等で実行できる情報処理のメカニズムとして実装していく必要がある．

第1節　言語データと高次感性

　高次感性を計量的に分析していくための，一つの有力な切り口は言語データである．言語データが有力である第1の理由は，言語そのものが個々人の脳内に存在する情報を他者に明確に伝えるために発達したコミュニケーション手段であるから，というものである．すなわち，適切に選択された言語データには，他者がそこから発言者あるいは筆者が伝えようとしたメッセージを抽出するために必要な情報が含まれている，という仮定をおくことができる．また第2の理由は，言語データが目に見える形（テキストなど）にすることができ，客観的かつ計量的に扱いうる対象であるというものである．つまり言語データは発言者あるいは筆者のメッセージを理解するために必要な情報を含み，かつ計量的に分析可能なデータということになる．

　では，与えられたテキストを計量的に分析するだけでテキストの意味を正しく理解して，その中に含まれる高次感性を抽出することが可能なのだろうか？残念ながらそれはほぼ不可能である．先ほど「メッセージを抽出するために必要な情報が含まれている」と書いたが，より正確に言うと，テキストには「メッセージを抽出するために必要な情報は含まれているが，それは十分な情報とは言えない」のである．その理由をいくつかの側面から考えてみたい．

第2節　テキスト中の単語が示す意味

　テキストはご存じのとおり単語の連続によって構成されている。そこでテキストの構成要素である単語のレベルから考えてみよう。まず各単語はそれぞれ意味をもつ。この単語と意味との関係性は意味作用などと呼ばれるが，具体的には単語がある特定の意味概念を指し示すという作用である。実は単語は，意味概念という複雑で多様な側面をもつ抽象的な対象に貼られた整理用のラベルのようなものにすぎない。そして単語は確かに何かを指し示してはいるが，単語自体が指し示す意味概念の内容を十全に含むわけではない。たとえば「動物」という単語がテキスト中にあったとする。「動物」が指し示す意味概念は，他の生物を食して代謝をしながら生きており，生殖行為によって繁殖し，いずれ死ぬ有限の命をもつ存在であり，それは細胞からなる多細胞生物で……というようなさまざまな要素を包含している。日本語での「動物」は生物の中で植物以外のすべてを指す場合もあれば，「動物園」などのように菌類や虫や魚などを除いた獣全体を指す場合もある。テキスト上に「動物」という言葉が現れたとき，それは「動物」という言葉が指し示す意味概念のうちのいくつかの要素を念頭に置いて配置された物である。このため，人間がテキストを読み取るときには，無意識の内に特定の単語が指し示す多様な概念の中から，今現在読んでいるテキストに適切と思われる要素を選択していると考えられている。そのため計量的にテキストを正確に分析して何らかの情報を抽出しようとするならば，テキスト中の単語とそれが指し示す意味概念の関係性を特定するプロセスを人工的に実現する必要がある。

　テキストが指し示す意味を計量的に取り扱うためには，テキスト本文以外に，まずテキスト中の単語が指し示す意味概念を可能な限り十分に記述したデータが必要となる。これは人間で言えば過去の経験から蓄積された記憶に相当するものであるが，これらをデータの形で準備する場合には機械可読の辞書のような形が一般的に用いられている。機械可読の辞書の形式としては，意味の類似する単語（同義語）や反対の意味の単語（反義語），それからより広い概念を示す単語とより詳細な概念を示す単語（上位語と下位語）などの関係を記したシ

ソーラスと呼ばれる辞書が用いられたり，シソーラスよりも自由に単語間の関係性を記述可能でプログラム等から扱うことの容易なオントロジー[*1]などと呼ばれる電子的なフォーマットが用いられたりすることが多い。

第3節　テキストの意味を補完する要素

しかし，もし十分な辞書が準備できたとしても（実際にはそれだけでも非常に困難だが），それだけではテキスト中の単語の意味は正確に特定することができない。先に述べたように単語が指し示す意味概念は非常に複雑な構造をもっており，また一つの単語が複数の意味概念を指し示す場合も少なくない。そのため，単語が指し示しうる意味概念のうちから現在対象としているテキスト中での意味として適切なものを何らかの基準で選択する必要がある。このようなテキスト中での意味に影響を与える諸要素を一般的に文脈（コンテキスト）と呼ぶ。文脈には，当該単語の前後にある文だけでなく，対象テキストが前提とする関連テキスト群，テキストが書かれた時代や文化，テキストを書いた著者がどのような人であるかなど，さまざまな要素が含まれる。多種多様な文脈のすべてを網羅して定量的な分析を行うこともやはり非常に難易度が高い。

また，テキストでの記述においてはさまざまな形の省略も行われる。たとえば「ぞうさんぞうさんお鼻が長いのね，そうよ母さんも長いのよ」[*2]という歌詞の場合，「母さんも長いのよ」というフレーズが示すのは「（ぞうさんの）母さんも（お鼻が）長いのよ」という意味である。人がこのように解釈できるのは，ぞうさんが生き物でありかつ生き物には母がいるという知識と，ぞうに関して長いと言えば一般に鼻のことであるという知識をもっているからである。このように，テキストを理解するためには，多くの人が共通に当たり前にもってい

[*1]　オントロジーはもともとギリシャ語由来の哲学用語で世界の存在をいかに体系的に分類するかという学問を指し示す言葉であった。インターネットの発達に伴いウェブ上のテキストの意味分析を機械的に行う必要性が増してきたことで，テキスト中の各単語の意味を明示的に定義された意味概念の用語を使ってタグの形で埋め込むセマンティックウェブという考え方が広まり，その意味概念の体系的記述法として発展してきたものがオントロジーと呼ばれている。ただし近年，オントロジーのような意味概念を厳密にかつ体系的に記述する手法に対する限界が明らかになりつつあり，より個別的な意味概念の記述を必要に応じてウェブ上でオープンに共有するリンクト・オープン・データ（Linked Open Data）という考え方が広まりつつある。

[*2]　「ぞうさん」作詞：まど・みちお，作曲：團伊玖磨

る一般常識に相当する知識のデータベースも必要となる。なお，省略された単語の補完には，一般常識に合わせて当然前後の文脈（この場合「ぞうさんの鼻が長い」）も影響している。

さらに，代名詞や指示詞などの，すでにテキスト中で出現した何かを指し示す単語（照応詞などとも呼ぶ）が何を示しているかを解析する照応解析という作業も，テキストの意味を解析するためには必要である。

テキストの意味を取り出すためには，他にもさまざまな種類の知識や情報処理が必要不可欠である。人間はこれらの複雑な処理を基本的に無意識に行っているが，定量的にテキストの意味を分析する場合，人間が行っているこれらの処理を明示的な形で実現する必要がある。

第4節　文学理解に必要な解釈技法

上述のように，テキスト一般においても表面的な読解のみでは正しく理解できない性質があるが，文学や詩などのテキストの場合には問題はさらに複雑になる。これらのテキストで文章表現の奥深さや多様性を担保するために比喩や間接的な表現，多重の言い換えなどさまざまな修辞技法が頻繁に用いられているからである。また，文学や詩が伝えようとする内容はそれ自体が抽象的で難解な場合も少なくない。このため，上記のさまざまなテキスト理解上の困難に合わせて，文学や詩のテキストを対象とする場合には，表現上の技法や内容のつかみにくさという問題に対しても何らかの対処が必要となる。

人文学では，テキストの複雑な意味の問題に対して，さまざまな解釈技法を編み出すことで取り組んできた。人文学的なテキストの解釈技法は多種多様であるが，大きく通時的解釈手法と，共時的解釈手法の2つに分けることができよう。通時的解釈技法は，テキストの成立に至る時間的な過程に着目するもので，影響を与えた過去のテキストとの関係を分析したり，著者の個人史から解釈を行ったりする。共時的分析は，テキストが現在そのようにある形状を静的にとらえ，文体の特徴や特定の単語の使用のパターンを調べたり，比喩や修辞の技法について分析を行ったり，物語の構造を分析したりするものである。

これらの種々の解釈技法はそれぞれテキスト中で着目する要素とその要素の

分析の仕方，分析によって得られる最終的な結果が異なっている。いずれの方法論も何らかの側面からの特定の部分的な解釈を導き出すための技法である。そのため，テキストを解釈するうえではこれらの方法論のいずれかを用いればそれで意味がすべてくみ取れるというようなことはない。解釈者はテキストに含まれるどのような種類の意味をくみ取ろうとするかによって適切な方法論を選択していく必要がある。

第5節　定量的なテキスト分析

　人文諸学はさまざまな種類のテキストに基づいて築き上げられており，テキストの意味解釈を計量的に実現できれば，最終的には，文学のみならず人文諸学全体の科学化が達成されることも期待できる。しかしながら上述のようなさまざまな側面をもつテキストの意味と解釈を定量的に取り扱うということは非常に困難な作業である。このため，高次感性を分析する対象としてテキストデータは非常に有望ではあるが，残念ながら現段階において定量的に実行可能であるのは種々の解釈技法の中の限定的な部分でしかない。しかし，さまざまな工夫を凝らしながらデータ取得の方法やアルゴリズム（情報の処理の手続）を検討することで，定量的に扱いうるテキストの意味と解釈の分析の領域は確実に広がりつつある。今後も，人文学で積み重ねられてきた種々の技法をコンピュータ等で実行できる情報処理として順次実装していくことで，より人間に近い高度で柔軟な解釈に近づけることが一つの目標となるであろう。最後に，現在行われている研究領域の中からいくつかを紹介しよう。

1　計量文体学・コーパス言語学

　頻繁に用いられる単語や，文の長さの特徴などテキストにおける表現上の特徴を定量的に扱う学問が計量文体学である。テキストの指し示す意味概念を直接的に分析するわけではないが，テキスト中の単語の利用の偏りやその時系列的な変化などから，作者の思考の癖や価値観の特徴などの高次感性に関わる要素を定量的に分析することも可能である。

　また，類似の手法を用いて文体ではなく言語の特徴を定量的に分析する学問

としてコーパス言語学がある。コーパスとはこの場合テキストデータを大規模に集めたもののことを言う。テキストの分析を定量的に行うためには大量かつ網羅的なテキストの収集が必要であり，計量文体学であれコーパス言語学であれ，一定のデータフォーマットに沿ってコーパス化されたテキスト群が整備されることで大きなメリットを享受することになる。

このようなコーパス化されたテキストは，著作権の切れた古典テキストを中心として学術的な目的にとどまらず広く一般向けのものまでさまざまな形で提供されるようになってきている[*3]。また Epub 等のデジタル形式の書籍販売が広まるとともに，商用ベースでもさまざまな利用可能性が広がってきている。

本書では第2章において計量文体学的手法を用いたテキスト分析による文学の高次感性へのアプローチを扱っていく。

2　テキスト理解の分析

教育学や心理学などの領域を中心に，実験やアンケートなどの手法に基づいた，読者がどのようにテキストを理解したかを分析するテキスト読解の研究は広く行われてきている。アンケートやインタビューを用いて，テキストの読後に何をどのように理解したかを把握したり，概念マップやマインドマップを用いて読者がテキスト内の出来事をどのように把握しているかを分析したりする手法が頻繁に用いられる。また感想文や書評などのデータを大規模に収集して用いることで読者の感性的傾向と本の好みを分析し，読者の感性にあった本を推薦するメカニズムの研究もさかんに行われてきている。ただしこれらの研究はテキストに書かれた内容を理解し抽出することではなく，テキストを理解する認知的なメカニズムを解明することと，より効率的な読書技術の習得に主眼が置かれている場合が多い。

一方，人工知能における情報処理やデータ構造を用いて，テキストの理解やテキストの生成のメカニズムについて研究する分野も存在する。コンピュータ上で実装可能な知識構造を用いてテキスト内の情報や物語を表現したり，単純

[*3] 古典を扱ったものでは Perseus Project や Project Gutengerg，Oxford Text Archive などが有名である。日本語でもボランティアによって整備されている青空文庫や国立国語研究所の通時型コーパス，国立国会図書館による近代デジタルライブラリーなどがある。

なアルゴリズムで会話に類似するテキストを生成したりする研究（人工無能やチャターボットなどと呼ばれる）などが有名である。

本書では第1章において，人工知能的な記号計算を用いた文学理解のメカニズムに対する分析のアプローチを扱っていく。

3　修辞分析・比喩分析

テキスト中に用いられる修辞技法のうちで，最も多くの定量的な研究が進められているのは間違いなく比喩であろう[1]。他にも修辞技法は多数あるが，比喩に関する研究は他の修辞技法に比べて非常に充実している。どのような比喩が実際に使われているか，比喩をどのように認識するか，また比喩の理解メカニズムのコンピュータ上でのシミュレーションなどそのアプローチも多岐にわたる。膨大なデータベースを元にして比喩の解釈を機械的に行う試みもさまざまな形で進められている。一方でそれ以外の修辞技法に関しては残念ながら関連する研究は比喩ほど多くはなく，その中で定量的な分析はごく一部にとどまっている。

4　物語分析

物語の構造をプロットの形で分析する手法は古くから行われていた[2]。物語の構造分析によって得られた結果は記号化された物語機能の配列であるため，人文的な分析によって得られた物語構造を用いてコンピュータに物語構造を自動生成させるプログラムなども開発されている。ただし，テキストから物語構造を機械的に抽出することは困難であり，物語を場所や登場人物の変化を切り口に各場面に自動的に分割する研究や，人手によって分析された物語構造を大量に集めて統計的に分析する研究などが行われてきている[3]。

▶引用文献
[1] 内海彰（2013）比喩理解の計算論的アプローチ：言語認知研究における計算モデルの役割．認知科学，20(2)，249-266．
[2] ウラジーミル・プロップ（著），北岡誠司・福田美智代（訳）（1987）昔話の形態学．白馬書房．
[3] 村井源・松本斉子・佐藤知恵・徃住彰文（2011）物語構造の計量分析に向けて：星新一のショートショートの物語構造の特徴．情報知識学会誌，21(1)，6-17．

第 1 章　虚構理解の認知過程

良峯德和

　虚構は文学，芸術などの人間の創作活動，創作作品の本質的部分を占めるといっても過言ではない。ここでは，虚構作品を鑑賞，理解する際の総合的な認知能力を「虚構認知の高次感性」と呼ぶことにする。虚構認知では，「想像によって作られた事実でないものを，事実ではないという認識を維持しながら，あたかも事実であるかのように理解する」というパラドキシカルな特徴を伴う。そうした論理的矛盾を含むような認知状況がいかにして可能になるか，いかにしてさまざまな美的感情を喚起しうるのかについては，哲学や美学，文芸批評の分野で議論されてきたが，科学的，工学的観点からの検討はほとんど行われていない。本章では，虚構存在に関する哲学的な議論を概観したうえで，認知科学，情報工学的方法を用いて虚構を扱うためのアプローチについて紹介する。

第 1 節　虚構理解の高次感性

　「虚構」は文学をはじめとするさまざまな人間の創作活動，創作作品と深く関連している。文学作品が人間の創作作品であるかぎり，それらは虚構を必ず何らかの形で含んでいるといっても過言ではない。ファンタジーや空想科学小説（サイエンス・フィクション）といったジャンルに属する文学作品のみならず，実際にあった歴史的出来事や人物について物語に書き直したものとされる歴史小説や伝記小説など，通常ノンフィクションとして分類される作品であっても，それらの作品から一切の虚構性を抜き去ることはできない。
　一般に「虚構」は文学作品の一部のジャンルを指す言葉として用いられてい

る。しかし,「虚構」を辞書で探ると,①「事実でないことを事実らしくつくり上げること。つくりごと」,②「文学作品などで,作者の想像力によって人物・出来事・場面などを現実であるかのように組み立てること。フィクション。仮構」(小学館『大辞泉』)という2つの意味があることがわかる。前者はどちらかといえば,真実ではない嘘や偽作といった否定的な意味あいをもち,後者は構想力,創造力の側面を強調した肯定的な意味あいをもつ。「虚構」という言葉は,本来は文芸作品以外にも用いられた「つくりごと」「いつわり」の意味が主であったが,のちに文章法としての用法へ,さらには文学作品の一部のジャンルを指す言葉として用いられるようになったとされる[1]。

「虚構」には,「想像力によって何ものかを作り出す創造行為」という肯定的な意味と,「事実でないものを真実であるかのように見せ掛ける行為」という否定的意味が重なりあっている。したがって,虚構作品の「虚構」としての理解には「想像によって作られた事実でないものを,事実ではないという認識を維持しながら,あたかも事実であるかのように理解する」という一見,パラドキシカルな要請を満たすことが要求される。これによって,虚構理解に特有の美的経験や鑑賞経験が成立するのである。そうした虚構作品を理解し,鑑賞する際に必要とされる総合的な認知能力のことを,ここでは「虚構認知の高次感性」と呼ぶことにする。

第2節　虚構概念の理論的検討

1　虚構言説と虚構存在

虚構認知の高次感性を科学的アプローチの対象とするためには,虚構作品が読まれ,理解される際の受け手側の認知プロセスを,正確に記述し,分析する必要がある。

この認知プロセスには,大きく2つの側面が含まれる。テキストや映像(以下,「テキスト」に統括)などに沿って展開される虚構言説としての側面と,それが描き出す虚構世界を構成する人物や背景,さまざまな出来事などの虚構存在に関する側面である。いうまでもなく,両者は分かちがたく複雑に絡み合って,全体としての作品を構成しているが,どちらかといえば,前者は情報の配

置を巧みに調整して，物語に演出を施し，より美的効果を高めるという物語構成の技法に関するもので，後者は虚構世界を構成する要素としての登場人物，出来事，場面などに関わる。後者はしばしば，作者からのことわりとして「現実の人物，出来事，組織等とは一切関係がない」ものとして提示される。前者は，どちらかといえば，物語としての描写技法一般に関わることがらであるため，虚構作品に特有の問題とされるのは，後者の虚構存在の方とされてきた。これについては，哲学（美学）や文芸批評の分野でしばしば議論の対象となってきたが，科学的，工学的な観点からの検討はまだほとんど行われていない。

以下，哲学的な観点で行われてきた虚構存在に関する議論を概観したうえで，認知科学の視点からそれらをいかに扱うかについて論じていきたい。

2　プラトンの呪縛：虚構は追放せよ

プラトン（Plato）は，翼をもつ二頭立ての馬車の比喩で示したように，人間の精神には理性的な思考によって活動を律しようとする部分と，感情的で，非合理的な行動へ導こうとする部分があり，人が作り話に翻弄されてしまうのは，後者が模倣（ミメーシス）によって生み出された虚像（ファンタスマ）を安易に受け入れ，強く影響を受けてしまうからだと説明した[2]*1。それゆえ，真実を求めるならば，詩をはじめとした模倣の技に基づく虚構作品は，国家から追放されるべきだと主張した。

虚構言説は理性よりも感情に訴えるものだとするプラトン的な態度は，20世紀初頭のラッセル（Bertrand Russell）にも引き継がれた。ラッセルは自らの記述理論を展開した際，非実在的存在者を含む文，すなわち虚構文に関する問題を取り上げ，そこに含まれる指示句が現実世界に確固とした指示対象をもたない限り，それらは偽とみなされるべきだと主張する[3]。そして本来，偽であり，無意味であるはずの虚構文が，読み手によって有意味であるかのように受け取

---

*1　プラトンにおけるミメーシスの概念と芸術との関係については，関村誠（1997）『像とミーメーシス』勁草書房，を参照。プラトンにとって，イデアの世界のみが真実の世界であり，現実の世界はその影にすぎないとされた。プラトンの作品には神話上の存在や神に関する物語が多いが，それらは虚構存在ではなく，真実の存在を指示対象とした物語として語られていることになる。こうした語りの形式を模倣しただけで，真実の存在者を指示対象としない場合には，虚構とみなされることになろう。

られ，さらには感情的な反応さえも喚起してしまうのは，そこで用いられている指示句があたかも実在する対象を指示しているかのように偽装され，組み込まれているせいだとした．

ラッセル自身は，実在するかどうかわからない虚構存在を自らの論理体系に取り込むことで，不必要に複雑にすることを望まなかった．プラトンがその国家から詩を追放しようとしたように，ラッセルもその論理体系から虚構文を隔離し，追放しようとしたのである．

3 虚構存在への理論的アプローチ

虚構文をすべて一様に偽，無意味とみなすことには，ほとんどの人が抵抗を感じるだろうし，日常的な経験にも反する．読み手は，ご都合主義的で粗の目立つ安物の小説や物語よりも，よく練り上げられた一流の小説や物語の方により高いリアリティを感じる．複数の読み手が同じ虚構作品を読んで，その内容をきちんと理解していれば，そこで描かれる架空の世界で起きた出来事や状況に関し，さまざまな推論を行ったり，その真偽や整合性を踏まえた議論を行うこともできる．ラッセルのように虚構文を一律，偽すなわち無意味とみなしてしまうことは，問題を単純化しすぎるだけでなく，虚構による芸術作品について議論や評価，批評を行うことをも不可能にしてしまう．その結果，文芸批評など，虚構作品を研究するための理論的基盤そのものが危機に瀕することになろう．これを回避するためには，ラッセルの記述主義論理学に代表される論理的枠組みを拡張して，虚構存在を含めた対象を整合的かつ形式的に扱うことのできる新たな論理的枠組みが必要となる．

以下，虚構存在を何らかの仕方で現実世界内に位置づけ，理論的に扱える対象にしようとしたいくつかの試みについて紹介する．

3.1 虚構存在の実在化

マイノンク（Meinong, A.）は，あらゆる現実の存在は属性のリストから成り立っていると考えた[4]．いかなる属性のリストであっても，それを満たす対象が現実に見つかる，見つからないにかかわらず，何らかの対象が存在するとする．たとえば「金でできている（goldness）」と「山である（mountain）」とい

う両方の属性リストをもつ対象は実際には存在しないが,「金の山（golden mountain）」という対象を指示していると主張する。同様に「丸い四角（rounded square）」といった属性のリストも,現実世界に存在しえないが,対象としては存在する資格があるとみなされる。虚構対象もこうした属性のリストとして記述されるため,指示対象に数え入れられることになる。これに対しラッセルは,その理論が相矛盾する属性をもった対象を含めて,無制限に認めることになり,矛盾律に反した論理世界を認めることにつながるとして批判した[5]。

こうした批判を受け,マイノンク主義を継承するパーソンズ（Parsons,T.）は,属性を「核属性（nuclear predicates）」と「核外属性（extranuclear predicates）」に区分し,マイノンクの論理世界で存在する対象を核属性からなる対象に限定する。核属性とは,「金でできている」「山である」「人間である」「丸い」などの直接的な属性を指し,核外属性は対象に関するメタ的な判断を示す属性である[6]。たとえばパーソンズは,「実在する」「神話である」「虚構である」などの「存在論的属性（ontological properties）」,「可能である」「不可能である」などの「様相的属性（modal properties）」,「マイノンクが考えた」「ギリシャ人が崇拝した」などの「志向的属性（intentional properties）」,「完全である」のような「技術的属性（technical properties）」の4種類を核外属性としている。

パーソンズは,対象を核属性からなる集合に限定することで,さまざまな核外属性からなるリストを,世界のさまざまな状況や状態を記述する述語として留保する。これにより「丸い四角」「翼と一本の角をもった馬」など,いわば少しでも想像可能な対象や虚構対象については容認し,「不可能な計算」や「存在する黄金の山」など,その属性そのものに論理的矛盾を含むような対象を容認しない論理世界を構築しようとした。たとえば,シャーロック・ホームズは,その核属性により,イギリス人で,私立探偵で,バイオリンを弾く人物として定立され,その核外属性により,ドイルの虚構作品の登場人物として存在することになるという。

パーソンズによって改訂,拡張されたマイノンク的論理世界には,虚構対象をはじめとし,空想的対象,神話的対象,反実仮想的対象など,さまざまな様相をもった対象が含まれ,論理的判断の対象として認められる。とはいえ,シャーロック・ホームズやペガサスのように,実際に世界中のどこを探しても,

その具体的存在を見つけ出すことのできない対象を現実世界の存在者と認めることには，抵抗が残る。マイノンクおよびパーソンズによれば，属性のリストが存在すれば，それに対応する指示対象が何らかの個体として存在する可能性があるからである。

3．2　虚構的対象の抽象化（理論実体もしくは普遍種）

ヴァン・インワーゲン（van Inwagen）は，虚溝対象は作家によって創作された一種の理論実体として存在するのであって，マイノンクやパーソンズの場合のような属性のリストからなる個別存在として存在するわけではないとする。虚構対象が理論実体であるというのは，科学者がさまざまな理論モデルを構築し，そのうえで思考実験を行うように，虚構作品の作者が虚構上の対象という理論モデルを構築し，そのまわりの状況を変化させたり，そこに新しい要素を付け加えたりして，いわば一種の思考実験を行っているという意味である。思考実験に使われる理論モデルが，実際に動いたり，壊れたりしないのと同様に，虚構対象としてのホームズも実際に事件を解決したり，バイオリンを弾くわけではない。それらの属性は理論実体としてのホームズが所有する属性ではなく，むしろそれに付与された理論上の属性とみなされるのである。こうして構築された虚構テキスト上の理論モデルは，文芸批評家的視点からのみ評価の対象となるため，「文芸批評の理論実体（theoretical entity of literary criticism）」であるとされる。

このような理論実体としての虚構対象は，いうなれば虚構作品のうえでしか存在しないのだから，虚構作品と同様，現実世界に存在し，その内部で規定されることになる。ヴァン・インワーゲンによれば，この理論実体としての虚構対象は，その性質および場所（作品名など）という2種類の述語によって規定される。すなわち，xを性質，yを虚構対象，zをそれが登場する場所とすると，虚構的対象は，$A(x, y, z)$という形で表現される。たとえば，『バスカビル家の犬』という作品に探偵として登場したシャーロック・ホームズという虚構対象の場合，A（探偵，シャーロック・ホームズ，バスカビル家の犬）となる[7]。こうした論理的な扱いによって，虚構対象はすべて現実世界の指示対象として存在することが明確に示され，ラッセルの指摘したような意味論上の困難を生じ

ることなく，理論的に扱うことが可能になる。

　ウォルターストーフは，虚構対象とは，現実世界に存在する対象の種類が虚構の作者により提示または例示されたものとしてとらえる。いいかえれば，たとえ具体的な事例が存在していなくても，それが属する種，たとえばある種の人間，ある種の出来事，ある種の場所などは，それが論理的に可能である限り，普遍的性質としてあらかじめ存在すると考えられる。それゆえ，虚構作品で描かれる登場人物は，そうした現実に存在する可能性のある種類の人間を例示し，具象化したものということになる。虚構的対象をこのようにとらえることで，ウォルターストーフにおいても，それらは現実世界に存在する何かを指示していることになり，単純な非存在とはみなされなくなる。

　こうしたウォルターストーフの立場には，「創作（試作）が語るのはむしろ普遍的なことがらであり，他方，歴史が語るのは個別的なことがらだからである[8]」と述べたアリストテレスの『詩学』での立場と共通する態度を見て取ることができよう。虚構作品は，潜在的に存在する可能性をもった人物や出来事を，具体的に例示することによって，読み手にその普遍的な意味を気づかせる役割をもつとされる。

3.3　虚構の言語行為論，そして思考主義へ

　言語行為論の立場に立脚するオースティン（Austin, J. L.）は，人間の言語はたんに知覚的な対象に関する判断や疑問や主張を行うためだけに用いられるのではなく，人に具体的行動を命じたり，懇願したり，約束したり，ものごとに命名したりするためにも用いられることを示した[9]が，カリー（Currie, G.）はさらにその立場を拡張し，言語が人をして何らかの思考を行ったり，現実に存在しないものを想像し，推理するように誘導するためにも用いられることを指摘した[10]。言語行為に限らず，人間の多くの活動が，直接知覚の対象とはならないさまざまな思考的対象と密接な関係をもって営まれていることは明白である。

　マルティニッチ（Martinich, A. P.）は，サール（Searle, J.）[11]の言語行為論に立脚しつつ，サールをはじめ，ラッセル，フレーゲ，ストローソン，ドネランらによって堅持されてきた「指示される対象はすべからく存在しなければならない」という原則を緩和し，その存在領域に表象対象を含ませることで，虚構

文の指示に関する問題を解消しようとした。マルティニッチによると，日常言語は次の4段階を経て徐々に習得される[12]。
- （1） 対象の提示とともに言葉が学ばれる
- （2） 対象が存在していないときに，発せられる対象についての言葉を学ぶ。それとともに文法や単語のレパートリーが増える。
- （3） かつて存在していたが，今は存在していない対象についての文を聞き，理解できるようになる。
- （4） 経験したことのない存在や対象についての文を理解できる。想像力を行使し，志向的存在への指示が可能になる。

こうして言語習得の第4段階に至ると，虚構的対象を含む表象上でしか存在し得ないような対象について，人は言葉で表現し，理解できるようになる。これにより，ラッセルの記述理論では非存在者への指示であるがゆえに無意味とされてきた虚構文が，表象上の対象を指示する文としての意味を獲得することになる。ただし，表象上の対象は，表象行為を行っている当人だけに限定される主観的な対象であるため，虚構文で指示された対象とその文の読み手が表象する対象との同一性を判定するための基準が問題となる。

これに対しマルティニッチは，虚構文が真となる基準は，作者ないしはナレーターが，その文をテキストで主張しているかどうかによるとした。すなわち，読み手が作品を読んで思い描くさまざまな表象は，作者の記述したテキスト文と矛盾しない限り，真とみなされるとしたのである。これにより，虚構を含む読書の過程は，テキストが読み手にさまざまな表象対象を喚起するプロセスと，テキスト内の命題によってその表象対象の妥当性がチェックされるプロセスとの相互作用的な連続過程であることが示された。

マルティニッチのように，虚構対象を虚構文によって喚起される読み手の表象上の対象とみなす見方は，今日の虚構理論においてもっとも主要な立場になりつつある。マルティニッチに先立って，スクルートン（Scruton, R.），ラマルク（Lamarque, P.），キャロル（Carrol, N.），ヤナル（Yanal, R.）といった理論家が，虚構存在を表象対象としてとらえる立場を表明している。こうした立場は，しばしば虚構に関する思考主義理論とも呼ばれている。この思考主義理論の優れている点は，この立場がラッセル以来の虚構文の指示に関する問題を解消し，

マルティニッチに見られるように，言語行為論的な立場とも共存しながら，論理的アプローチではほとんど問題として扱われてこなかった虚構のパラドクスに対しても，何らかの妥当な説明を提示しようとしている点である。

4　虚構のパラドクスと高次感性

いわゆる虚構のパラドクスとは，「あらかじめ虚構とわかっている人物や出来事に対し，なぜ人は真摯な感情を抱くことが可能なのか」という問いである。なぜ人は虚構存在に対して，さまざまな感情を抱くことができるかという問いは，文学や芸術に関わる高次感性の本質に関わる重要な問いでもある。

この問題は，以下の3つの命題の整合性を問う問題として分析することができよう。

(ⅰ)　読み手は虚構テキスト上の登場人物や状況が実在しないことを知っている。（知識）

(ⅱ)　読み手は虚構テキスト上の登場人物や状況に対し，さまざまな感情を喚起させる。（事実）

(ⅲ)　読み手の感情が喚起されるのは，読み手が実在すると信じる対象や状況についてだけである。（推論）

この状況がパラドクスとみなされるのは，知識（ⅰ）と推論命題（ⅲ）とから導出される帰結命題，「読み手は虚構テキスト上の登場人物や出来事に対しては感情が喚起されない」が，（ⅱ）「読み手は虚構テキスト上の登場人物や状況に対して感情が喚起される」と矛盾するからである。（ⅰ）と（ⅱ）が否定できない知識もしくは事実であれば，（ⅲ）の推論の妥当性が問われることになる。したがって，思考主義は，（ⅲ）を否定し，読み手の感情は必ずしも対象の実在性を信じていなくとも，それについて思考もしくはイメージするだけで生じうるという立場をとることで，このパラドクスを理論的に解消しようとする。

こうした思考主義の基本的な立場は次のようにまとめることができる。

(a)　感情喚起に信念は必要ない。

(b)　想像する（それについて考える）ことは，しばしば感情を喚起する。

(c)　想像によって喚起される感情はリアルなものであり，擬似的なもの

ではない。

　思考主義の考え方では，対象が実際に存在するものであれ，物語などで描写される虚構的対象，あるいはたんなる想像上の存在であれ，それらの対象が一般に私たちの共感を誘うような状況を形成しているならば，その状況について考え，イメージすることだけで，それにふさわしい感情を喚起するのに十分だとされる。こうした立場をとることで，虚構上の場面であっても，現実の場面であっても，その状況が類似しているならば，読み手は類似した感情的反応を示すことが説明される[13]。

　こうした思考主義の説明は，現実の対象と虚構対象に対する感情経験を同じ理論的枠組みで説明しようとする点で評価できる。しかしながら，この説明でパラドクスの解消に完全に成功したといえるためには，さらにもう一歩踏み込んだ説明が必要となる。たとえば，読み手は物語を読みながら，危機的状況に陥ったヒロインを助けたいと強く欲求するのにもかかわらず，実際には具体的な手段を何もとろうとはしない。また，現実生活では怖い経験や悲しい感情を味わいたくないと思っているにもかかわらず，人はわざわざホラー作品や悲劇を読もうとしたり，ホラー映画を見に行ったりする。一般に前者は「虚構のパラドクス」に属する事例，後者は「悲劇のパラドクス」に属する事例として知られている。いずれにせよ，これらの逆説的な現象は，一見同じように感じられていると思われがちな虚構上の対象や出来事と，現実の対象や出来事に対する読み手の感情的反応や態度の間に，明らかな違いがあることを示している。

5　虚構対象と感情喚起

　体験の対象が虚構の出来事の場合と現実の出来事の場合とでは，当事者の状況に対する判断，したがってその認知状態にも違いが生じる。感情が喚起される際の認知状態の違いによって，生じる感情にも違いが生じると説明するのが，スクルートン（Scruton, R.）である。現実の状況では，感情が喚起されるような状況が表象されているのみならず，その状況が現実の状況だとする判断が行われており，そうした判断が喚起される感情をより強いものにしている。一方で，虚構的状況ではそうした判断が加わらないため，現実の場合に比べ感情の力が弱くなる。虚構のように純粋に想像によって感情が喚起される場合には，

判断による心的態度が加わらず,表象の影響力が弱くなるため,行動への動機づけが発揮されないと説明する[14]。

またヤナル (Yanal, R.) は,思考や信念には,それが何を志向しているかによって活性の度合いに違いがあるとする。そうした思考や信念の性質を,ヤナルは「相対活性」(relative activity) と呼ぶ。たとえば「飛行機が墜落する」場面のイメージと「7 + 5 = 12」という数式へのイメージに対し,人は異なる強度の感情的反応を示す。いうまでもなく,前者に対しては強い感情的反応を示すが,後者に対してはほとんど感情的反応を示すことはない。このように,物事や出来事に対する思考には,それぞれ異なる相対活性が付随しており,虚構対象であっても,その登場人物や出来事に対し強い感情が喚起されるのは,その対象が喚起する思考の活性度が高いからだと説明される[15]。しかしながら,こうした説明では,虚構であれ現実であれ,類似した出来事に対しては,類似した強度の感情が喚起されることが示されるだけで,両者の具体的な違いがどこに由来するのかは,説明されない。これを説明するためには,判断や志向対象の違いといった認知状態の静的な違いに注目するだけではなく,感情が喚起される現場のより動的なプロセスに注目する必要がある。

6 「ごっこ遊び」理論と擬似感情

虚構対象に関する知識フレームが,実際には存在していない虚構存在を,あたかも実在するかのように変容させる不可欠な媒体として機能していることを示す顕著な例が「ごっこ遊び」である。ウォルトン (Walton, K.) は虚構を一種の「ごっこ遊び」ととらえることで,その営みにおいて,虚構存在がどのようにしてあたかも実在する存在として立ち現れてくるかについて分析している[16]。

ウォルトンによれば,虚構作品とその受け手との間に成立する動的な関係は,人が子供時代からごく一般的に行っているさまざまな「ごっこ遊び (make-believe games)」に,その原初的形態を見ることができる。しょせんは作り物にすぎない人形を,あたかも本物の赤ん坊や生きた動物であるかのように扱う人形遊びをはじめとし,夢,白昼夢,スポーツやイベント,ゲームへの参加などの日常的経験,種々の宗教的慣習や科学研究の実践現場などでも,これと類似した場面を広く見出すことができる。これらの経験はすべて共通の精神的基

盤のうえに成立しており，これをウォルトンは「ごっこ遊び」理論と呼ぶ。

「ごっこ遊び」は，想像力を契機とした活動の一種であり，そこには想像力を誘導する役割を担う小道具（prop）が関与する。当然ながら，物語を読む場合に主要な小道具の役割を果たすのはテキストそのものである。こうした小道具を契機として読み手側の想像力が喚起され，作品の鑑賞が可能になる。ごっこ遊び理論に基づく虚構論では，読み手が作品を読む際に想像力を喚起させる誘因となる対象や情報は，すべて小道具として理解過程に取り込まれる。その際，それらをどのように変容させて，相互に組み合わせるかは，ごっこ遊びをいかに実現するかという読み手の意図と戦略に委ねられる。

ごっこ遊び理論にとって，テキストを読み，理解するということは，テキストを構成している個々の小道具に誘導されることで，その都度生み出されてくる虚構的真理を，全体として統一性をもった小世界として構成することである。ウォルトンが「虚構的真理」と呼んでいるものは，思考主義で受け手の側に生み出される表象もしくは思考の概念と類似している。しかし，ごっこ遊び理論では，虚構文が指示する対象をあえて「虚構的真理」と呼ぶことで，思考主義の考え方と一線を画す。この違いを如実に示すのが，虚構的対象によって喚起される受け手の感情反応に関する説明である。

ウォルトンによると，たとえどんなに熱中してごっこ遊びに参加していても，参加者はそこで何が実際に行われているかに関する傍観者としての視点や認識を心のどこかで保持し続ける。そのような視点や認識が失われれば，参加者は新たに登場してきた小道具に対して，どう対応すればよいかわからなくなってしまうからである。だとすれば，ごっこ遊びの進行中は，ごっこ遊び参加者としての視点とその進行をメタ的に把握している視点とが，つねに共存して成立していることになる。こうした特殊な二重視点のもとにおける感情経験は，通常の状況における感情経験とは異なった特殊な性質をもつことになる。こうした特殊な二重視点のもとで参加者が経験する特殊な感情は，現実の生活で経験する感情と区別され，「擬似感情（quasi-feeling）」と呼ばれる[17]。それが別種の感情でなく，「擬似」と呼ばれるのは，生じる状況やその際の身体的，生理的反応が十分に類似しているためだとされる*2。

しかしながら，虚構によって喚起される感情には，現実の感情とはっきり異

なる特徴も付随している。それは虚構によって喚起された感情には，一般に現実生活の状況下で喚起される感情に伴う特定の行為に向かう動機づけが欠如している点である。擬似感情は本来，自然な感情ではなく，虚構作品を理解するという特殊な環境においてのみ喚起されるいわば人工的な感情である。このような擬似感情は，他のさまざまな感情と同様，文化的，社会的な環境の中で，後天的に形成された感情といえる。ウォルトンは，子供のころからごく自然に慣れ親しんできた「ごっこ遊び」に参加することで，それらの擬似感情が徐々に形成されてきたと考えている。そして，そのようにして形成された擬似感情の存在が，大人になっても芸術作品を鑑賞する際に重要な契機になっていると主張する。擬似感情の発見，そしてその文化的な発展形こそが，今日，さまざまな虚構にもとづく文化を生み出したということになる。

思考主義および「ごっこ遊び」理論に基づく虚構理論は，虚構対象が虚構文によって喚起される読み手の表象上の対象であるという見方を導入することで，指示対象を外的存在のみに限定してきた従来の虚構理論の問題点を克服しつつ，虚構対象に関する高次感性の特徴，虚構対象に対する読み手の特徴的な感情的反応についても，十分とはいえないまでも，ある程度妥当性のある説明を提示することに成功している。虚構と虚構に関わるさまざまな現象を表象という観点からとらえようとしている点で，これらの考え方は虚構理解に関する高次感性の認知科学的アプローチと類縁性をもっているといえよう。

7 虚構の認知科学的アプローチと知識フレーム

思考主義は，虚構的存在の実在性を問題にする際に，記述の指示対象そのものではなく，指示を可能にするある種の認知的な枠組みを念頭に置いている。これは，人工知能などで「スキーマ（schema）」「知識フレーム（Knowledge Frame）」「スクリプト（script）」などと呼ばれてきたものに類似している[19]。これは指示対象に関するさまざまな属性や他の存在者との関係などの情報をまとめて，知識構造化し，各々に固有のラベル（名前）を貼ったものである。

＊2　ラマルク（Lamarque, P.）は，虚構的対象に対する感情的反応について，以下のように述べる。「われわれは思考の対象に相当する何かが実際に存在すると信ずることなしに，その何かについての思考によって恐怖を生じることができる。……恐ろしい思考と結びついた恐怖は真の恐怖であって，擬似などではない。」[18]

たとえば，「ホームズ」という虚構上の登場人物の属性には，ホームズが私立探偵であることから，「私立探偵」という職業に関する知識フレームに含まれる属性，イギリスのビクトリア時代に生きた人物であることから，その時代の人物一般に関する知識フレームに含まれる服装や身だしなみ，言葉遣い，所有する知識などの属性が付与される。こうしたいくつかのクラスフレームを重ね合わせ，ビクトリア時代のイギリスの私立探偵という一般的なクラスフレームができあがる。さらにそうしてできたクラスフレームに，読み手がホームズの物語を読む過程で取得する，ホームズ個人に関するさまざまな属性（性格や技能，行動パターンなど）や人間関係に関する情報，関わった事件などについての情報を付加していくことで，より具体的な「シャーロック・ホームズ」という虚構上の人物に関する知識フレームができあがっていく。いったん，そうした知識フレームができあがれば，それ以降は「ホームズ」という名前がテキスト中に出てくるたびに，そのフレームが呼び出され，そのテキストには直接記述されていない情報であっても，自動的に補完され，利用できるようになる。個々の知識フレームに蓄積してある情報は，テキストを読みながら，あるいはのちにテキスト内容を思い起こすなかで，常に修正，更新され，変化する。そうして構築された「シャーロック・ホームズ」知識フレームは，「シャーロック・ホームズ」という虚構存在そのものと類似した特徴をもつようになる。

　しかし厳密に考えると，こうした知識フレームは「シャーロック・ホームズ」の指示対象そのものではない。しょせん，「シャーロック・ホームズ」に関する知識フレームは，読み手が「シャーロック・ホームズ」を想像しようとする際に，同時に活性化される「シャーロック・ホームズ」に関する情報の集合体，あるいはホームズという虚構対象をとらえる際に活性化される概念的な枠組みにすぎない。「シャーロック・ホームズ」の直接的な指示対象は，属性情報の集合体としての知識フレームなどではなく，知識フレームの助けを借りて，読み手がテキストを読みながら，心的世界内に生み出していく具体的で生き生きとしたイメージの方だといえよう。これこそが，ウォルトンが虚構の「ごっこ遊び」理論で示そうとしたことである。知識フレームによって変容された小道具は，虚構的真理そのものではなく，そのための道具に過ぎないからである。

　虚構存在をイメージする際，読み手はつねにそれに対応する知識フレームを

媒介として利用するため，しばしばこの知識フレームの方を虚構存在の指示対象とみなしがちになる。しかしながら，知識フレームは対象の構成につねに用いられる重要な契機であるが，指示対象そのものとはいえない。指示対象となるのは，知識フレームを利用して生み出される想像上のイメージ（虚構的真理）の方なのである。

現実の存在者についても，対象について思いをめぐらそうとする際には，その対象に関する知識フレームが呼び出されるが，その際に指示対象となるのは現実の存在者であって，知識フレームそのものではない。現実の存在者はある種の特殊な指示対象，対象存在に関する究極的な情報源であり，その存在者に関する経験を通じて，知識フレームにあらたな情報が記録更新され，さらに充実したものとなっていく。

このように考えるならば，これまで展開されてきた虚構存在をめぐる哲学上の議論の多くが，虚構存在に関する知識フレームのあり方を問うたものであり，虚構存在のパラドキシカルな性質の多くは，指示対象としての存在者とそれに関する知識フレームを混同して議論してきたことに起因して生じたと考えられる。このことを明確に自覚したうえで，今一度，虚構存在とは一体何を指示対象としているかを問い直す必要があるだろう。

第3節　虚構テキスト理解過程のシミュレーションシステム構築の試み

1　意味ネットワークによる知識表現

虚構存在の属性を知識フレームの考え方に従って表現できるとすれば，また知識フレームの概念が本来，人工知能のプログラム技法であることを考えれば，虚構理解の認知プロセスの一部をコンピュータ上にシミュレートするのは，理論的に不可能ではないと思われる。本節では，筆者が行った虚構テキストの理解プロセスをシミュレーションするシステムの試みについて，簡単に紹介する。

このシステムは，SNePS（Semantic Network Processing System）と呼ばれる意味ネットワークシステム上に構築した。本来，意味ネットワークは，人間の記憶がネットワークをたどるという心理的な考察からキリアン（Quillian, M. R.）[20]

(a) John →(height ～の身長がある) 175cm

(b) John ←(agent 動作主) Give →(beneficiary 受け手) Mary, →(object 対象) Flower

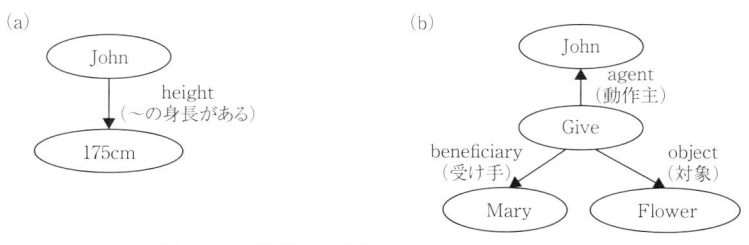

図1-1　単純な意味ネットワーク表現の例[*3]

によって提唱された知識表現形式であるが，これによって知識を「概念」「属性」「値」という3つ組で表現しようとした。一般に意味ネットワークでは，概念や値をノード（図では丸や四角），属性や関係性を有向リンク（図では矢印）で表し，両者を結合することで，知識をネットワークとして表現しようとする。これによって，知識フレーム構造の概念（ノード），属性（矢印），属性値（ノード）を表現することもできるし，格文法の動詞的概念（ノード），格関係（矢印），名詞的概念（ノード）を使って，文を表現することもできる（図1-1）。

　しかしながら，意味ネットワークによる表現は直感的にわかりやすく，かつその表現方式が柔軟性にとんでいることから，初期の意味ネットワークでは，何をどのように表現するかという論理基盤があやふやで，混乱が起きやすかった。そのため，70年代後半頃から，意味ネットワークの理論的基盤を明確にする取り組みが行われるようになった[21]。

　たとえば，リンク部分に付与する役割に制約を課して，リンク元とリンク先のノードの型によって決まる関係のみに限定し，意味的内容を表現できるのはノードのみとした。たとえば，「～の身長がある（height）」といった関係（リンク）は認めない代わりに，「持つ」という一般的な関係（リンク）と「身長属性」という概念（ノード）を用意して，その「身長属性」（ノード）が「175cm」という属性値（ノード）に「等しい」（リンク）とする。こうすることで「～の

[*3] 図1-1の(a)は，概念（John）や属性値（175cm）をノード，関係（height）を矢印で表して，リンクさせることで，John（身長：175cm）という知識フレームを表現している。(b)は，格文法の考え方に基づき，giveという動詞的概念を中心として，John, Mary, Flowerという名詞的概念を，それぞれagent, beneficiary, objectという格関係を使ってリンクすることで，"John gives flowers to Mary"という文を表現している。格文法とは，フィルモア（Fillmore, Ch.）の提唱した文法理論で，文の意味を動詞，形容詞，名詞とその深層格（動作主・場所・道具のような意味役割）の組み合わせによって表現しようとした試みである。

体重がある」「目の色が〜」などのような身体属性に関する関係リンクの種類が無際限に増えていくのを防ぐ。

さらにノードを使って何らかの概念を表現する際も、クラスの属性値とインスタンスの属性値を分けて表現し、両者の混同が生じないようにした。クラスとは、同じ概念名を付与された存在者の集合体を意味する抽象的存在のことである。これに対し、インスタンスとはクラスに属する個々の具体的存在または事例を指す。たとえば「人間」クラスは、この「John」インスタンスやあの「Mary」インスタンスなど、すべての具体的な人間インスタンスを含む抽象的な存在である。「人間」クラスは、その上位にあたる「哺乳類」クラスに属し、さらにそれはその上位の「動物」クラスに属すというように、存在論的な階層性をもつとされる。

注意すべきは、同じ名前をもつ同一の人物であっても、成長や時間の経過によってさまざまな性質や関係性をもつため、個人ですら、$John_{t1} \rightarrow John_{t2} \rightarrow John_{t3} \rightarrow \cdots \rightarrow John_{tn}$という時間系列に沿った多数のJohnインスタンスの集合体ないしは抽象的存在（クラス）とみなされることである*4。

たとえば、ある人物クラスに対してある属性値を付与する（たとえば、Johnというクラスに対して身長175cmの属性値を与える）と、属性の継承規則によってそのクラスに属するすべてのインスタンス（すべてのJohnインスタンス）に、一律、同じ属性値（身長175cm）が付与されることになる。その結果、同じ人物クラスの時間や状況による変化を表現することができなくなってしまう。同じ「シャーロック・ホームズ」であっても、あるときは探偵の服装で登場するが、別のときには浮浪者の服装で登場する。怪我をして動けないこともあれば、派手に闘う場面もある。登場する作品や状況、文脈が異なれば、同じ登場人物でも異なる属性や関係をもち、しばしばそれらは相互に矛盾する。したがって、

---

*4 「このJohn」、「あのMary」のように名前に「この」「あの」をつけた理由は、同じJohnという名前がついていても、別の場所、別の時代に存在した別人の可能性があるからである。しかし、かつてヒュームが指摘したように、時間の経過によるさまざまな変化にもかかわらず、ある対象が同一の対象とみなされる根拠が何かを決定することは、対象が人間であったとしても、困難である。ここでは、対象がJohnと呼ばれる同一人物であっても、それは時間の経過によって変化するJohnインスタンスの集合体からなる一種の抽象的なクラスだとする立場をとっている。Cf. Hume, D. (1739). *A treatise of human nature*, Book I, Part IV, Section VI: Of Personal Identity.（デイヴィッド・ヒューム、土岐邦夫・小西嘉四郎訳（2010）『人性論』pp.108-118. 中公クラシックス）

個々の属性や関係は，クラスとしての対象ではなく，そのときどきの状況や場面に限定された具体的対象（インスタンス）に対して付与されなければならない。（それゆえ，以下に示す意味ネットワーク図では，ほとんどの属性関係がクラス・ノードではなく，インスタンス・ノードにリンクされている。）

2　虚構命題の意味ネットワーク表現[*5]

シャピロ（Shapiro, S. R.）が開発したSNePS[22]は，記号論理学における1階述語論理と呼ばれる論理体系との整合性に配慮されており，人間が抱くさまざまな命題や知識，推論規則などをネットワーク上に表現したうえで，そこからどのような結論が導かれ，知識全体のネットワーク構造が変化していくのかを，実験，追跡するのに適した特徴をもっている[*6]。

たとえば，自然文「コナン・ドイルの虚構作品『シャーロック・ホームズの冒険』によると，シャーロック・ホームズは探偵である」は，以下のように意味ネットワーク（図1-2）で図示される。

情報が虚構作品に由来するというメタ情報を，インスタンス・ノード（図1-2のn4）を介して明示することで，この情報が現実世界の情報と混同されないよう制約をかけている。しかし，虚構作品には，現実世界と共通する情報も多く含まれているだけでなく，しばしば現実世界の情報を暗黙の前提としている。たとえば，シャーロック・ホームズが活躍するのは19世紀のロンドンであるが，とくにことわってない限り，ロンドンは現実世界でも物語の世界でも，

[*5]　SNePSを使った虚構命題の実装を試みた先行研究としては，以下のものがある。Rapaport, W. J. (1990). Representing fiction in SNePS. In D. Kumar（Ed.）, *Current trends in SNePS: Semantic Network Processing Systems*（pp.107-121）. Springer-Verlag.; Shapiro, S. C. & Rapaport, W. J. (1995). An introduction to a computational reader of narratives. In J. F. Duchan, G. A. Bruder, & L. E. Hewitt（Eds.）, *Deixis in narrative*（pp.79-106）. Lawrence Erlbaum Associates.; Shapiro, S. C. & Rapaport, W. J. (1995). Cognition and fiction. In *op. cit.* pp.107-128.

[*6]　シャピロ（Shapiro, S. R.）が開発したSNePSでは，意味ネットワーク上で1階述語論理に基づくさまざまな論理演算を可能にするため，個々の文や命題そのものを表現するノードを別個に用意する表現方法を採用した。個々の命題内容は，そのノードにリンクされた概念や関係をたどることで表現される。これにより，意味ネットワーク上に，事実として導入された命題，根拠と推論規則に基づいて真と判断された命題，提示されてはいるが，真とも偽とも決着されていない命題，たんに信じられているだけの命題などを表現できるようになった。このことは，物語の読み手や登場人物の心の状態を意味ネットワーク上に，ある程度表現できるようになったことを意味し，虚構テキストの読み手の認知状態をシミュレーションするための実験的基盤が生み出された。ちなみに，SNePSを開発したシャピロとラパポートは，意味ネットワーク上に生み出された物語の仮想読者のことをCassieと名づけている（Shapiro, S. C. & Rapaport, W. J. (1995). Ibid.）。

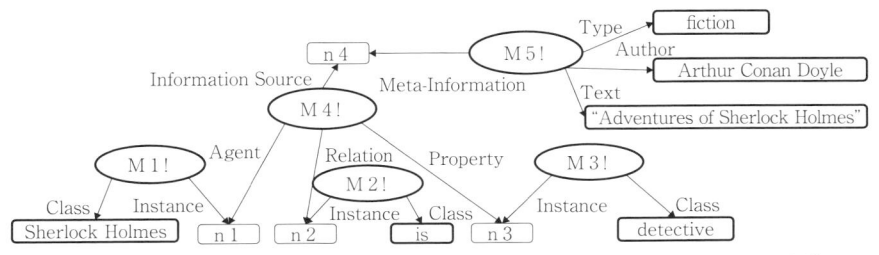

図1-2 「シャーロック・ホームズは探偵である」を SNePS の意味ネットワークを使って表現したもの*7（情報源がコナン・ドイルの虚構作品『シャーロック・ホームズの冒険』であることを明示）

　ともにイギリスの首都として理解されることになる。虚構作品そのものには明示されていないさまざまな常識的知識が，虚構内の世界観を構築するために必要とされる。したがって，虚構理解システムには，現実世界に関する多くの常識的知識が，常に利用可能な知識ベースとして装備される必要がある。

　「ロンドンがイギリスの首都である」という常識的知識を意味ネットワークで表現すると以下のようになる（図1-3）。

　物語では，シャーロック・ホームズがロンドンのベーカー街221Bに下宿している。これは図1-4の意味ネットワークで示される。

　「シャーロック・ホームズの冒険」には，その世界でロンドンがイギリスの首都であることを否定する，もしくはそれと矛盾する記述がなされていないことから，現実世界に関する常識的知識である「ロンドンはイギリスの首都」という情報が，虚構世界の情報としても取り込まれる。この結果は図1-5のように図示される。しかし，実際はロンドンのベーカー街に221B番地は実在しない。このことから，図1-5における命題M17（番地は221Bである）の情報ソースは虚構テキストのみとなり，命題M12へのリンクは形成されない。それに

---

*7　一般の意味ネットワークでは，2個の対象を1本の矢印（意味関係）で結合することで，その関係を表現するだけであるが，SNePSでは個々の命題を M を頭文字としてもつノードで表現し，命題内容はそこから発する矢印（関係）と対象項（ノード）によって表現する。SNePSは各命題に対して，真偽判断を行い，命題ノード番号に「！」がついていれば，その命題は宣言された命題もしくは真と判断された命題であることを示す。
　また，小文字の n に数字が付されたノードは，命題で指示対象となっている具体的なインスタンスを指している。インスタンス・ノードの導入により，個体の属性を誤ってクラス全体に適用する一般化の間違いを防ぐと同時に，自然文による複合命題を最小単位の命題へと分解して取り込むことができるため，多様な推論処理が可能になる。

第1章　虚構理解の認知過程　47

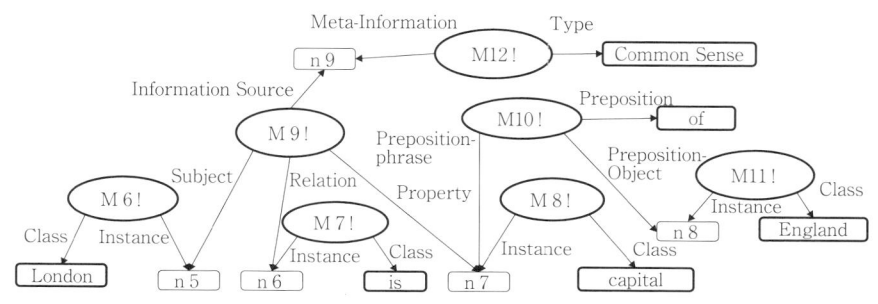

図1-3 「ロンドンはイギリスの首都である」の意味ネットワーク表現（情報源が常識的知識であることを明示）

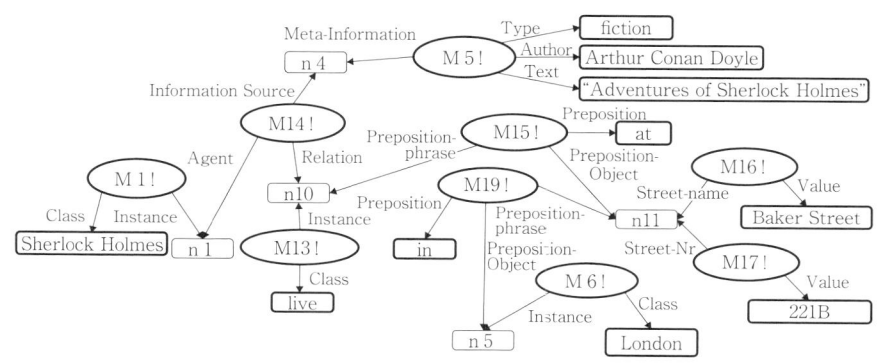

図1-4 「シャーロック・ホームズがロンドンのベーカー街221Bに住んでいる」ことを意味ネットワーク表現したもの（情報源が虚構作品であることを明示）

対し，「ロンドンはイギリスの首都である」といった常識的知識から取り込まれた命題は，テキストに同様の内容が確認された時点で，現実世界と虚構世界の両方にリンク接続されることになる[*8]。

3　知識フレームの意味ネットワーク表現

これと同じ情報の共有化，重ね合わせが，虚構作品の登場人物や存在物，事件などについても起こる。たとえば「シャーロック・ホームズ」についていえ

[*8] 虚構テキストを理解する際には，現実世界に関する情報と虚構世界についての情報とがうまく補完し合い，かつ混じり合わないようにするための情報の制御機構が機能すると想定される。良峯徳和・徃住彰文（2001）「虚構言説理解過程の制御システムモデル」『認知科学』8（4），384-391. を参照。

48　第1部　文学における高次感性

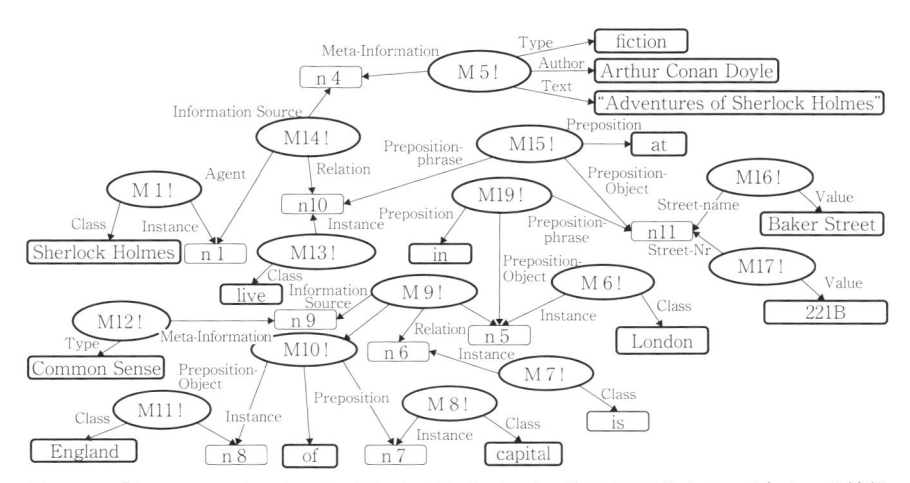

図1-5 「シャーロック・ホームズがロンドンのベーカー街221Bに住んでいる」という情報に，「ロンドンはイギリスの首都である」という常識的知識が付加された意味ネットワーク

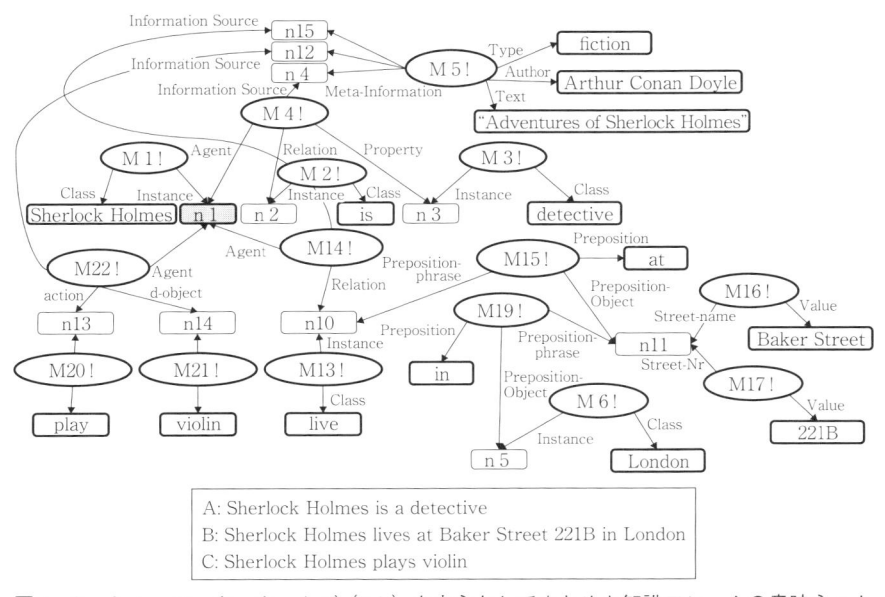

図1-6 シャーロック・ホームズ（n1）を中心としてまとめた知識フレームの意味ネットワーク表示（煩雑にならないため，A, B, Cの3つの属性のみを表示）

A: Sherlock Holmes is a detective
B: Sherlock Holmes lives at Baker Street 221B in London
C: Sherlock Holmes plays violin

第1章 虚構理解の認知過程 49

ば，

　（a）　私立探偵である

　（b）　ロンドンのベーカー街221Bに住んでいる

　（c）　バイオリンを弾く

などの虚構作品からの各種情報のほか，「私立探偵は，依頼人からの依頼にしたがって，事件を調査する」のような常識的知識を付加される。さらにホームズが数々の事件に関わった経緯や結末，遭遇した人々との関係なども，次々と書き込まれ，相互に関連付けられていく。

　これが完成すれば，虚構世界の存在者であるシャーロック・ホームズについての情報をまとめ上げた知識フレーム（知識ベース）が構築されていくことになる（図1-6）。

　読み手の視点がシャーロック・ホームズのインスタンス（n1）にロックされると，読み手はあたかもホームズの視点から虚構世界に参加しているかのような「ごっこ遊び」を体験することになる。しかしながら，読み手は同時にその情報源が虚構作品であることを把握しており，いつでもその視点を取り消したり，移動させることができるという状況にあることから，ホームズの体験を現実世界での体験としてではなく，特殊な美的感情を伴う擬似的な経験として味わうことができる[9]。

第4節　虚構理解の高次感性解明に向けた課題

　虚構テキストから情報が入力されるにつれて，意味ネットワーク上には，ホームズのみならず，ワトソン博士やモリアーティ教授など，虚構テキストに登場する人物や出来事に関する数多くの知識フレームも，次々と構築されていく[10]。

---

[9]　ここでは簡略化のため，ホームズを視点にした知識フレームを例としたが，実際のシャーロック・ホームズ物語を読む読者は，ワトソンの視点を通して虚構世界の擬似体験を味わうのが普通であろう。というのも，シャーロック・ホームズの物語は友人であるワトソンの報告という形式で書かれており，ワトソンの視点に読み手の視点を重ね合わせることのほうが，はるかに直接的で容易だからである。

[10]　筆者が実際に行った虚構理解のシミュレーション実験では，物語テキストからあらすじを構成すると思われる命題46個，読み手がその物語を理解する際に用いると思われる常識的な背景知識および推論規則70個程度を導入して意味ネットワークを構築した。

システムに感情や感覚喚起に関する推論規則をあらかじめ組み込んでおけば，ある出来事が起きたとき，当事者となる登場人物がどのような感覚や感情，精神状態になるかなどについても，一般的な推測を行うことも可能になる[*11]。

こうしたシミュレーション技術が進化していけば，現実の人間に対してのみならず，虚構の登場人物の精神状態や行動傾向に関しても，推測や予測をして，会話に組み入れたり，行動や身体表現の調整に反映できる高次感性を備えたコンピュータやロボットが，将来可能になるかもしれない。しかしながら，自然言語を処理するための基礎技術がまだ十分とはいえない現状では，そうした虚構理解技術の可能性について語るのはいささか尚早に過ぎるだろう。言語を操り，理解する人間の能力はあまりに複雑で，機械処理によってそれに代替できる部分はまだわずかでしかない。とりわけ虚構テキストには，比喩やほのめかし，婉曲，省略，倒置，記述視点の移動，変則的文体などといった多彩で複雑な修辞的技法が埋め込まれており，物語の展開と一体となって，その美的効果を高める重要な契機となっている。そのため，機械による虚構テキスト理解を実現するためには，テキストの表層的意味や文法的解析だけでなく，テキストの表層表現に隠された暗黙のメッセージや読み手への要請（含み，含意）といった情報を抽出する技術の充実が必須となる。テキストに埋め込まれているそうした暗黙情報の抽出技術の開発が，虚構作品に関わる高次感性の科学的解明にとって今後ますます重要な鍵となってくるだろう。この分野はまだ未発展の領域であることから，従来の言語学や文芸批評的な視点からの分析だけではなく，言葉と脳の働きに関する生理学的研究や言語理解に関する認知科学や工学的方法論も交え，さまざまな視点，方法論を絡めた総合的，対話的な研究を行っていくことが重要となろう。

▷引用文献
［1］中村三春（1994）フィクションの機構（pp.42-43）．ひつじ書房．
［2］プラトン（著），藤沢令夫（訳）(1979) 国家（下巻）．第十巻（pp.302-373）．岩波文庫．
［3］Russell, B. (1905). On Denoting. Mind, 14, pp.479-493.（清水義夫訳 (1996) 指示について．現代哲学基本論文集Ⅰ（pp.45-78）．勁草書房．）

[*11] こうした試みについては，良峯徳和・㐂住彰文（2000）「文脈内の視点の位置を考慮に入れた虚構理解の認知モデル」『日本認知科学会第17回大会発表論文集』pp.258-259．を参照されたい。

［ 4 ］ Meinong, A. (1904). Über die Stellung der Gegenstandstheorie. In *Untersuchungen zur Gegenstandstheorie und Psychologie*. Leipzig: Voigtlander.（三宅實訳（1930）対象論に就いて．岩波書店．）
［ 5 ］ Russel, B. (1905). *ibid*.
［ 6 ］ Parsons, T. (1980). *Nonexistent objects*. Yale UP.
［ 7 ］ van Inwagen, P. (1977). Creatures of fiction. *American Philosophical Quarterly, 14*(4), 37-56.
　　　van Inwagen, P. (1983). Fiction and metaphysics. *Philosophy and Literature, 7*(1), 67-77.
［ 8 ］ Aristotle. (1997, originally written in 330 B.C.). *Poetics* (p.17). New York: Dover Publications.（藤沢令夫訳（1966）アリストテレス（田中美知太郎編，世界古典文学全集第16巻）．筑摩書房．）
［ 9 ］ Austin, J. L. (1960). *How to do things with words*. Harvard UP.
［10］ Currie, G. (1984). What is fiction? *Journal of Art and Aesthetic Criticism, 43*(4), 358-392.
［11］ Searle, J. (1975). The logical status of fictional discourse. *New Literary History 6* (p.319, pp.321-332).
［12］ Martinich, A. P. (2001). A theory of fiction. *Philosophy and Literature, 25*(1), 96-112.
［13］ Lamarque, P. (1981). How can we fear and pity fictions? *British Journal of Aesthetics, 21*, 294.
［14］ Scruton, R. (1974). *Art and imagination* (pp.127-132). London: Methuen.
［15］ Yanal, R. (1999). *Paradoxes of emotion and fiction*. The Pennsylvania State UP.
［16］ Walton, K. (1990). *Mimesis and make-believe*. Harvard UP.
［17］ Walton, K. (1990). *Ibid*. pp.244-245.
［18］ Lamarque, P. (1981). How can we fear and pity fictions? *British Journal of Aesthetics, 21*, 294.
［19］ Cf. Rumelhart, D. E., & Ortony, A. (1977). The representation of knowledge in memory. In R. C. Anderson, R. J. Spiro, & W. E. Montague (Eds.), *Schooling and the acquisition of knowledge* (pp.99-135). Hillsdale, NJ: Erlbaum. ; Schank, R. C., & Abelson, R. (1977). *Scripts, plans, goals, and understanding*. Hillsdale, NJ: Erlbaum Assoc. ; Minsky, M. (1974). A framework for representing knowledge. *Massachusetts Institute of Technology, A.I. Laboratory, Artificial Intelligence Memo No. 306*.
［20］ Quillian, M. R. (1968). Semantic memory. In M. Minsky (Ed.), *Semantic information processing* (pp.227-270). MIT Press.
［21］ Cf. Woods, W. A. (1975). What's in a link: Foundations for semantic networks. In D. G. Bobrow & A. M. Collins (Eds.), *Representation and understanding: Studies in cognitive science* (pp.35-82). New York: Academic Press. ; Schubert, L. K. (1976). Extending the expressive power of semantic networks. *Artificial Intelligence, 7*(2), 163-198. ; Brachman, R. J. (1979). On the epistemological status of semantic networks. In N. V. Findler (Ed.), *Associative networks: Representation and use of knowledge by computers* (pp. 3 -50). Academic Press: New York. ; Randal, D. M. (1988). Semantic networks. In G. A. Ringland & D. A. Duce (Eds.), *Approaches to knowledge representation: An introduction* (pp.45-80).

Research Studies Press LTD.
[22] Shapiro, S. R. (2000). SNePS: A logic for natural language understanding and common-sense reasoning. In L. M. Iwanska & S. R. Shapiro (Eds.), *Natural language processing and knowledge representation* (pp.175-195). MIT Press.

第 2 章　汎文芸テキスト解析論

工藤　彰

> 　方法論として数量的なテキスト分析を現実的に利用できるにもかかわらず，もっとも科学的な研究が遅れているのが「文学」の分野だといえる。おそらく，文芸作品は表面的な語彙から物語性やテーマをすくいとることが難しく，また他のテキストに比べ，作家や作品に依存した個別性が強いため，類似の傾向が得られにくいと思われていることが，その原因だろう。しかし仮に，どのような小説であれ，文体や物語の特徴が数値としてはっきり示され，他の作品と簡単に比較できるようになれば，私たちの作品読解のアプローチは，建設的で客観的なものにならないだろうか。本稿では定量的テキスト分析が，文芸作品の何を明らかにでき，文学研究にどのような貢献をもたらすのか，長篇小説を対象としたケーススタディをもとに考えてみたい。

第 1 節　文芸作品のテキスト分析

　ある小説を書店で何気なく手にとり購入して，家に帰りさっそく読み始める。2 時間で一息に読み終える人もいれば，2 週間じっくり時間をかけて読む人もいる。ある人は娯楽として消費し，ページが尽きるとともに，その物語の世界から去っていく。またある人は熱を帯びた感想をブログに書き込み，その小説との接点を見出そうとする。だが，小説や詩などの文学作品を「読む」とは，いったい何を意味しているのか。その本のはじめからおわりまで目を通したら小説を読んだことになるのか。本に書かれてある言葉の意味や内容を理解すれば読んだことになるのか。

　少なくとも，私たちの「読む」という行為が千差万別であることは確かだ。

個人がもっている知識や経験，それまでに読んできた本，またその日の気分や体調などが，複雑に交差し合って「読む」という行為は成立している。そして小説の場合，基本的にフィクションであることに加え，ビジネス書や料理本などと比べると，読者の層が広範にわたる。作家は不特定多数の読者に向けて，ああも読めるしこうも読める，という余白を含んだ物語を提供し，最終的な結末の判断や解釈は読者に委ねることも多い。おそらく作家も，作品が単一に読まれることを望まず，予想もしなかった感想に出会うことを期待しているだろう。繰り返すと，私たちが文学を「読む」とは，ほとんど共通の基盤をもたず，人によって個人差が大きくあり，ある程度の自由な解釈が許されている行為である。しかし言い換えれば，それはどこまで行っても不安定であり，道筋や正解の用意されていない行為だ。

　では，伝統的な文学研究は，小説や詩をどのように「読む」のか。たとえば，作家の生きた社会と環境を明らかにして，外側から作品との因果関係に迫る方法や，作家の未発表の原稿から作品の背景を整理する方法はよく見られる。いわゆる文学理論では，ロシアの魔法民話をもとに物語構造の類型性を指摘したロシア・フォルマリズムや，ソシュール（Saussure）の言語理論をもとにテキストを記号体系としてとらえ，物語や人物の規則・関係を明らかにしようとした構造主義が，現在でも文学のテキストを「読む」ための方法としてたびたび参照されている。

　これらの文学研究は，たいてい死後の，多くの批評家や研究者に評価された作家を繰り返し取り上げる。その作家や作品に関して，まだ検討の余地が残っている点が次の研究課題となる。プルースト（Proust）であればプルーストの研究者によって形成された文脈があり，その文脈を踏襲しなければ当該分野を発展させることはできない。文学研究においては，文学史に残る作品や優れた作家が対象として選択され，共通の専門をもつ少数の人々によって，「読み」の道筋や正解を担保する方法が用意されてきたと言える。すなわち，文学研究の「読む」行為は，個別の作家をすでに定まった文脈から「読む」という点に限って言えば，小説を一般的な娯楽として「読む」行為と大きくかけ離れている。私たちは，決して一人の著名な作家だけを読むわけでもなければ，文学史に燦然と名を刻んだ作品だけを読むわけでもない。

となると，私たちの文学を「読む」行為は，常に手探りの，個人的な時間を伴った，人間の特異な営みとして認識されるべきなのだろうか。ここで補助線として，近年，PCやスマートフォンでも「読む」ことができる電子テキストのインターフェイスを考えたい。たとえば，インターネット上で著作権の切れた作家の作品を無料で公開している青空文庫から，作品をダウンロードしてファイルを開くと，小説が圧倒的な文字の集合体として存在することを発見する。私たちは小説を「読む」という経験の中で，物語を楽しんだり，文章表現にうなったりするが，この白画面に浮かんだ黒字の海を前に，そもそも莫大な量の文字列を読んでいることに気づかされる。有料の電子書籍の場合，ページ単位でテキストをスライドすることができ，紙書籍を読むときの感覚に近づけているとはいえ，文字列のかたまりが連続で変化するだけだ。このとき，紙書籍と電子書籍をつなぎ，小説を形成しているのは，当然ながら文字からなる「言葉」である。

私たちが文学作品を「読む」そのプロセスは個人差が大きく，どのような感想をもつかも人それぞれだ。しかし，その「読む」という経験のさなかで，私たちが共通に——娯楽か研究か，また紙書籍か電子書籍か問わず——確実に通過してきているといえるのは，「言葉」だ。

それではいま，「言葉」を媒介に文芸テキストをどのようにとらえることができるだろう。テキストが膨大な言葉から成立していることに注目して，文学研究とは別の観点からアプローチした学問分野に，計量文献学という分野がある。計量文献学の方法は，テキストの書誌情報や内容に統計的な分析を使って，特徴の記述や法則化を行う。黎明期の研究では，シェイクスピア（Shakespeare）とベーコン（Bacon）のテキストを定量化し，単語の文字数から二人が同じ著者であるという説を否定したメンデンホール（Mendenhall）[1]が有名である。今日では膨大なテキストデータを解析ツールによって自動処理することができるようになり，当時の手作業と比べれば遥かに効率性は上がったと言える。しかし，この計量文献学から文学研究に一石を投じるような決定的パラダイムは依然として生まれていない。

本稿では，あらためてこの計量文献学的な方法によって，テキストを構成する言葉の数値量をもとに，小説の文体と物語をいかにとらえられるか検討する。

作家の個性や特徴を，文体と，私たちはしばしば言いあらわす。「饒舌な文体が好みだ」とか「あの作家の文体は変わった」のように，文体という言葉を使っている。また文芸作品には，物語がある。これは他のテキストジャンルでは見られない特徴であり，小説を「読む」上で，大きなウェイトを占めている部分だと思われる。文体の分析では，特に小説家の作風変化の問題を取り上げる。一人の作家の複数の作品を比較したとき，言葉の編成のシフトする過程が通時的に見られれば，大なり小なり作風の変化があった，と考えることはできるだろう。物語の分析に関しては，物語が進むにしたがい言葉がどのような変動を見せるか，そのダイナミズムを明らかにする。とりわけ長篇小説を分析の対象にすえ，長い時間軸の中での物語構造を検討する。

第2節　小説家の文体をとらえる

　村上春樹という作家が『風の歌を聴け』で文壇に登場してから30年以上経った。現在でもコンスタントに作品を発表し続け，作品は世界各国でも翻訳されて，毎年のようにノーベル文学賞の候補になっている。

　この期間，村上春樹の作風が変化したことに関しては，たびたび議論がなされてきている。特に1995年を契機に転向を見る説は少なくない。たとえば柘植[2]は，阪神大震災によって芦屋の実家が居住不可能になり，青春時代を過ごした風景や記憶が大きく変容してしまったことや，時期を同じくして発生した地下鉄サリン事件の信者が希求する切実な行為と，作家が小説を書くことを求める行為に否定しがたい共通点があることに注目し，これら95年の出来事が村上を宗教や暴力，祈りなどの主題に向かわせることになったと指摘している。しかし，論者のなかには，95年以後の主題として暴力性や宗教色の強い物語が多くなった印象はあるが，必ずしも95年が村上の作風の決定的な分岐点とはいえず，その前後や他作品に転向の契機があるという異なった意見もある。

　では，定量的なアプローチで，村上春樹の作風変化をどのようにとらえることができるか。分析の対象としては，まずテキストのデータ量を確保することが重要であり，長篇小説がふさわしいと思われる。短篇を一篇とした作品単位では，テキストにおける言葉の頻度が少なく，統計的な有意差は得られにくい

だろう[*1]。

　分析手法としては，作風変化の要因を明らかにするため，各作品に使われた言葉の分類による，テキスト中の語彙構成の計測が考えられる。比較的近い時期の作品群から，似たような語彙の傾向が見られれば，テキストに明確にあらわれた作風変化の要因として理解していいだろう。また，作風変化の境界線がどの時期にあるか検討するために，作品を一単位としたクラスター分析は有効だと思われる。語彙分類で得られたデータから，類似の作品をグルーピングするクラスター分析を用いることで，視覚的に作品間の近似度を把握することができる。最後にこれらの結果を合わせ，作風変化が作家にあったかどうか検証したい。

1　品詞分類

　文芸テキストの語彙を見るにあたり，まずは，基本的な文法的特徴ともいえる品詞に焦点を当てたい。品詞は，文芸テキストの言葉にかぎらず，あらゆるテキストの言葉に付与されており，定量的な分析を行ううえで汎用性の高い指標である。村上春樹の長篇小説を対象に，1作『風の歌を聴け』から12作『1Q84』までの名詞，動詞，形容詞，副詞の4品詞の頻度を，表2−1に示した。表中の▲と▽はカイ二乗検定の残差分析[*2]の結果，観測度数が期待度数に比べて有意に多い項目と少ない項目をそれぞれあらわしている。この表中では，すべての項目で$p<0.01$の水準で有意であった。

　まずここから，品詞の有意差に，作品発表順に連続した傾向があることがわかる。1作『風の歌を聴け』から3作『羊をめぐる冒険』まで連続しているのは，名詞の多さと動詞の少なさだ。この3作品は最初期の作品群で，共通の舞台や登場人物が描かれるため，「初期三部作」と呼ばれる。また，作品発表年を見ると79〜82年の4年間で，3作品が発表されたことがわかる。これらより，

[*1] 短篇集を一つの作品単位とみなす場合，データ量は確保できるが，短篇集の中の一篇ごとに文芸誌への発表時期が大きく違う可能性があることを考慮に入れなければならない。

[*2] カイ二乗検定とは，分布の様子に差がないと想定した場合の値（期待度数）から実際の値（観測度数）がどれくらいずれているかを計算して，統計的にそのようなことの起こる確率がどの程度であるか（カイ二乗分布に基づいて）分析する検定法である。また残差分析によって，カイ二乗検定の結果に対し個々のずれが多いのか少ないのか，そしてそれがどのくらいの確率で起こるのか計算することができる。

表2-1　村上春樹長篇における品詞分類の頻度

	作品名	作品発表年		名詞		動詞		形容詞		副詞
1	風の歌を聴け	1979	▲	9634	▽	4533		572		984
2	1973年のピンボール	1980	▲	14992	▽	6786		896	▽	1168
3	羊をめぐる冒険	1982	▲	38992		18569		2374	▽	3628
4	世界の終り	1985	▽	61471	▲	37047		4355		7113
5	ノルウェイの森	1987	▽	49056		26437	▲	3485	▲	5986
6	ダンス・ダンス・ダンス	1988	▽	67408		35898		4547	▲	7991
7	国境の南, 太陽の西	1992		28523	▽	14583	▽	1794	▲	3538
8	ねじまき鳥クロニクル	1994-1995	▲	118640	▽	59614	▽	7166	▲	13072
9	スプートニクの恋人	1999		27841		14279		1975		2844
10	海辺のカフカ	2002	▽	78284	▲	41477	▲	5223	▲	8698
11	アフターダーク	2004		19177		10021	▲	1389	▽	1966
12	1Q84	2009-2010	▲	111824		57087		7318	▽	10334

内容の共通点，近い時期の発表が品詞の構成に影響したと推測できる。4作『世界の終りとハードボイルド・ワンダーランド』から6作『ダンス・ダンス・ダンス』までは名詞が少なく，「初期三部作」以後の80年代後期に書かれた作品の特徴だといえる。5作『ノルウェイの森』から8作『ねじまき鳥クロニクル』までは，4作品連続で副詞が多く，80年代後期～95年の傾向として考えられる。さらに，4品詞中3品詞も共通した有意差のある作品は連続しており，2作『1973年のピンボール』と3作『羊をめぐる冒険』は名詞が多く，動詞，副詞が少ない傾向にあった。先述したように「初期三部作」の内容，近い発表時期の2作品であることが影響しているだろう。ほかにも，7作『国境の南, 太陽の西』と8作『ねじまき鳥クロニクル』は動詞，形容詞が少なく，副詞が多い特徴が見られた。この『国境の南, 太陽の西』という作品は，『ねじまき鳥クロニクル』の執筆中に生まれたスピンオフ作品であり，同時期に書かれた作品であることが品詞構成に影響していると思われる。

2　品詞クラスターの分析

作品の品詞から連続性は見られたが，より視認性の高いクラスター分析によって，作品間の傾向をつかみたい。品詞分類の4品詞（名詞，動詞，形容詞，副詞）の頻度を用いて，作成したデンドログラム（樹形図）が図2-1である。上から1，3，2のクラスター，4，5，6，10，7，8のクラスター，9，11，12のクラスターと大きく3つのクラスターとして考えることができる。

```
┌─────────────────────────┐
│ 1. 風の歌を聴け          │
│ 3. 羊をめぐる冒険        │
│ 2. 1973年のピンボール    │
├─────────────────────────┤
│ 4. 世界の終り            │
│ 5. ノルウェイの森        │
│ 6. ダンス・ダンス・ダンス│
│ 10. 海辺のカフカ         │
│ 7. 国境の南, 太陽の西    │
│ 8. ねじまき鳥クロニクル  │
├─────────────────────────┤
│ 9. スプートニクの恋人    │
│ 11. アフターダーク       │
│ 12. 1Q84                 │
└─────────────────────────┘
```

図2-1　村上春樹長編の品詞クラスター

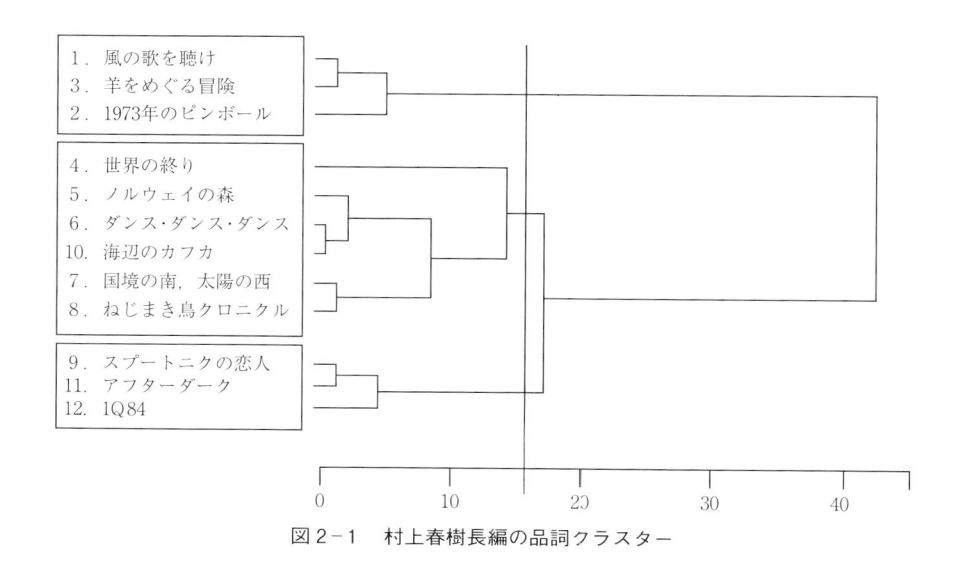

表2-2　品詞クラスターと品詞の関係

品詞クラスター	多い品詞	少ない品詞
1, 3, 2	名詞	動詞
4, 5, 6, 10, 7, 8	副詞	名詞
9, 11, 12	形容詞	副詞

　1, 3, 2のクラスターはそれぞれ『風の歌を聴け』『羊をめぐる冒険』『1973年のピンボール』からなる「初期三部作」の作品群を示すクラスターである。作品発表時期の近さ,「鼠」「ジェイ」などの人物が登場する続篇という物語上の共通点が, 品詞クラスターの作成にも影響を与えたと考えられる。品詞クラスターと品詞の関係を示した表2-2を見ると, このクラスターは名詞の多さと対応しており, 熟語表現を多用した時期だと推察される。村上がデビュー前から行っていた海外小説の翻訳による文体的影響が強く残っていたとも考えられるだろう。

　4, 5, 6, 10, 7, 8のクラスターは,「初期三部作」以後, 95年までに発表された作品群に, 10作『海辺のカフカ』を含めたクラスターである。3作『羊をめぐる冒険』から4作『世界の終りとハードボイルド・ワンダーランド』を発表するまでの, 3年という比較的長いブランクが, 文体の変化につながっ

たと思われる。実際,「初期三部作」クラスターで多かった「名詞」が,この時期のクラスターでは少なくなっている。また,このクラスターは副詞の多さとほぼ対応している。副詞の多さをどうとらえるかは難しいが,用言を修飾する語が増加したという意味では,物語に関してのアクティブな表現が頻出したといえなくもない。たとえば,この時期の作品における6作『ダンス・ダンス・ダンス』ではハワイ,7作『国境の南,太陽の西』でギリシャ,8作『ねじまき鳥クロニクル』では満州と,国外に登場人物が移動している点は「初期三部作」と大きな違いがある。

　最後の9,11,12のクラスターは,95年以後の作品群から10作『海辺のカフカ』1作を除いたクラスターである。8作『ねじまき鳥クロニクル』から9作『スプートニクの恋人』まで,これも比較的長い4年のブランクがある。このクラスターは形容詞の頻度が高いことから,丁寧な描写が増えていると推測できる。9作『スプートニクの恋人』では語り手の主人公「ぼく」こそいるものの,ほとんど「すみれ」を描いた物語であることや,11作『アフターダーク』は村上長篇初の「マリ」という女性が主人公であることなど,女性キャラクターの台頭が見られる時期でもあり,男性とは異なった,女性にまつわる視線が作中に描写を増加させていると推測できる。

　以上,品詞分類からなる3つのクラスターは,作品の発表時期および作品発表の間隔によって,大きく分類されたと考えられる。概して,村上作品は第Ⅰ期の【初期三部作】,第Ⅱ期の(【初期三部作】を除いた)【95年以前】,第Ⅲ期の【95年以後】という時期的な区分によって,作風変化を見ることができたといえる。

3　意味分類

　品詞は言葉の文法的な特徴であり,文体の大きな変化を見るには確かに適しているが,それだけで小説家の作風を理解できるとは言いがたい。そこでテキストにあらわれた言葉の意味を踏まえ,類義語に分類したうえで,作風に迫る方法を提案したい。

　本稿では,類義語に分類するために,『分類語彙表』[3]*3を参照した。『分類語彙表』の全項目と村上テキストの語彙を対照させ,考察するのは,膨大な量

にわたり困難となるので，17の中項目（人間，家族，仲間，人物，成員，公私，社会，機関，心，言語，芸術，生活，行為，交わり，待遇，経済，事業）に含まれる名詞を，分析の指標とした。表2-3は，村上12テキストに使われた語彙が，17中項目にどれだけ含まれるか示している。12テキストの全出現名詞のうち，『分類語彙表』の17の中項目が扱っている比率は約45パーセントであった。表中の*と**はそれぞれ，$p<0.05$と$p<0.01$の有意水準を示している。17の中項目中，「人間」「心」「言語」の上位3位で全体の約6割となり，過半数を占めた。そこで，これら中項目の下位にある分類項目について考察する。

　『分類語彙表』に基づいた中項目「人間」下位の分類項目は，「われ・なれ・かれ」「人間」「自他」などである。分類項目「われ・なれ・かれ」には「僕」「私」「彼」等，主に一人称や代名詞となる語が見られるが，村上作品では特に9作まで多く，10作以後は減少する傾向にあった。9作『スプートニクの恋人』までは「僕」「私」「ぼく」を用いていたのが，10作『海辺のカフカ』では「僕」にくわえ「ナカタ」の二人，11作『アフターダーク』で「マリ」という女性，12作『1Q84』では「天吾」と「青豆」の二人と，徐々に三人称形式に移行しており，これは主人公の変更に伴う変化だといえる。分類項目「人間」は，「人」「連中」「さん」などの語から構成される。通時的な特徴はさほどないが，例外的に10作『海辺のカフカ』のみ多かった。この結果は，「ナカタ」という登場人物に「さん」付けの表記が多いことが関係している。この「ナカタ」という人物は老人であり，村上作品の主人公としては異例である[*4]。分類項目「自他」には，「自分」「他人」「それぞれ」等の語が含まれ，9作以後の作品群で，10作『海辺のカフカ』を除き，増加傾向にある。これは特に「自分」の出現回数の多さが影響しており，三人称的作風になるにしたがい，一人称「僕」の代わ

[*3]　国立国語研究所が発行している収録総語数9万6千語，異なり語数約8万語のシソーラス。類，部門，中項目，分類項目から構成され，この順に分類の詳細度は増す。本稿では，名詞である「体の類」，動詞の「用の類」，形容詞，形容動詞，副詞，連体詞からなる「相の類」，一部の副詞，接続詞，感動詞の「その他の類」の4つの類のなかから「体の類」を分析対象とした。また部門に関しては，「抽象的関係」「人間活動の主体」「人間活動――精神および行為」「生産物および用具」「自然物および自然現象」の5部門から，「人間活動の主体」と「人間活動――精神および行為」を選択した。本稿で示した17の中項目は，「人間活動の主体」と「人間活動――精神および行為」に含まれる中項目を合わせたものである。

[*4]　10作『海辺のカフカ』のもう一人の主人公「僕」は15歳の少年で，表記上はそれまでの長篇と同じ「僕」だが，これだけ若い年齢の主人公もまた村上作品では異例だ。

表2-3　村上春樹長編における意味分類の頻度

	1. 風の歌を聴け			2. 1973年のピンボール			3. 羊をめぐる冒険			4. 世界の終り		
人間	1262			1339	**	▽	4130	**	▽	9039	**	▽
家族	48	**	▽	86	**		147	**	▽	500	**	▽
仲間	38	**	▽	42	**	▲	151	**	▲	121	**	▽
人物	55	**		64	**		270			278	**	
成員	77	**	▽	154			362	**		579		
公私	83	**	▲	144	**		397	**	▲	299	**	
社会	153			195	**	▽	477	**	▲	850	**	
機関	29	**	▽	95			242	**	▽	402		
心	470			711			1957			4683	**	
言語	359			433			1472	**	▲	1693		
芸術	105	**	▽	71			303	**		307	**	
生活	238	**	▲	376	**	▲	963	**	▲	1699	**	▲
行為	75	**	▲	134	**		429	**		713	**	
交わり	59			67	**		221	**		355	**	
待遇	51	**	▲	97	**	▲	303			411		
経済	93	**	▽	116	**		411	**	▽	474	**	
事業	83	**		196	**		622	**		759	**	▲

	5. ノルウェイの森			6. ダンス・ダンス・ダンス			7. 国境の南、太陽の西			8. ねじまき鳥クロニクル		
人間	7961	**	▽	10639	**	▽	5787	**	▽	15559	**	▽
家族	282	**	▽	362			388	**	▽	968	**	▽
仲間	172	**	▽	277	**		97	**	▽	468	**	▽
人物	177			208	**		31			426	**	▲
成員	361	**		714	**		147	**		1592	**	
公私	359	**		539	**		158	**		1158	**	
社会	694			1071			414	**		1245	**	▲
機関	316		▽	488	**	▽	75	**	▽	679	**	
心	2472	*		4173			1562			7424	**	
言語	1458	**	▽	2254	**		641	**		3633		
芸術	339	**	▽	624	**		224	**		530		
生活	1640			1928	**		927	**		3572	**	
行為	384	**		895	**		286	**		1454		
交わり	306	**	▽	517			169	**	▲	966	**	▽
待遇	348	**	▽	419	**		135	**		1112	**	
経済	280	**		714	**		277	**	▲	1133		
事業	407			700	**		227			1252	**	

	9. スプートニクの恋人			10. 海辺のカフカ			11. アフターダーク			12. 1Q84		
人間	2999	**	▲	10815	**	▲	1687	**	▽	9807	**	▽
家族	188	**		443	**	▽	155	*		816	**	▽
仲間	105	**	▽	216	**		96			508	**	▽
人物	99	**		319	**	▲	224	**	▽	420	**	
成員	198	**		698	**		152	**		1409		
公私	296			704	**		121	**		795		
社会	435	**	▽	1098	**	▽	292	**		1602	**	▽
機関	175			510			182	**	▲	845		
心	1953			5271	**		1370	**		8981	**	
言語	1035			2291			670	**	▽	4269		
芸術	293			663			156			1009	**	
生活	906	**	▽	2350	**		597	**		3456	**	
行為	357	**		938	**		224	**		1651		
交わり	238	**	▲	557	**		107	**		1082	**	▽
待遇	157	**	▽	593	**		126			1232	**	
経済	247	**		721	**	▽	209	**		1283	**	▽
事業	277	**	▽	881	**		244	**		1567	**	

りに自らを表現する語彙として「自分」が多くなると推測される。

　中項目「心」の分類項目は，「表情・態度」「判断・推測」「注意・認知・了解」が多かった。分類項目「表情・態度」は「顔」「表情」「笑み」などの語からなり，7作『国境の南，太陽の西』と11作『アフターダーク』で割合が大きい。この2作品では共通に，他者との接触や深い悩みを抱えた際に，「顔」を見る行為が頻出している。分類項目「判断・推測」には，「想像」「見当」「計算」等の語が含まれる。4作『世界の終りとハードボイルド・ワンダーランド』，8作『ねじまき鳥クロニクル』，12作『1Q84』で頻出しており，この3作品に関してはいずれもテキストが長い。長大な作品になると作品の幅を広げるため，主人公の予想や推量を文章に含ませて，物語に厚みをもたせていると考えられる。分類項目「注意・認知・了解」は，「興味」「意識」「理解」等の語から構成され，4作『世界の終りとハードボイルド・ワンダーランド』，8作『ねじまき鳥クロニクル』，10作『海辺のカフカ』で数字が大きい。この3作品もテキストが長いことが共通している。このような登場人物の内面を語る表現は大作に見られ，逆に，短めの作品ではあらわれにくいのかもしれない。

　中項目「言語」の分類項目は，「通信」「話・談話」「文献・図書」の割合が多かった。分類項目「通信」には「返事」「手紙」「電話」などの語が含まれる。4作『世界の終りとハードボイルド・ワンダーランド』，7作『国境の南，太陽の西』，10作『海辺のカフカ』で少ない傾向にあった。特に4作では「電話」，7作と10作では「手紙」が少ない。4作は奇数章「ハードボイルド・ワンダーランド」と偶数章「世界の終り」で2つの物語が描かれるが，「電話」の少なさは「世界の終り」の閉鎖的な舞台に通信手段がないことに起因している。また7作の主人公は既婚者であり経営者でもあるためか，「手紙」の登場場面がほぼなかった。10作は「ナカタ」という主人公の一人が文字を読み書きできないことが「手紙」の減少につながったと考えられる。分類項目「話・談話」は，「会話」「話」「講義」などの語から構成され，1作『風の歌を聴け』から4作『世界の終りとハードボイルド・ワンダーランド』まで少ない。社会や世間と積極的に関わろうとしない初期の傾向が，これらの語の少なさからうかがえる。また5作『ノルウェイの森』が多いのは，主人公が寮住まいの大学生という役柄であり他者との交流が増えたことも影響したためだろう。分類項目「文献・図

書」には，「本」「雑誌」「新聞」等の語が見られる。分類項目「話・談話」とは逆に，1作から4作で頻出している。これは特に初期の作品で読書をする場面が多く，初期の主人公の内閉的な傾向があらわれたといえる。

4　意味クラスターの分析

品詞クラスター同様，意味分類の17中項目から作成したデンドログラムが，図2-2である。上から1，2，3のクラスター，9，12，11のクラスター，4，6，10，5，8のクラスター，7のクラスターと，品詞クラスターに類似しており，作品発表時期に関連してグルーピングできるが，単独作品のクラスターも形成された。

1，2，3のクラスターは，品詞分類のクラスターでも見たとおり【初期三部作】のクラスターである。ここから，登場人物が共通していれば，使用される語彙も似通う可能性が示唆された。また4つの意味クラスターと，多かった中項目と分類項目を対応させたものが表2-4である。1，2，3の【初期三部作】クラスターは，中項目「生活」，分類項目「文献・図書」が多いことに対応している。村上作品において読書をするという行為はきわめて個人的な行為であり，他者との干渉を積極的に好まない人物に特有の性向である。ゆえに「文献・図書」は村上春樹本人が，社会との接触を避け，デタッチメントの時期と呼んだこの時期を，端的に示した特徴の一つといえる。

9，12，11のクラスターも，ほぼ【95年以後】のクラスターといえるが，品詞クラスター同様，10作『海辺のカフカ』1作が除外されている。11作『アフターダーク』と12作『1Q84』は共通して三人称の主人公が，また9作『スプートニクの恋人』でも片思いの相手が物語の中心に据えて描かれており，それら三人称的な文体がテキストの意味構成に影響を及ぼした可能性はある。また，このクラスターは分類項目「自他」が多いことと合致している[5]。【95年以後】に書かれた小説は，地下鉄サリン事件やオウム事件の影響下で批評家に論じられることが多かったが，具体的には，自分や他者といった人間が描かれ，主題化された作品群だと推測できる。

---

[5]　なお，10作『海辺のカフカ』は「自他」の割合が少なく【95年以後】のクラスターに含まれない要因の一つだといえる。

```
 1. 風の歌を聴け
 2. 1973年のピンボール
 3. 羊をめぐる冒険
 9. スプートニクの恋人
12. 1Q84
11. アフターダーク
 4. 世界の終り
 6. ダンス・ダンス・ダンス
10. 海辺のカフカ
 5. ノルウェイの森
 8. ねじまき鳥クロニクル
 7. 国境の南,太陽の西
```

図2-2　村上春樹長編の意味クラスター

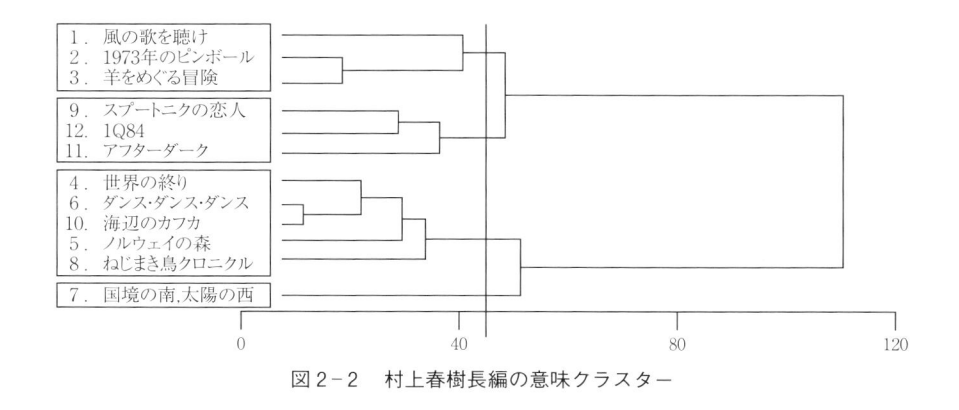

表2-4　意味クラスターと意味分類の関係

意味クラスター	多い中項目	多い分類項目
1, 2, 3	生活	文献・図書
9, 12, 11	−	自他
4, 6, 10, 5, 8	人物, 事業	注意・認知・了解
7	交わり	表情・態度

　4,6,10,5,8のクラスターは,大きく【95年以前】のクラスターと考えられるが,7作『国境の南,太陽の西』は別のクラスターとなり,品詞クラスターと同じく【95年以後】から10作『海辺のカフカ』が加わっている。この五作品に共通していることとして,場所の大きな移動が見られ物語の舞台に幅をもたせていることがあげられる。4作『世界の終りとハードボイルド・ワンダーランド』では東京の地下,6作『ダンス・ダンス・ダンス』ではハワイ,10作『海辺のカフカ』では四国,5作『ノルウェイの森』では京都,8作『ねじまき鳥クロニクル』では満州が,いずれも小説中に必要不可欠な場面で描かれている。クラスターに対応する中項目「人物」「事業」があらわすように,他者や社会への関心が次第に高まってきているのがわかる。さらに分類項目「注意・認知・了解」もこの作品群のいくつかの作品に多い傾向があった。これらの作品群が書かれた時期は,自分以外の存在への興味や意識が増し,題材の幅を広げたことによって長大な物語が書かれた時期だと考えられる。

　最後のクラスターは,7作『国境の南,太陽の西』単独のクラスターである。

4，6，10，5，8のクラスターと異なる特徴として，作中であつかわれる時間軸が非常に長い。小学校時代から30代なかばまで主人公の年齢が移り変わりながら，物語が展開される。過去の恋愛がその後の人生に大きく影響を及ぼしているという物語によって小説が構成されている。さらにこのクラスターは，中項目「交わり」，分類項目「表情・態度」が極めて多かった。恋愛色の強い作品であることが，独立したクラスターになった原因とも考えられる。

　以上まとめると，形成された4つのクラスターは品詞クラスター同様，作品発表時期ごとにおおむね分類されたといえるだろう。例外として，【95年以前】のクラスターに10作『海辺のカフカ』が含まれた点は品詞クラスターと同じだが，それにくわえ，7作『国境の南，太陽の西』も，恋愛色の強さなどの理由から単独のクラスターとなった。

5　作風変化の分析まとめ

　村上春樹の12長篇を対象とした品詞と意味のクラスター分析により，作風変化は共通して3作『羊をめぐる冒険』と4作『世界の終りとハードボイルド・ワンダーランド』のあいだ，8作『ねじまき鳥クロニクル』と9作『スプートニクの恋人』のあいだにあり，第Ⅰ期【初期三部作】，第Ⅱ期【95年以前】，第Ⅲ期【95年以後】という3つの時期に類似の傾向が見られた。【95年以前】と【95年以後】という区分は，これまでの村上春樹の95年転向説を裏付けるかたちとなったが，【初期三部作】と【95年以前】のあいだの作風変化も示したことは，特に新しい成果だといえる。

　また作風変化の要因として，【初期三部作】に名詞，中項目「生活」，分類項目「文献・図書」，【95年以前】に副詞，中項目「人物」「事業」，分類項目「注意・認知・了解」，【95年以後】に形容詞，分類項目「自他」が多く見られた。これらより，翻訳文体に多大な影響を受け作家自身の生活と密接に関わっていた最初期から，他者や社会を取り込み作品の枠組みを広げ，人間への関心は継続させながらも形容描写を増やしていった近年の作品群へ，作風の緩やかな変化があったと考えられる。

第3節　小説の物語をとらえる

　作風変化という大きな枠組みを，定量的な観点から分析するというのは，あくまで文体に焦点を当てているという点で，これまでのメンデンホールら計量文献学の研究姿勢の延長上にあるといえる。それでも，文学の領域における作風変化という問題意識を共有することで，定量的な文芸テキスト解析の見通しがよくなったことは間違いない。

　一方，物語はどうだろう。物語には時間軸を含んだ構造がある。単純に作品に使われた言葉を集計しただけでは，物語を理解したとはいえない。その作品にどんな言葉が数多く使われていたかが見えてくるだけで，物語のプロセスは完全に捨象されてしまっている。それでは，定量的な方法論によって物語を考えようというのは，はたして無謀なのか。

　その問いに答える前にまず，村上春樹の物語構造の研究例について触れておこう。これまで村上の物語構造を検討した論考には，プロップ（Propp）によるロシア魔法民話の構造分析の応用がよく見られる。村上作品のエピソードに見られる物語性を，プロップの提唱した31の物語の機能との類似性によって読み解く方法だ。ただし，それらの理論を用いる際，テキストと対照させて物語構造をとらえる作業は論者に委ねられ，基本的には自身の主張を補強するため方法論が借用される。方法論が先行しているわけでない以上，主張に必要な箇所だけピックアップされるので，分析の手続きという側面からいえば，恣意的になってしまうのは避けられない。

　そもそも村上春樹にかぎらず，物語の分析に，方法としての統一性や体系性は（無難なものになりがちなため？）必要とされていなかったのかもしれない。だが，分析の指標と手続きが明確になったアプローチが提案できれば——批評家や研究者のような，作品の背景や文脈をたどった考察まで期待するのは難しいかもしれないが——方法論先行の分析があらわれてもおかしくはない。実現すれば，物語構造に関する作品の比較研究は，飛躍的に進む可能性がある。

　定量的手法における強みの一つは，汎用性である。分析の指標と手続きを固定しさえすれば，対象とするテキストは問わない。『海辺のカフカ』と『百年

の孤独』と『ハリー・ポッターと賢者の石』を同じ方法で分析して比較することも、理論的には可能なのだ[*6]。

そこで、本稿では特に文芸テキストを対象とすることを踏まえ、ほとんどの物語に登場するキャラクター（本稿では主人公）を分析の指標とした。他にも着眼点はあるかもしれないが、小説とは人間を描くものだとこれまで多くの作家が意見を表明しているように、汎用的な分析の出発点としては悪くないと思われる。

また、物語の時間進行を汲み取るため、章を時間軸の目安に、テキストを一作の中で分割して比較対象を設けたい。もちろん回想や記憶を挿入するような小説の場合、章の時間軸が出来事の時間軸と異なることになる。このような語りの順番の問題は、文学研究においてもたびたび議論になってきた。しかし、物語を「読む」行為が、基本的に章やページの進行にしたがっているという事実もまた、確実に存在するだろう。汎用的テキスト解析の立場からは、回想や記憶を考慮に入れ、手続きを煩雑化させるよりも、できるだけ明示的な指標である章を用いた方が、物語進行をとらえるうえで得策と考える。

1　変化率分析の手続き

本稿では、物語構造をよりわかりやすくとらえるためのケーススタディとして、時系列でのテキストの比較のみならず、二人の主人公の物語を比較できる村上春樹の『1Q84』を対象にする。具体的に、奇数章と偶数章の二人の主人公の物語で共通に出現する単語（「共通語」と以下呼ぶ）と、その時系列での出現位置から、一作品中での2つの物語の交差する構造を検討する。共通語によって2つの物語が相互に干渉し合う瞬間を特定できれば、テキストに書かれたごく明解な観点から、物語構造の特徴が浮き彫りになるといえるだろう。

単行本『1Q84』はBOOK 1、2、3の計3冊で構成され、BOOK 1、2は2009年5月に、BOOK 3は2010年4月に刊行されている。分析の対象としたのは、二人の主人公「青豆」と「天吾」の章である。また、テキストデータの定

[*6]　『百年の孤独』はコロンビアの作家ガルシア＝マルケス（Garcia Marquez）、『ハリー・ポッターと賢者の石』はJ. K. ローリング（J. K. Rowling）の作品。日本語翻訳での簡単な比較ということを前提に筆者は書いている。原語に忠実なテキスト分析をしたい場合、当然、その原語すべてに自然言語処理ツールが存在するかどうかは、重要なポイントになる。

表 2-5　分析に用いたパート

		青豆パート	天吾パート
BOOK 1	1	1, 3, 5, 7, 9, 11章	2, 4, 6, 8, 10, 12章
	2	13, 15, 17, 19, 21, 23章	14, 16, 18, 20, 22, 24章
BOOK 2	3	1, 3, 5, 7, 9, 11章	2, 4, 6, 8, 10, 12章
	4	13, 15, 17, 19, 21, 23章	14, 16, 18, 20, 22, 24章
BOOK 3	5	2, 5, 8, 11, 14章	3, 6, 9, 12, 15章
	6	17, 20, 23, 26, 29章	18, 21, 24, 27章

量性を最低限確保するため，章のまとまりをパートと定義し，表2-5のように，青豆パート1〜6，天吾パート1〜6を事前に作成した。

　両物語の共通語を抽出するにあたって，何の制約も設けなければ，実際のところ，かなりの数の語が共通語になってしまう。そこでまず，村上春樹の12長篇にも頻出している語は物語の個別性が低いと考えられるため除外した[*7]。さらに，青豆の各パート頻度の上位15語ずつ計59語（重複含む）と，同様の方法からピックアップした天吾パートの計49語に絞った。これらを共通語の候補とする。

　次に，この共通語の候補を対象にして，青豆，天吾パートそれぞれ，時系列で急激な増減をする語を抽出する。増減を見るための変化率は，前パートで後パートの単語の出現率を割って算出した数値とした。たとえば，ある語のパート1の出現率が0.01，パート2が0.03の場合，パート1から2にかけての変化率は0.03/0.01 = 3となる。特に変化率が10以上を「増加」，0.1以下を「減少」，また出現率0（すなわち頻度0）を前後に含んだ変化も増減と考え，出現率が0から0.1以上になった場合を「出現」，出現率が0.1以上から0になった場合を「消失」と定めて考察を行う。

　共通語の検討に入る前に，相違点について簡単に触れておきたい。表2-6に変化率の増減に含まれた単語を類似の特徴で分類し[*8]，出現，増加，減少，消

[*7] 村上12長篇に出現した一般名詞のうち，頻度上位50語には，主に「自分」「人」「人間」「相手」等の代名詞，「必要」「場所」「簡単」「最初」等の抽象語が見られる。これらの語は，特に村上の場合どのような物語であれ，繰り返し使用せざるをえないものだと考えられる。また，他の作家でも同様に，自分の書いた複数の小説での頻出語は除いたうえで特徴語を見るという方法は，ある程度有効だと思われるが，たとえば発表作品が少ない作家についてはどうするかなど問題は残っている。

失のいずれかに一度でも含まれる単語を，青豆・天吾パート別に○で記した[*9]。分類をパート別に比較すると，〈宗教〉と〈サスペンス〉の単語が青豆に，〈小説〉の単語は天吾にすべて含まれた。これは特定のテーマが，片方の主人公の物語でのみ，急激に増減したことを示している。『1Q84』の主人公は，殺し屋の青豆，作家志望の天吾と紹介されることも多いが，まさにこの分類の結果にもあらわれたといえる。

2　共通語の同時増加

青豆，天吾両パートにおいて，共通語の同時増加，異時増加の共通の特徴を視覚的に把握するため，変化率をもとに図2-3を作成した。作図の際は，共通語の出現・増加だけでなく減少・消失も考慮に入れた[*10]。

同時増加が見られるのは，まずパート2の「月」である。青豆と天吾の物語に共通した特徴があることが，「月」という言葉から（『1Q84』の世界には2つの「月」が存在する）示唆されはじめたといえる。正確には共通語ではないが，相手の主人公の名前がパート3で

表2-6　変化率の増減で抽出された単語の分類

分類	単語	青豆	天吾
登場人物	青豆		○
	高井	○	
	天吾	○	
	川奈	○	○
	牛河		○
	福助頭	○	
	エリ		○
	戎野先生		○
	深田		○
	リーダー	○	
	坊主頭	○	
	女主人	○	
	環	○	
	あゆみ	○	
	安田		○
	安達		○
	クミ		○
	医師		○
	弁護士		○
	そいつ	○	
宗教	教団	○	
	さきがけ	○	
	宗教	○	
	少女	○	
	集まり	○	
	神	○	
	夢	○	
小説『空気さなぎ』	月	○	○
	リトル・ピープル	○	
	ドウタ	○	
	1Q84	○	
	空気さなぎ	○	
	物語	○	
小説	ギリヤーク人		○
	記者		○
	町		○
場所	公園	○	
	滑り台	○	
	アパート	○	
音楽	ヤナーチェック	○	
	レコード		○
サスペンス	拳銃	○	
	銃	○	
	弾丸	○	
	死	○	
移動	非常階段	○	
	首都高速道路	○	
	タクシー	○	
	列車		○
生物	フクロウ		○
	カラス		○
	ネズミ	○	
	蝶	○	
その他	バッグ	○	
	お金	○	
	写真		○

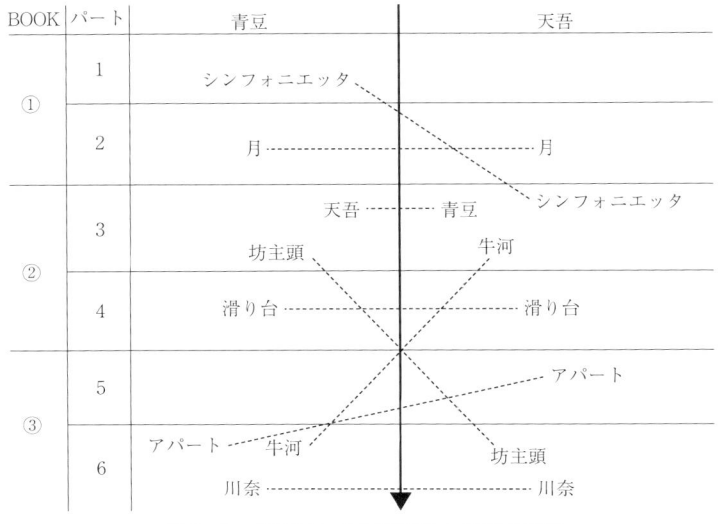

BOOK	パート	青豆	天吾
①	1	シンフォニエッタ	
	2	月 ———————————— 月	
			シンフォニエッタ
②	3	天吾 ———— 青豆	
		坊主頭 ╳ 牛河	
	4	滑り台 ———————————— 滑り台	
③	5		アパート
	6	アパート — 牛河 ╳ 坊主頭	
		川奈 ———————————— 川奈	

図2-3 『1Q84』の共通語による物語構造

同時に増加していることにも注目したい。これによって，両物語が同一の物語だと確信することができる。まだ二人は出会っていないが，記憶の中で相手が描かれ，次第に関係が明らかになり始めている。またパート4では，公園にある「滑り台」という共通の場所が増加している。作中では実際に二人が接近しているが，出会えないままBOOK2が終わる。パート6においては「川奈」が増加し，両物語ともに終盤であらわれた。天吾の物語では天吾の父の呼び名

*8 分類の際，「月」「リトル・ピープル」「物語」「空気さなぎ」「ドウタ」という単語は本文中の用法に注目している。天吾のリライトする「物語」すなわち「空気さなぎ」の世界には「月」が2つ存在し，青豆は自身がまぎれこんだその世界を「1Q84」と呼んでいる。またその世界には，空気中の糸で「空気さなぎ」を作る「リトル・ピープル」や「リトル・ピープル」の言葉を知覚する「ドウタ」という存在が登場する。これらは『1Q84』にとりわけ固有な単語と考えられるため，〈小説『空気さなぎ』〉と分類した。また「ギリヤーク人」「記者」はチェーホフの小説『サハリン島』の登場人物，「町」はドイツ人作家の小説に出てくる猫の町という舞台として用いられている。天吾のリライトする小説『空気さなぎ』と他者の小説では，意味合いは異なってくると考えられる。よって，これらの単語は〈小説〉と分類し，〈小説『空気さなぎ』〉と区別した。
*9 表2-6はあくまで急激な増減をした単語をピックアップしている。たとえば青豆パートの単語「青豆」に○はないが，これは「青豆」の頻度が少ないという意味ではなく，むしろ継続的に頻出し，急激な変化が見られないためである。パート間における単語の出現率と増減の詳細は，拙論文『共通語の変化と布置に基づく並行形式小説の物語構造』[4]を参考にされたい。
*10 青豆パートの「ヤナーチェック」，天吾パートの「レコード」は本文の用法から，ヤナーチェックの曲『シンフォニエッタ』を示しているため，両方とも「シンフォニエッタ」に改めた。同様，青豆パートの「福助頭」は天吾パートの「牛河」のあだ名であるため，「牛河」と表記した。

として併用されてもいるが，青豆の物語に注目すると，天吾のアパートの郵便受けで「川奈」という天吾の名字に直面している。青豆の物語に，現実の天吾が介入を遂げた決定的な特徴だといえる。

3　共通語の異時増加

　異時増加がはじまるのは，チェコスロバキアの作曲家ヤナーチェック（Janacek）の「シンフォニエッタ」からで，青豆パート1と天吾パート3に多く見られる。作中で象徴的に流れるこの曲の登場により2つの月の世界へ導かれるという小沼[5]の推察にしたがえば，青豆がBOOK1，天吾がBOOK2からその世界に移行したとも考えられる。

　また「坊主頭」は青豆パート3，天吾パート6で増加し，青豆パートで登場した人物が後から天吾パートにあらわれた。「坊主頭」は教団の人間であり，「リーダー」「教団」「宗教」「さきがけ」などの〈宗教〉の分類とも強い関連があると考えられる。一方，「坊主頭」と対称的な出現を見せたのが「牛河」で，天吾パート3と青豆パート6で急増した。「牛河」は，BOOK3における第3の主人公であると同時に，教団から依頼を受け天吾と交渉を行い，青豆の身辺調査をする人物だが，調査の対象となる人物が天吾から青豆へ変化するにともない，天吾から青豆のパートへ「牛河」の増加が移りかわっている。

　この「坊主頭」と「牛河」が青豆・天吾のパート3と6で対称的な出現傾向を示したことから，物語上，何らかの類似の役割を担わされた人物と考えるのは早計だろうか。「坊主頭」と「牛河」の類似点として教団関係者であることは，何らかの示唆を含んでいるように思える。それにくわえ，BOOK3がBOOK1，2の1年後に出版されていることを踏まえると，BOOK3にBOOK2の教団人物を両パート反対に再登場させることで，BOOK2までに描き切れていなかった宗教的な物語を継続させ，両物語のずれによる立体的な視座を読み手に与えていると推測される。この「坊主頭」と「牛河」の物語進行の視点を含めた構造的な類似性は，特に先行研究では指摘されてこなかった点である。

　最後に「アパート」は，青豆パート6，天吾パート5で増加し，ともにBOOK3に見られた。これは，青豆パートでは天吾のアパート，天吾パートでは天吾と安達クミという人物のアパートの両方を示しているが，いずれにせよ，

BOOK 3では共通にアパートが重要な場所になっていると考えられる。

4　物語構造の分析まとめ

　物語構造を明らかにするため，本節では『1Q84』を対象に登場人物と章に注目して，2つの物語の共通語とその出現傾向の比較などを行った。

　共通語が同時に増加したのは，BOOK 1の「月」，BOOK 2の「天吾」「青豆」「滑り台」，BOOK 3では天吾の名字である「川奈」だった。これらより，『1Q84』を構成する2つの物語は，小説の世界観やお互いの名前，場所の特徴が増加することによって，共通性が次第に明確になる構造をもつといえるだろう。

　異なった場面で増加したのは，「シンフォニエッタ」「坊主頭」「牛河」「アパート」だった。このうち「坊主頭」と「牛河」という登場人物は，BOOK 2とBOOK 3をまたいで増加した教団関係者である。おそらく，この宗教に関連した人物の複数の配置は，オウム真理教の加害者や被害者への取材・インタビューを行った村上自身の経験が，物語に内包された視点や構造に対し，多少なりとも影響した結果だと思われる。

第4節　展望

　本稿では，文芸テキストを読むことの共通要素となる言葉にあらためて注目し，小説家の作風変化と長篇小説の物語構造のための分析手法を提案した。文芸テキストを定量的に解析するといっても，何の指標を見て，どのような分析上の手続きを踏まえるかはさまざまな可能性があり，現在もまだ模索段階である。ここで，文芸テキストを対象とした定量的研究が，今後直面すると思われる，いくつかのキーポイントを整理しておきたい。

　まず，多種多様な言葉を用いて書かれる文芸テキストから定量性を確保するためには，やはり類義語のようなカテゴリーを作り分析を行うことは避けて通れないだろう。本稿では『分類語彙表』のデータを利用した単語の自動分類と，物語の文脈に沿った手作業によるカテゴリー化の両方を行った。しかし，『分類語彙表』のような文芸のテキストをそもそもベースとしていない辞書では，どうしても分類の精度に問題が残るし，手作業による分類では，テキストを大

量に扱い，比較分析をするまでに膨大な時間を要してしまう。文学的に適切な意味を汲み取ると同時に，大規模分析に対応していくためは，文芸のジャンルに特化した辞書の作成が求められる。

　また，文芸辞書による言葉の分類とは逆の方向から考える価値もある。辞書だと基本的には言葉とカテゴリーの一対一対応になり，その言葉をあるカテゴリーと認めるには難しいケースや，単独のカテゴリーだけでなく複数のカテゴリーにまたがるケースも起こってしまうだろう。仮に，小説のテキストを対象に，文章や段落をユニットとした文脈側から，別々の語の近似度が示されるようになれば，近似度の高さによって類義語のカテゴリーを考えることができるだろう（あるいは近似度の高い語が一見，類義語に思えなくても，検討する意義はあるのかもしれない）。いずれにせよ，文芸のテキストと類義語の分析が進展すれば，作家のもつ語彙のバリエーションがわかり，個性や能力が見出せる可能性も高いのではないか。

　文学研究により引きつけた展望としては，本稿が取り上げたような，小説家の作風変化という論点に対する文学的意味の再検討があげられる。村上春樹には【初期三部作】【95年以前】【95年以後】の3期にしたがった作風変化が見られた。これらは，品詞や意味の変遷から明確にされた一方で，時代的な背景や歴史的事件，あるいは作家の年齢や経験による熟達化が影響しているかどうかまではわからなかった。作風が変わる時期については，さらなる定量的観点から多角的に考察すべきであり，同時期の作家のテキスト群に，複数の分析指標を設けて比較検証し，追究するだけの価値ある問題だろう。

　最後に，電子書籍のようなテキスト媒体がさらに普及することが前提になるが，無数の文芸作品から構成されるビッグデータを対象にした，現代仮名遣いで書かれた戦後文学史の俯瞰研究，あるいは純文学やミステリー等の比較研究は，定量的な文芸テキスト分析が射程にとらえたいフィールドである。歴史的に見た文学の変遷が客観的に検証されたとき，これまで優れているとみなされてきた文芸作品が，通時的・共時的観点から他の作品群とどのような差異をもっているのか明らかになるはずだ。

▷引用文献

[1] Mendenhall, T. C. (1901). A mechanical solution of a literary problem. *Popular Science Monthly, 60*, 97-105.
[2] 柘植光彦（2010）村上春樹の秘密（p.266）．アスキー新書．
[3] 国立国語研究所（編）（2004）分類語彙表：増補改訂版．大日本図書．
[4] 工藤彰・村井源・徃住彰文（2012）共通語の布置と変遷に基づく並行形式小説の物語構造．情報知識学会誌, *22*(3), 187-202.
[5] 小沼純一（2009）『1Q84』, 聴くことの寓話．河出書房新社編集部（編），村上春樹『1Q84』をどう読むか（pp.92-98）．河出書房新社．

第 2 部
思想・芸術における高次感性

第2部を読む前に——思想・芸術と高次感性

> 思想的感性と芸術的感性はどちらも評価軸に基づいて構成される価値観の体系としてとらえることが可能である。思想・芸術的感性を定量的に分析するためには対象そのものを分析する直接的アプローチと，対象を解釈した結果として産出されるテキストを分析する間接的アプローチが有効であると考えられる。

第1節　価値観の体系としての思想・芸術

　思想という言葉が指し示す対象は抽象的で漠然としており，定量的な手法ではとらえ難いものとして一般的には認識されている。また，芸術も同様に，鑑定や保存・修復などの技術的な側面を除いては，科学的な分析の対象として考えられることはまだ一般的ではない。しかし，思想や芸術のような非常に内面的で抽象的な何らかの営みであっても，それが人間社会の中で脈々と受け継がれ発展してきた何物かである以上，コミュニケーションの対象として，伝達され・語られてきたという側面をもっている。そのため，他の種々の高次感性と同様に，思想・芸術もまたそれについて語られる言葉や記号を切り口として，科学的な分析の対象とすることが可能であると考えられる。

　第2部では思想と芸術に対する分析のアプローチを合わせて紹介していくが，この2つを一緒に扱うのには理由がある。それは思想的な感性も芸術的な感性も共に評価・価値観の体系として機能しているという点である。

　思想の場合，たとえば資本主義・共産主義などの政治的な主義では個別の対象への評価軸（勤勉は善，富の個人的所有は悪，など）とそれらの組み合わせとしての価値観（自由な競争で社会を発展させるべき，富は社会の共有財産とすべき，など）が内包されている。また主義というような表現はしないが，宗教や哲学

における思想でも同様に、体系的に構築された思考はさまざまな個別の価値観や評価軸を基礎として築かれている。

芸術においてもやはり、特定の時代やグループをまとめて主義と呼ぶことがある。たとえばロマン主義、表現主義、象徴主義などこの種の名称は挙げればきりがない。これらの個々の○○主義においては、何をどのように表現するべきか、どのような表現が好ましいかという評価・判断上の特徴に、思想的・美学的な背景をもつ論理が合わさって一つの価値観の体系を構成していることが多い。つまり、思想は体系的に構築された価値観の集合体であるが、芸術も同様に体系的に構築された評価軸に沿って分類や良し悪しの判断を行う価値観の集合体と言えよう。

読者の皆さんの中には、芸術は価値観の体系かもしれないが思想は価値観や感性の類ではなく論理の体系である、と反論される方もいるかもしれない。思想は確かに論理によって体系的に構成されるものであるが、その構成要素となる個々の評価軸や判断基準は、他の高次感性と同様に感覚的・感性的な側面をもっている。つまり思想とは、論理的に統合され根拠づけられた感性・価値観の体系と言うことができるだろう。

第2節　思想・芸術的感性と評価軸の特定

思想・芸術的な感性を定量的に分析しようとしたときに、第一に考えるべきことはそれらを構成する個々の評価軸とその全体的構造の特定であろう。具体的に言うならば、どの対象をどのように評価しているかという個々の評価軸の抽出がまず必要となる。そしてそれらの評価軸は他の評価軸とどのように関係するのか、それはなぜそうなるのかを一つ一つデータに落として分析していくことになる。

ある評価軸が用いられているかどうかの一つのヒントは、対象データがテキストの場合はそれについて言及されるか否かということである。言及されるということは考慮しているということであり、その評価が肯定的であれ否定的であれ、ともかくその評価軸で対象を評価すべきと考えているということである。たとえば、革新性について頻繁に語られるのであれば、革新的であることを良

いととらえているか悪いととらえているかは別として，革新的であるかどうかは評価すべき項目として考えられていることになる。

ただし，思想・芸術的感性を構成する評価軸を網羅的に抽出することは，その構成の多様さと複雑さのために通常は困難である。もし個人の内面にある評価軸を網羅するような詳細なデータが，時代・地域・文化等を横断して莫大な量入手できるのであれば思想・芸術的感性の全体的な構造を分析することも可能性がないわけではないが，そのようなデータの取得はあまり現実的ではない。そこで，すべての評価軸を抽出するというアプローチではなく，複数の思想・芸術的感性を比較することによって相対的に異なる部分を抽出して特徴的な評価軸をとらえるということが多くの場合に実行可能なアプローチであろう。複数の思想・芸術的感性の比較においては，時代，地域，文化，社会などさまざまな要因を考慮しながら何と何を比較することでどのような特徴をとらえることができるかを検討していく必要がある。

複数の比較という枠組み以外のもう一つの枠組みとしては，ミクロな個々の評価軸の分析から出発して，それらの関係性の特定を積み重ねていき，徐々に全体的な価値観の体系を帰納的に再現していくというアプローチがある。これらのアプローチでは実際のデータに即したデータ駆動型の分析方法以外に，心理実験，進化シミュレーション，エージェントベースアプローチ（エージェントと呼ばれる人工知能間の関係性をシミュレーションで分析する手法）などで取り組む手法や数学的なモデルによる解析の手法なども試みられている。

第3節　思想・芸術的感性の定量的分析のための2つの戦略

思想の記されたテキスト群や具体的な芸術作品群などの実際のデータを元にした定量的な分析を行う場合，分析の方向性は大きく2つ考えられる。1つめのアプローチは対象となる思想・芸術的感性そのものが書かれたテキストや芸術作品そのものの分析であり，2つめのアプローチは作品の解釈の結果として産出されるテキストの分析である。1つめのアプローチは直接的だが，分析の対象となるテキスト・作品中にその感性的情報の抽出に必要な情報が十分に含まれるとは限らないため，部分的で浅い分析になる懸念がある。2つめのアプ

ローチは間接的であるため解釈者のバイアスを含む形にはなるが，対象をどのように解釈し評価するべきなのかということに関してより詳細で明確な情報を抽出できる可能性がある．どちらにもそれぞれメリットデメリットがあるわけだが，これらの2つのアプローチから，入手可能なデータの質や分析の目的に合わせて適宜選択をしていくことになる．

1　直接的アプローチによる分析

　まず直接的アプローチであるが対象がテキストの場合，テキスト中の単語の出現頻度と出現のパターンが基本のデータとなる．一般的に出現頻度の高い単語はそのテキストに特徴的な概念を示す可能性があるが，内容との関係性が低くとも頻出する単語もあるため[*1]，重要性が高いと考えられる単語だけを抽出する手法が多数研究されている．また単語の出現のパターンの分析としては，どの単語とどの単語が共通に出やすいかなどの情報を分析する共起分析や，修飾関係にある単語の関係を分析する係り受け解析などが一般的に用いられている．これらの手法は，いわゆるテキストマイニングなどでも用いられている手法である．テキストマイニングの場合には重要な情報だけをいかに抽出して他の部分をそぎ落とすかという不要部分の削除が重要であるが，高次感性を抽出するためにはテキストから意味をくみ取って深い情報を抽出するというテキストの解釈が必要であり，そのためには関連する他の情報を合わせて失われた文脈を復元する情報の補完が重要となる．

　単語の出現頻度や出現パターンを分析する手法は，たとえば聖書学の分野ではコンピュータが広く用いられるようになる前から，コンコルダンス分析や高等批評などの名前で用いられてきている．テキストからより正しく深く意味をくみ取ることを追求してきた聖書学において，明示的で数えられる情報を元に解釈を行う手法が採用されることは非常に自然であり，人文学的な背景の中でも長い歴史の中で必然的に定量的なテキストの分析が発展してきたと言えよう．ただし，定量的なデータを元にしているとはいえ，統計的な有意性の計算や多

[*1]　たとえば日本語だと「が」や「の」などの助詞や助動詞，「この」「その」などの代名詞，「こと」「もの」などの普遍的な一般名詞は，出現頻度が高いがテキストの内容を概観するうえではあまり役に立たない．ただしこれらの単語も，別の目的では非常に重要なデータになる場合がある．

変量解析等の手法が利用されているわけではなく，これらの既存の分析手法のより本格的な定量化を実現することでいっそうの発展が期待できる。

分析したい対象が音楽や絵画などテキストの形式でない場合でも，基本的には記号の列からのパターンの抽出という点で，やはりテキストマイニング等で用いられる手法に類似の各種分析手法が採用可能である。ただし，音楽や絵画などでは言語の場合と違って単語のような明確な区分が定義されていない場合が多く，まず自分自身で分析の単位を明確に定義するか，あるいは N-gram などの分析の単位を明示化する必要のない記号分析の手法を採用する必要がある。

分析対象の単位を検討するためには従来の学問の成果が参考になる場合が多い。音楽の場合は楽理や和声学等の知見を参考にしつつ分析対象の把握の仕方を検討するということが有益であり，絵画ならば図像学や色彩理論，彫刻ならば造形論などが参照可能である。また完成した作品を対象にするのではなく，その生成過程を記録した種々のデータ（動画，修正・編集過程の記録，プロトコル……）に関する分析もさかんに行われているが，これらのデータにしても定量的に分析する場合には，カテゴリー分類などを施して記号化し数値的な解析を施す場合が多い。

いずれの対象にせよ，定量的な知見を得るためにはそれなりの量のデータに対して特定のパターンを見出すということが必須であり，対象の特性と分析の目的に沿ったパターン抽出の技法を検討する必要がある。

本書では第 3 章においてテキストの編集過程からの分析を，また第 4 章において楽譜における音高推移からの分析のアプローチを扱っていく。

2　間接的アプローチによる分析

次に間接的アプローチであるがテキストの形状となっている場合，直接的アプローチと同様に種々のテキスト分析の手法を適用することでさまざまなデータを抽出可能である。ただし，これらはあくまで特定の解釈者による解釈であるため，他の複数の解釈者のテキストと比較するなどして分析結果の客観性を担保する必要はある。

また，間接的アプローチでは対象となるテキスト・作品とそれへの解釈の関係性も重要である。テキスト間の関係を分析する手法としては，引用分析が比

較的歴史の長い分野である．引用分析とは，あるテキストがどのテキストを引用するかという関係をデータ化して数値的に分析する手法で，主に科学論文の分析で発展してきた．近年では引用分析はWeb上のテキスト間の引用関係の分析などに応用されている．多くの思想・芸術的感性は過去の関連する思想・芸術的感性を参照しながら，それらを改変する形で自身の主張を展開することが多い．このため，思想や芸術に関する解釈や解説・説明を施したテキストの中には関連するテキスト・作品や過去の思想・芸術等への引用が多数含まれている．これらに引用分析の手法を適用することで価値観とその解釈を定量化できる可能性がある．

　他に，テキストから高次感性を抽出するためのアプローチとしては，たとえば外国語への翻訳を用いるという方法もありうる．実は他言語への翻訳は翻訳者によるテキストの理解と評価であり，翻訳をデータとして用いることで翻訳者の評価軸の定量分析を行うことが可能である．

　間接的アプローチの対象となるデータとしては，研究論文，評論，批評，作品のレビュー，アンケート評価，感想文などさまざまな種類の評価的情報を含んだテキストが利用可能である．ただし分析においては，誰が（当該分野のエキスパートかそれとも一般人かなど），どのように（論理立てられた論説か単なる感想かなど）書いたものであるかを踏まえて目的と対象に対して適切な種類の媒体を選択していく必要がある．

　本書では第3章においてテキストの引用と翻訳からの分析を，また第5章において批評テキストからの分析のアプローチを扱っていく．

第3章　聖書解釈の計量分析

村井　源

> 宗教思想の定量的分析は，正典と呼ばれるテキストの解釈の分析として行うことが可能である。正典テキストの解釈を定量化する手法として，類似内容を含む異本間の編集過程の分析，後世の神学者の正典からの引用の分析，正典の他国語への翻訳の分析などさまざまな切り口を紹介する。

第1節　宗教思想と現代社会

　日本の社会で生活しているとなかなか気づきにくいことなのだが，宗教思想が現代世界に及ぼす影響は実は非常に大きい。たとえば，現代社会のさまざまな法律や制度の根幹をなす人権や人格という考え方は，キリスト教神学から派生した概念である。また超大国であるアメリカの大統領選挙や，世間を騒がせるイスラム過激派のテロリズムなどの背景にも宗教思想は深くかかわっている。政治思想である資本主義と共産主義も，両方とも聖書と神学の影響を強く受けて生み出された思想であったりもする。

　日本でも1990年代には，オウム真理教の地下鉄サリン事件をはじめとした，カルト宗教が起こすさまざまな形の社会問題がマスメディアで大きく報道されていた。残念ながらその結果として，宗教はあまり関わり合いにならない方がよいものというイメージが広まってしまったように思う。

　しかし，文明の衝突が声高に叫ばれるグローバル社会にあって，強い影響力をもつ宗教思想がどのようなものであるかを理解することは世界の行く末を考えるうえでは非常に重要である。また，宗教思想によって引き起こされるカル

トやテロリズムなどのさまざまな問題に対して何らかの対策を考えていくこともまた重要であろう。とはいえ，宗教思想を正確に理解することもカルト宗教への対策を立てることもどちらも非常に困難である。その理由として宗教思想の理解にまつわるさまざまな難問がある。

第2節　宗教思想を扱ううえでの難しさ

　宗教思想は，教祖やその弟子たちの言動をテキストとして次の世代に伝える形で保持されている場合が多い[*1]。そのために記された宗教思想のテキストを正典や聖典などと呼ぶ。キリスト教で言えば聖書，イスラム教ならコーラン，仏教では多種多様な大量の仏典がこの正典と呼ばれるテキストにあたる。後世の人々はそれらのテキストを理解し，解釈する中で先人たちの思想を学んでいくことになる。

　しかし，ご存じの読者も多いと思われるが，聖書やコーラン，仏典など古代の宗教思想テキストを正確に解釈することは非常に困難である。解釈が困難な理由はいくつかある。第1に，書かれた内容自体がそもそも難解であることが挙げられる。宗教思想は幸福や生きる意味などの非常に抽象的で定義しにくい内容を，間接的で象徴的な表現を駆使して記述することが多く，本質的に誤解や誤読が生じやすいという特徴をもっている。

　第2に，現代社会で大きな影響力をもつ伝統宗教の教義の多くは，古代に作られたためその原典が古代の言語で書かれているという点が挙げられる。多くの場合原典から現代語へ翻訳されたテキストは利用可能であるが，完全な翻訳というものは原理的に存在しえない。そのため，翻訳を読んだだけでは原典の正確な意味は伝わらない。かといって古代語に精通して原典を読んで理解することの難易度は高い。現代社会においては，聖職者であっても聖典を自国語への翻訳でしか読んだことがないということはさほど珍しいことではない。

　第3に，時代や文化などのテキストが書かれた背景が現代と大きく異なる点が挙げられる。つまり原典が書かれた当時の筆者や読者にとっての常識的知識

[*1]　例外として，多数の宗教にみられる神秘思想や，仏教の禅宗などでの不立文字・教外別伝というような文字以外の形での思想の伝達を重視する場合もある。

は，現代に生きるわれわれにとっての常識とはさまざまな点でかけ離れている。その結果，筆者が当時の常識に基づき，こう書けば読者にわかりやすく意味が伝わるはず，と思って記したことであっても，われわれにとっては理解しがたいテキストとなる。

このため，古代の思想テキストを扱う場合には，哲学や思想，古代語，当時の歴史的文化的背景や修辞技法などを学ぶ必要がある。しかし，古代社会について当時の人々が記した資料で利用可能なものは有限であるし，遺跡から発掘される出土品だけで当時の生活を完全に再現できるわけもない。残念ながら，当時の常識を理解しようとして歴史的・文化的な資料を読み漁っても，著者の意図は部分的におぼろげに理解できる程度でしかないということも多々ある。現在の段階でわかっている知識をきちんと学術的に総動員しても必ずしも答えの出ない問題が，宗教思想テキストとその解釈にはつきものなのである。

つまり，何が正しい宗教思想テキストの解釈であるかを100パーセント正確に決定することはできない。逆に，ある解釈が完全に間違っていることを客観的に示すことも，自明な場合には不可能ではないが，その論証に莫大な労力を割く必要が生じ困難性は高い。このため，専門家が見れば間違いがわかるが，一般の人から見て判断のつきにくいおかしな解釈がまかり通る危険性は常にある。たとえば，オウム真理教をはじめとするカルト宗教では聖書の一冊であるヨハネの黙示録の文脈を無視して恣意的に解釈し，ハルマゲドンが来て世界が滅びるなどと「預言」して信者を集めるというのが一つのパターンとなってしまっている。カルト宗教以外にも，宗教原理主義者や，複数の宗教の自分に都合の良い所だけをつまみ食いして作られるニューエイジやスピリチュアリズムなどの混淆宗教・擬似宗教など，文脈を踏まえない恣意的・主観的な解釈の産物は現代社会に蔓延している。

正しい解釈と間違った解釈を明確に峻別する方法は本当にないのだろうか？

第3節　宗教思想と科学

宗教思想テキストの解釈につきまとうさまざまな問題が不明確な恣意性や主観性から生じるのだとすれば，他の分野と同様に，定量的・科学的なアプロー

チをとることによって問題を改善することはできないだろうか？

　宗教は観測できないもの，証明できないものを扱う思考形態であり，科学は観測できるもの，証明できるものを扱う思考形態である．そのため宗教と科学は一般的には相容れない対立する存在として認識され，論じられることが多い．しかし，先述のように宗教思想も社会の中に存在し続ける以上，他者に伝達する手段をもっている．他者に伝達するときには内的で抽象的な概念も何らかの形で外的で観測可能な形状をとる．宗教思想の場合にはそれが正典のテキストである場合が多い．テキストは定量的に計量が可能な対象であり，宗教思想のうちで，少なくともテキストに書かれた言葉の意味解釈のレベルに関しては科学的な分析が適用可能である．

　科学的な手法を適用することで，唯一の正しい解釈を特定するところまではできないとしても，テキストの解釈をより客観的に分析・比較・評価することで，恣意性や主観性を低減させることは期待できる．よって，宗教思想を科学的に分析するための最初の切り口を，宗教思想テキストの解釈の科学から始めるというのが筆者の提案である．

　科学的手法の宗教テキスト解釈への適用によって，たとえば解釈者がテキストを読み進めるうえで参考となるようなデータを自動的に生成して提示したり，人文的手法で提示された学説の妥当性を数値的に評価したりすることが一つの目標となる．また，ひょっとすると，古代から続く解釈論争への終止符を打つことや，未発見の重要な解釈を発見するようなことも将来的には可能になるかもしれない．

　本章では，「第2部を読む前に」で述べた定量化のための2つの方針の中で，対象となるデータそれ自体に対する直接的アプローチとして聖書の成立過程に基づくテキストの関係性の分析の手法を紹介する．またもう一つの，データを解釈した結果として産出されるテキストを分析する間接的アプローチとして，聖書を引用する神学書に対する引用分析と，聖書の翻訳分析に基づく聖書解釈の定量化手法について述べる．

第4節　宗教思想テキストの成立

　本章で対象として取り上げる聖書であるが，一人の作者によって一度に書かれたものではない。古いものは部分的にはおそらく紀元前10世紀ごろから始まり，紀元後1世紀から2世紀初めごろに至るまでの長い期間にわたって，さまざまな人々によって書きつづられたテキスト群の集大成が聖書である。中世まではたとえば旧約聖書の冒頭の5巻（モーセ五書とも呼ばれる）がモーセ一人によって書かれたというような伝承が信じられてきていたが，近代になって学問が発展するとともに聖書に対しても学術的なアプローチで取り組む研究がさかんに行われるようになった。その結果として，たとえばモーセ五書や新約聖書の冒頭にある3つの福音書（共観福音書と呼ばれる）が複雑な編集過程を経て作られたことが徐々に明らかになってきている[*2]。

　新約聖書の共観福音書の場合には四資料説（図3-1）と呼ばれる編集過程の仮説が有力である。共観福音書はマタイによる福音，マルコによる福音，ルカによる福音の3つを指すが，これらの3つの書物には共通の箇所が非常に多く含まれている。このため，三書中で最も短いマルコによる福音書を元にしてマタイによる福音とルカによる福音が作られたと考えられている。ただそれ以外にもマタイとルカにだけ共通の箇所も多数あり，おそらく何か共通の資料があったであろうという仮定をおきその資料をQ[*3]と呼ぶ習慣となっている。その他にもマタイ特有の資料とルカ特有の資料があると考えられており，4つの資料を基に3つの共観福音書が作られたという仮説なので四資料説と呼ばれている。

1　宗教テキストの正典化

　聖書には共観福音書とそれらより後で作られたと考えられているヨハネによる福音書の4つが福音書として納められているが，実は他にも福音書と呼ばれ

[*2]　文書仮説と呼ばれる。聖書が編集の産物であること自体は認めつつも，当初の文書仮説で考えられていたような寄せ集めではなく，複数の資料を参照しつつも当初より一冊の本として編集されたのではないかという研究も近年増えてきている。
[*3]　ドイツ語の「クヴェレ」（Quelle: 資料）という言葉から由来。

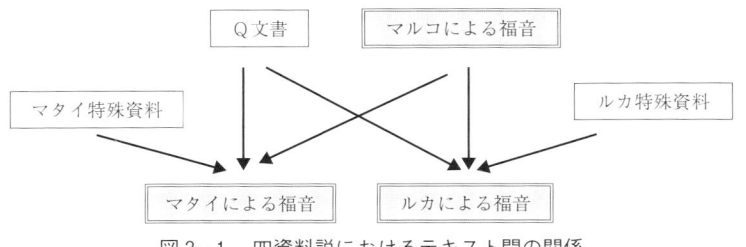

図3-1　四資料説におけるテキスト間の関係

るテキストは多数存在する。たとえば，近年写本が発見されたことで話題となったユダによる福音もその一つである。他にもトマスによる福音，ペトロによる福音，マリアによる福音など多数の福音書と呼ばれるテキストが存在する。これらのテキストは古代から知られていたが，教会の指導者たちの会議で正統な教義のテキストではないとして排除された歴史をもっている。逆に言えば，マタイ・マルコ・ルカ・ヨハネの四福音書は当時の教会の指導者たちによって正典化されたと言うことができる。では，なぜマタイ・マルコ・ルカ・ヨハネの四福音書が正統な福音書であり他のテキストは福音書ではないと決められたのだろうか？　またマタイ・マルコ・ルカ・ヨハネの四福音書を聖書とすることで教会の指導者たちはいったい何を後世に伝えようとしたのだろうか？　このような疑問に対し定量的なアプローチで何が言えるか考えてみよう。

2　テキストの編集

先に述べたようにマタイ・マルコ・ルカの3つの福音書の間には非常に密接な関係性がある。ただ共通箇所を含むと言っても同じ物語が同じ形で入っているわけではなく，マルコのある物語がマタイでは別の物語と一緒に編集されて別の位置に配置されていたり，ルカでは別の説教と合わせて入れられていたりといった形で，それぞれに複雑な編集が施されている場合が多い。これらの編集と各物語の小部分の関係性はさまざまな研究者によって分析されてきている。

テキストの小部分を一つの要素と考えた場合，編集作業によって結びつけられたテキストの各部分間の関係はネットワークのような形で図示することができる。たとえば図3-2は「人の子の来る日」に関する小区分が4つの福音書のどの箇所に出ているかと，他の類似内容を含む小部分との関係とを示したも

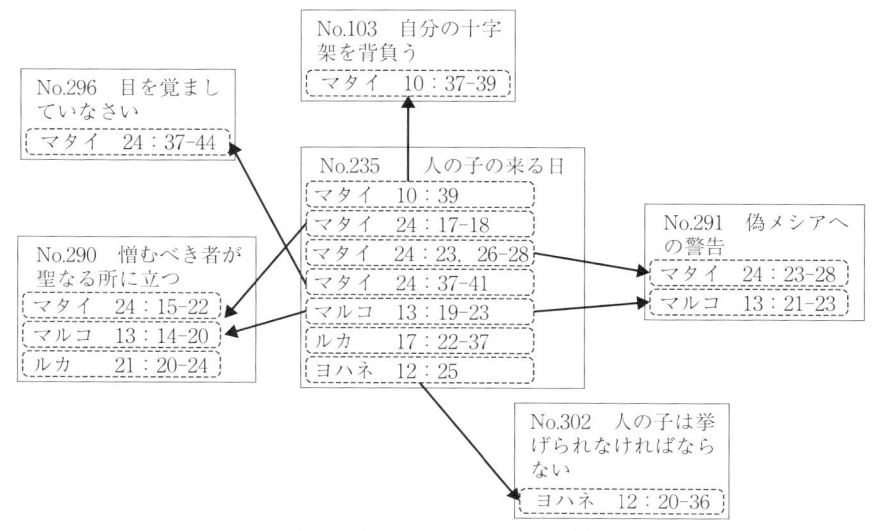

```
┌─────────────────────┐
│ No.296  目を覚まし  │
│ ていなさい          │
│ ┌─────────────────┐ │
│ │ マタイ 24:37-44 │ │
│ └─────────────────┘ │
└─────────────────────┘

      No.103  自分の十字
      架を背負う
      ┌─────────────────┐
      │ マタイ 10:37-39 │
      └─────────────────┘

No.235  人の子の来る日
マタイ 10:39
マタイ 24:17-18
マタイ 24:23, 26-28
マタイ 24:37-41
マルコ 13:19-23
ルカ  17:22-37
ヨハネ 12:25

No.291  偽メシアへ
の警告
マタイ 24:23-28
マルコ 13:21-23

No.290  憎むべき者が
聖なる所に立つ
マタイ 24:15-22
マルコ 13:14-20
ルカ  21:20-24

No.302  人の子は挙
げられなければなら
ない
ヨハネ 12:20-36
```

図 3-2　テキストの小区分の関係性

のである[*4]。図中でマタイ24:17-18のように表記されているものは聖書の箇所を示す略記号であり，マタイによる福音の24章の17節から18節であることを示している。

　図3-2に示されるように一つの物語の小区分は，他の小区分と非常に複雑な関係にあるが，「人の子の来る日」に関する小区分はマルコ・ルカ・ヨハネでは一か所にまとまっているのに対し，マタイでは5か所に分断されて他の小区分とつなぎ合わされていることがわかる。このように一つの物語が分断され，他の物語と結びあわされてテキストの中に繰り返し出てくる場合，編集者はその箇所に特別に強い関心をもっていると推測できる。聖書のテキストは，もともと別々の伝承であったものを編集者が自分の解釈に基づいて一つに結び合わせたものであるが，繰り返し現れる箇所は，編集の際に複数の物語を結びつけるための核として用いられた箇所である可能性が高い。そのため，編集によって関連づけられた多数の小区分の関係性の中心的な役割を果たす小区分を特定することができれば，編集者にとって重要な思想的要素を抽出できると考えられる。

＊4　テキスト分割と番号は Kurt Aland の "The synopsis of the four Gospels" による。

3　福音書のネットワーク分析

　図3-2では「人の子の来る日」に関する小区分と直接的につながった小区分のみを示しているが，福音書の小区分全体の関係性は非常に複雑な構造となる。このような多数の要素が絡み合った複雑な構造を分析する手法として，数学のグラフ理論から発展したネットワーク分析と呼ばれる定量的な手法が非常に有効である。ネットワーク分析は言葉やテキストの関係性だけでなく，社会における個人や集団の関係性などにも用いられている。聖書の福音書における物語の小区分間の関係性も同様にネットワーク分析によって定量的に分析することが可能である[1]。

　さまざまな物語の小区分のうちでどれが全体をまとめる中心的な役割を果たしているかを考える場合，福音書の小区分の関係性を示すネットワークにおいて結びつきの強い核となる小区分を抽出することが一つの方法となる。実際に核となる部分をコンピュータで計算して抽出してみると，福音書のネットワークには4つの核が存在することがわかる（図3-3）。

　これらの4つの核の要素となる物語の小区分を見てみると，これらはそれぞれ，1）人間はいつ終末が来るのかを知らないという教説，2）終末に備えてどのように生きるべきかという教説，3）キリストの弟子のあるべき姿に関する教説，4）人々がイエスを理解しないことに関する物語群，に対応している。これらのうちで1）と2）は神学的には終末論と呼ばれる種類の言説に属している。また2）と3）はどちらも，教会の人々に向けて弟子（あるいは弟子の集団）としてどのようにあるべきかについて説いている箇所でもあり，神学的には教会論と呼ばれる言説に属する。この結果より，福音書の編集による物語の小区分間の関係を定量的に分析した結果，聖書の福音書の編集における中心的な神学は終末論と教会論であったということが結論できる。

　このように，編集過程とその結果生成された類似テキストの関係性を定量的なデータとして扱うことで，編集過程での聖書解釈と，その背後にある神学の科学的な分析も可能となるのである。

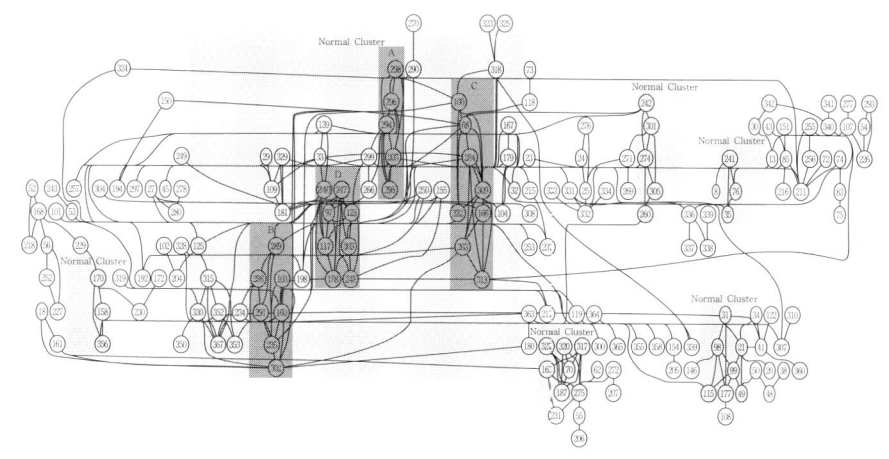

図3-3　福音書のネットワークとその4つの核となる部分

第5節　神学者による解釈の計量分析

1　神学と聖書の引用

　キリスト教の神学は，神とは何であるか，人はどのように生きるべきであるかというような種々の問題について聖書に基づいて考える学問である[*5]。神学で新しい学説を立てる場合に，自身の考えが正統なキリスト教神学であると主張するためには，正典である聖書の教えに基づいていることを人々に対して説得的に語る必要がある。説得のためには自説に関連する聖書の箇所を引用し，その解釈を行って自分の主張が聖書に基づいていると主張する形で行うのが一般的である。その結果，古代から現代に至るまで，キリスト教の神学について語るテキストは，あちらこちらに聖書の引用がちりばめられた形となっている。つまり，キリスト教の神学書は，ある意味では多数の聖書箇所の解釈を結合させて（もちろんそれ以外の要素も含まれてはいるが）構築された構造物のようなものととらえることもできよう。

　ただし，神学には神と人に関するさまざまな宗教的な要素（たとえば神の存在，

[*5]　聖書を基にする神学は啓示神学と呼ぶが，それ以外に自然物の観察から神について考察する神学もあり，これを自然神学と呼ぶ。

救済，赦し，罪，倫理，終末，祭儀，教会……）が含まれ，それらが有機的に絡み合って一つの神学的思想を構成するため，その全体像を理解することは簡単ではない。そのため著名な神学者たちは自分たちの神学を説明するのに莫大な量のテキストを執筆している。たとえば，神学の全体像を解説するためにトマス・アクィナスによって中世に作られた『神学大全』などは，日本語翻訳で45冊の分量である。しかも神学を学ぶためには古代から積み重ねられてきた議論の流れを理解する必要があり，概要を把握しようとするだけでも莫大な時間がかかる。古代・中世の神学者の学説を簡易にまとめた研究書や解説書の類は多数存在するが，何がトマス・アクィナスの思想の中心であったかとか，彼の神学が全体としてどのような構造になっていたかに関していまだにさまざまに意見が分かれているため，解説書を読んだだけで理解したということにはならない。

このように，そもそも難解で抽象的な対象に関する言説で，かつ莫大なテキスト量が含まれるがゆえに正確な分析が困難な領域に対しては，やはり高次感性の定量的な分析の技法が有効であると考えられる。定量的な分析にあたっては定量的に扱うことの容易なデータが当然必要となるが，神学書中に大量に含まれる聖書の引用は聖書の解釈を定量的に分析するためのデータとして，非常に有望な候補の内の一つである。

2　聖書と引用分析

先述のように大部分の神学書には多数の聖書の引用が含まれているが，このようなテキストを定量的に分析して，思想の解釈に関する情報を抽出するためにはどのようにすればよいだろうか？

テキストとテキストの間における引用や参照の関係からさまざまな傾向を定量的に分析するための手法としては計量書誌学などで用いられている引用分析が広く知られている。引用分析はもともと，科学論文における論文間の引用関係の研究から発展してきたものである。現在ではインターネットの World Wide Web におけるハイパーリンクの分析などにも応用されており，身近なところでは Google 等の検索エンジンが使うウェブページの重要度判定の計算にも実は引用分析の手法が用いられている。引用分析では，どのテキストがどの

テキストを引用するかということから関係性の深いテキストのグループを抽出したり，重要なテキストを特定したりすることが頻繁に行われる。また，科学論文の引用分析では科学の発展の傾向や学閥の分析なども引用関係に基づいて解析が行われる。

そこで，引用分析が聖書解釈に基づいて構築された神学思想の解析にも有用であるかを考えてみる。聖書の引用にはいくつかの特徴がある。1つめは，聖書の引用の形式が聖書略記号を用いた形にほぼ統一されているという点である。聖書略記号は聖書の巻名の後に章と節の番号を組み合わせて聖書中の位置を示すものであるが[*6]，古代や中世のテキストに関しても，後世の研究者たちによって現代用いられている略記号にどう対応するかが訳の本文中や注釈の形で明示化されている。また巻名の呼び方にはいくつかのパターンがあるが，それらの対応の特定はさほど難しくはない。このため，ほとんどの神学書や聖書関連のテキストに関して，同じ形式のデータを用いて聖書の引用箇所の特定が可能である。

また，キリスト教の神学に関連するテキストは古代のヘブライ語ギリシア語のみならず，ラテン語をはじめとするさまざまな古代・中世のヨーロッパ周辺の言語，近代・現代の諸外国語など多種多様な言語で記されている。このため，テキストの内容を分析して比較する場合には何らかの形で翻訳を介在させる必要が出てくる。しかし異言語間で翻訳を行った場合，語彙や文法が二国語間で完全に対応することはほぼ考えられないため，異なる言語で記された神学書における思想を正確に比較することは困難である。しかし聖書の引用箇所のデータは言語に左右されないため，異なる時代や文化にまたがる種々の神学思想を比較するうえで非常に大きなメリットとなる。

さらに聖書と神学書間の引用関係はどの箇所とどの箇所の引用がいくつあるのかという形でデータベースに格納でき，その結果をコンピュータで計量的に分析することが可能である。コンピュータを用いた分析が可能となることで大規模なテキスト群における思想的な特徴を数値的な解析手法を用いて科学的に把握することが期待できる。

＊6　16世紀に聖書学者でかつ印刷業にも携わっていた人物が馬の背に乗って旅行中に節の区分を施したと言われている。そのため文法上は不正確な箇所もある。

3 引用からの神学思想のネットワーク構築

聖書の引用箇所のデータから神学的な思想の概要を分析するにあたって，思想の構造をネットワークとして表現することを考える。ネットワーク分析は多数の要素間の結合を定量的に分析する手法であるため，さまざまな聖書解釈の複雑な結合である神学的思想を明示的な構造として表現するのに適していると考えられるためである[2]。

思想の構造をネットワークとして定量化するためには，まず何をネットワークの要素とするかを検討する必要がある。キリスト教神学の場合，聖書のさまざまな箇所の解釈を根拠として思想が構築されている。そのため，聖書の各箇所をネットワークの要素とすることで，それらが各神学者の解釈によってどのように有機的に結合されているのかが定量的に分析可能になると考えられる。

次に，多数の聖書箇所のうちどれをどれと結合してネットワークを作成するかを考える必要がある。時代や文化にまたがる分析を行うためには，先述のように言語の影響を受けにくい引用データに基づくことが有効と考えられる。そこで，聖書の引用データから聖書の各箇所の関係性を抽出するために，引用分析の一手法である共引用分析と呼ばれる手法を適用してみる。聖書と神学書の引用関係から聖書箇所のネットワークを構築する手順を図3-4に示す。

図3-4は聖書の複数の箇所が後世の神学書のさまざまな箇所から引用される関係を示している。神学書の同じ箇所に含まれる複数の聖書の引用は共引用の関係にあると言われる。これらの共引用の関係にある聖書箇所同士を結ぶと聖書箇所のネットワークを構築することができる。このとき生成されるネットワークは，神学書を記した著者によって何らかの意味で関連性があると考えられた箇所同士を結んだ構造となる。すなわち，神学書の著者が解釈した聖書の各思想の概念的な地図に相当すると考えられる。

4 神学者による聖書解釈のネットワーク分析

上記の手順で古代の最大の神学者と呼ばれるアウグスティヌスの著作群から聖書の引用箇所をデータベース化し，共引用分析によるネットワークを作成すると図3-5のようなネットワークを得ることができる。図3-5のネットワーク中で結合の密な部分をクラスターとして抽出すると，アウグスティヌスの神

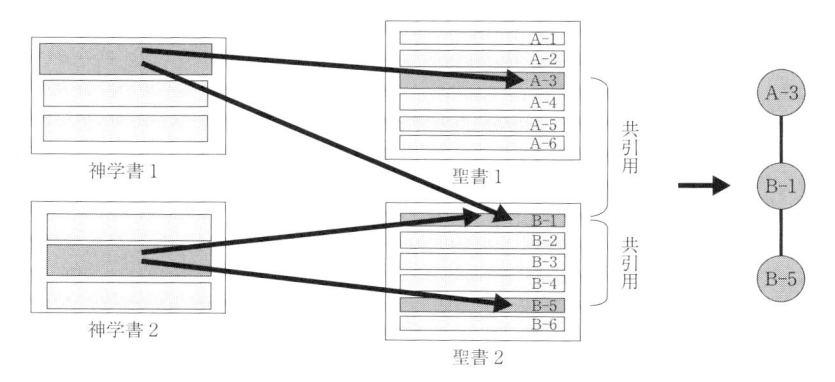

図3-4　共引用ネットワークの作成手順

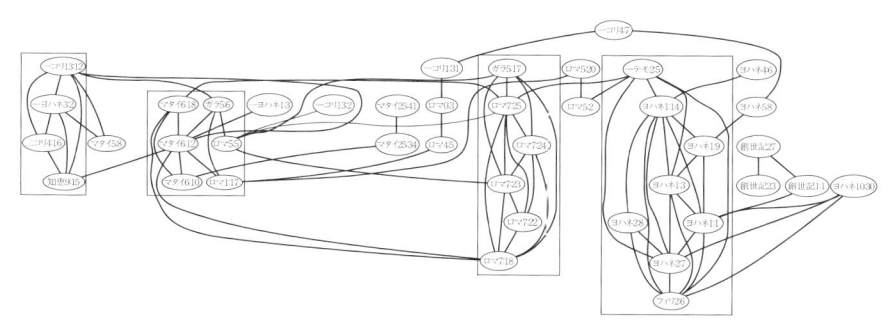

図3-5　アウグスティヌスの著書から得られる聖書箇所のネットワーク

学的な関心の中心は大きく4つに分かれており，左側の神を見ることと悪からの救いに関する聖書箇所がまとまった2つのクラスターと，右から1番めの受肉（神が人となること）や右から2番めの霊と肉の対立に関する箇所がまとまったクラスターがある。アウグスティヌスは長い放蕩生活の中で神秘体験を通して信仰に目覚めるという経緯を経て神学者として大成しており，神を見ることや悪からの救いに関するクラスターはアウグスティヌス自身の体験が聖書解釈に大きく反映されている様子が現れていると考えられる。また当時はグノーシス主義的な異端[*7]との論争が非常に激しい時期でもあり，異端との論争の争点が霊と肉の二元論や神が人となるか否かという受肉の問題であったため，それ

[*7]　グノーシス主義とは世界を霊と物質の2つに分け，物質を悪とする思想で，古代社会において広く支持されていた。

表3-1　共引用ネットワークでの主なクラスターの相違

Author＼Cluster	アウグスティヌス	トマス・アクィナス	ジャン・カルヴァン	カール・バルト	ヨハネ・パウロ二世
受肉	○	○ 普遍的特徴		○	○
悪からの救い	○		二元論		
霊と肉	○			○	
救いの予定			○		
掟			○	○	
福音宣教				○ 現代的特徴	○
信仰のみ				○	
苦しむ僕				○	
創造					○
裁き					○

らの論争に関連する箇所が右側の2つのクラスターとして現れていると考えられる。このように，ある神学者の著作における聖書の共引用関係からネットワークを構築することで，その神学者の思想の概要を定量的かつ視覚的に抽出することが可能である。

さらに，古代で著名であったアウグスティヌスと比較するため，中世のトマス・アクィナス，宗教改革期のジャン・カルヴァン，近現代のプロテスタントからカール・バルト，近現代のカトリックからヨハネ・パウロ二世を選択し，彼らの著作から共引用のデータを抽出して同様の分析を行ってみる。その結果得られた主なクラスターの相違を表3-1に示す。

表3-1より，ジャン・カルヴァンを除けば古代から現代にいたるまでキリスト教神学における最も普遍的な思想はキリストの受肉であることが明らかである。またプロテスタント神学者（ジャン・カルヴァンとカール・バルト）に共通する特徴が霊肉二元論であることや，近現代の神学者（カール・バルトとヨハネ・パウロ二世）に共通する特徴が福音宣教であることなど，神学者間の時代や宗派による個別性・共通性をネットワークより抽出することが可能である。

このように，聖書を解釈した結果として構築される特定の神学者の思想もまた，たとえば引用分析とネットワーク分析の手法を援用することで定量的に扱うことが可能となるのである。

第6節　翻訳分析

1　翻訳の差異と解釈の相違

　歴史を通じて多くの人々へ影響を与えてきた古典的な思想テキストでは，時代や社会の変化に応じてさまざまな形での現代語への翻訳が幾度となく試みられてきた。また同じ時代の同じ言語の中でも，複数の異なる翻訳が並立する場合は少なくない。実はある言語を別の言語に完璧に移し替える翻訳を作成することはほとんどの場合不可能である。これには，さまざまな理由がある。主な理由として，1）原典の単語の示す概念と正確に一致する概念を示す翻訳の単語はまずない，2）文法上対応する要素がない場合がある，3）文化的背景をもつ慣用的表現や，作者の独特の表現におけるニュアンスを正確に特定することは困難，などの点が翻訳上大きな問題となりやすい。さらに，原典のテキストを解釈すること自体が困難な場合には，翻訳者がどのようにテキストを理解したのかということの相違が，結果として生成される翻訳に大きな差異をもたらす。そのため，聖書などの思想書においては，聖書解釈の相違からさまざまな宗派ごとに別個の翻訳を作成し利用するというような現象が広く生じている。

　キリスト教人口の著しく少ない日本においてすら，現在広く用いられている翻訳にしぼっても，口語訳，新改訳，新共同訳の3種類がある。口語訳聖書はプロテスタントの聖書学者たちによって1955年に完成した初の本格的口語体聖書で，現在でもプロテスタント教会の礼拝等で用いられる。口語訳は，歴史学・考古学の知見や，写本比較による本文批判などを用いる近代的な聖書批評学の影響を受けて作られた。また，当時の日本語改革の影響を受け，読みやすさが重視されている。これに対して神やキリストの権威が弱められていると反発した福音派の人々が1970年に新改訳を出版した。福音主義では聖書を誤りなき神の言葉として解釈を行うため，新改訳では原文に忠実に逐語的に翻訳することが方針とされた。これらの聖書はプロテスタント学者たちによるものであったが，キリスト教各教派の合同を目指したエキュメニズム運動が1960年代以降カトリックでもさかんになり，日本でもカトリックとプロテスタントの合同の翻訳が共同訳として1978年に出された。しかしカトリックとプロテスタント双方

に遠慮して妥協的翻訳を行ったためさまざまな批判を浴び，問題点の解消を図って1987年に新共同訳として新たにされた。現在この新共同訳聖書が最も一般的に用いられている聖書翻訳である。

2　新約聖書の日本語訳での翻訳の差異

では次に例を見ながら，これらの３種の翻訳の相違を考えてみよう。

さて，*重い皮膚病*を患っている人が，イエスのところに来てひざまずいて願い，「*御心*ならば，わたしを清くすることがおできになります」と言った。イエスが深く憐れんで，手を差し伸べてその人に触れ，「よろしい。清くなれ」と言われると，たちまち重い皮膚病は去り，その人は清くなった。(マルコによる福音１：40-42，新共同訳)

さて，*ツァラアトに冒された*人がイエスのみもとにお願いに来て，ひざまずいて言った。「*お心*一つで，私はきよくしていただけます。」イエスは深くあわれみ，手を伸ばして，彼にさわって言われた。「わたしの心だ。きよくなれ。」すると，すぐに，そのツァラアトが消えて，その人はきよくなった。(マルコによる福音１：40-42，新改訳)

ひとりの*重い皮膚病*にかかった人が，イエスのところに願いにきて，ひざまずいて言った，「*みこころ*でしたら，きよめていただけるのですが」。イエスは深くあわれみ，手を伸ばして彼にさわり，「そうしてあげよう，きよくなれ」と言われた。すると，重い皮膚病が直ちに去って，その人はきよくなった。(マルコによる福音１：40-42，口語訳)

同じ箇所で翻訳が新共同訳と大きく異なる点を挙げてみると，まず口語訳では「よろしい。清くなれ」の箇所が「そうしてあげよう，きよくなれ」になっている。そして同じ箇所が新改訳では「わたしの心だ。きよくなれ。」になっている。さらに新改訳では「重い皮膚病を患っている人」が「ツァラアトに冒された人」になっている。新共同訳の「よろしい」と口語訳の「そうしてあげ

よう」は似ていると言えなくもないが，新改訳の「わたしの心だ」は日本語としては全く別の表現に読める。しかしこれらは同じ原文の翻訳なのである。原文のギリシア語ではこの箇所はテローという動詞で，直訳すると「私は願う」というような意味である。実はこれと同じ動詞が原文では「御心ならば」の箇所にも使われている。新改訳ではこの箇所は「お心一つで」と訳されているが，後の箇所を「わたしの心だ」と訳すことで，原文で同じ単語が使われていることが翻訳中にも反映される形となっている。このような原文に忠実な翻訳を逐語訳と呼ぶ。これに対して新共同訳と口語訳では原文の単語とは必ずしも対応していないが，日本語としてより自然な「こなれた訳」を目指していることが読み取れる。このように翻訳された言葉の読みやすさを重視する翻訳を意訳と呼ぶ。この箇所に関しては新改訳が逐語訳的，他の2つが意訳的であると言えよう。

　もう一つの大きな相違である「重い皮膚病を患っている人」の訳語には少々複雑な事情がある。「重い皮膚病」という訳語は近年に版を新しくしたときに修正されたもので，その前は「らい病」[*8]となっていた。この箇所はギリシア語の原文ではレプロスという単語で，旧約聖書にあるヘブライ語のツァラアトという単語に対応する形で用いられている。旧約聖書中のツァラアトは伝染性の皮膚病一般や衣服や住居のカビなどまでも指す用いられ方をしているのだが，これを「らい病」であると解釈して翻訳がなされ，近年に至るまでそれが流布してしまっていた。しかし，研究によって，聖書が書かれた当時の社会に「らい病」はなかった可能性が指摘されたり，本文の研究の進展で特定の病気のみを指す言葉とは考えられないことが示されたりした結果，翻訳が改訂されることとなった。新共同訳と口語訳ではこの単語を広く病気を指す言葉と解釈して「重い皮膚病」となっているが，新改訳では旧約聖書の特定の概念を指す言葉としてヘブライ語の「ツァラアト」を訳語としてもってきている。

　このように，翻訳者の原文に対する姿勢や解釈の相違で翻訳の文章は大きく異なる場合があり，完璧な解釈ができない以上完璧な翻訳は存在しえないので

＊8　「らい病」という単語が差別的な文脈で用いられてきたため，現在ではその菌の発見者にちなみ「ハンセン病」と呼ぶことが一般的である。ただし，本稿では翻訳の問題を指摘するため，誤って用いられた「らい病」という単語を用いて説明している。

ある。そのため，解釈の進歩に伴って古代から現代にいたるまでさまざまな翻訳が作り続けられている。

3　翻訳の計量分析

完璧な翻訳が存在しないということは裏を返せば，どんな翻訳にも翻訳者の解釈が入り込むということである。翻訳されたテキストに翻訳者の解釈が反映されることは古くから知られており，人文学的な種々の手法を用いて翻訳の分析が行われてきている。翻訳テキストにおける解釈の特徴は，単語やフレーズの訳し分け，性・数・格や主語・目的語などの文法的な要素の選択，語順や修辞的な配置などさまざまな要素からうかがい知ることが可能である。ただし，従来の研究の多くは人文学的な手法による分析であるため定性的な結果にとどまっていた。このような翻訳における解釈を反映した種々の特徴の分析にも定量的手法を適用できないだろうか？

聖書においては同じ言語に訳された複数の翻訳が比較的容易に利用可能である。このため複数の翻訳を比較することで，翻訳者の解釈の相対的な特徴を定量的に抽出できると考えられる。定量的な翻訳比較の分析対象となる要素としては，単語・フレーズの訳し方の相違，性・数・格や時制等の処理の比較などさまざまな方向性が考えられるが，手始めとして定量的に扱うことの容易な単語・語彙のレベルに対象を絞った研究を紹介する[3]。具体的な手法としては，原文と各翻訳での語彙の対応関係を計量的データに基づいて推定し，対応関係の翻訳ごとの相違から，各翻訳者の背後にある原文への解釈を，他の翻訳との比較という形で相対的に抽出する手法である。

4　翻訳と原文での概念の対応関係

原文にある一つの単語に対して，翻訳でも一つの単語を割り当てられれば翻訳と原文の関係はさほど複雑にならないですむのだが，固有名詞などを除いて，実際にはそのようなことはあまり多くはない。たとえば「愛する」という日本語に翻訳される新約聖書中のギリシア語はフィレオー，アガパオー，アガペー，アガペートスなど複数存在する。逆にアガパオーというギリシア語の単語は日本語の翻訳では「好む」「愛せる」「愛し合う」「愛する」などやはり複数に訳

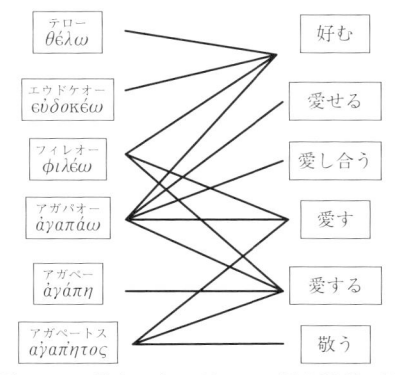

図 3-6　愛するとアガペーの対応関係の図

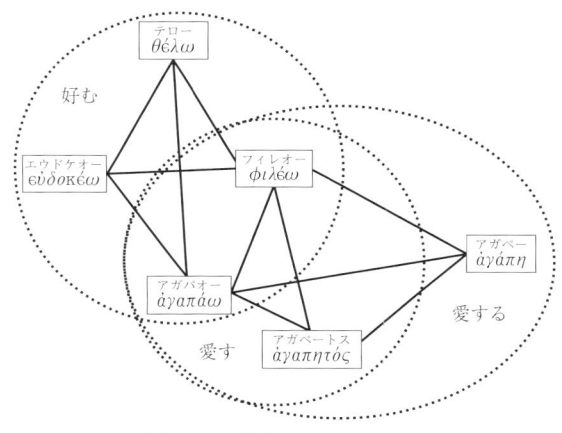

図 3-7　原語のネットワーク

し分けられている。このため，原文の単語と翻訳の単語は多対多の対応関係になっている（図 3-6）。

「愛する」に限らず他の頻出の単語も多かれ少なかれこのような複雑な関係性となっているが，多数の単語間の複雑な関係性を定量的に扱うにはやはりネットワーク分析が有効である。ギリシア語原典と日本語の翻訳における単語の対応関係がすでにネットワーク形状をしているが，各翻訳における解釈の差異をより明示的に抽出するために，翻訳での単語のみのネットワークと原語での単語のみのネットワークを作成する。手順としては，原語の単語のネットワークは翻訳語の単語によって結ばれる原語の単語間をネットワーク化すると得ら

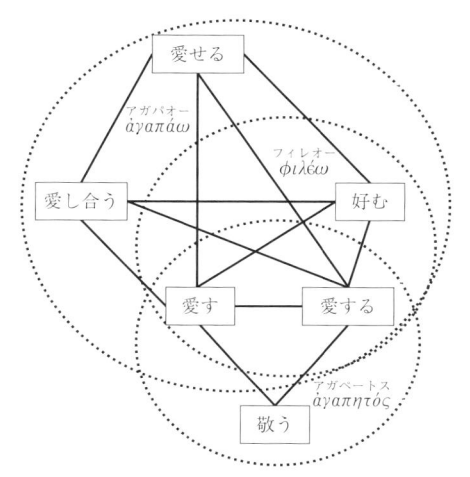

図 3-8　翻訳語のネットワーク

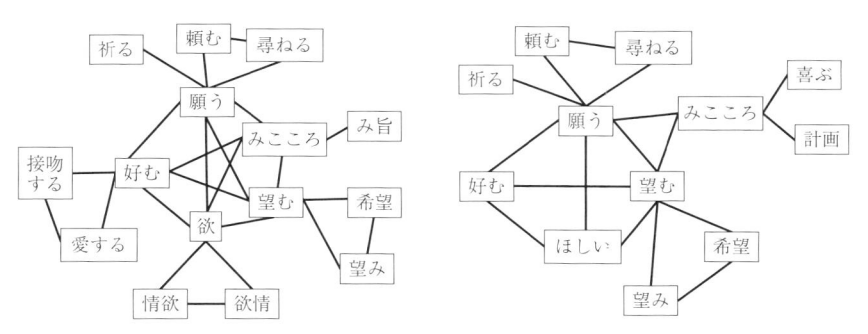

図 3-9　口語訳（左）と新改訳（右）の部分ネットワーク

れる（図 3-7）。翻訳語の単語のネットワークは逆に原語の単語によって結ばれる翻訳語の単語間をネットワーク化すると得られる（図 3-8）。

　図 3-9 はこのようにして得られた日本語翻訳の単語のネットワークで，口語訳と新改訳での「願う」の周辺部分の関係性を示している。どちらも「願う」は「祈る」・「頼む」・「尋ねる」・「望む」・「好む」などと近い概念として解釈されている点が共通しているとわかる。大きな違いとしては，口語訳では「願う」に「欲」という単語やそれに続けて「情欲」「欲情」などの単語が接続されており，これらが近い関係にある概念として解釈されている。一方で新改訳ではその位置に対応するのが「ほしい」になっており，「願う」と「欲」や「欲情」

第 3 章　聖書解釈の計量分析　　103

などは直接的には関係のない概念として解釈されていることをネットワーク構造から読み取ることができる。

5　ネットワークの中心性の比較

このようにネットワークの接続関係の相違から個々の単語のニュアンスの相違を特定できるが，翻訳全体としての傾向を定量的に分析することも可能である。翻訳全体の傾向にもさまざまな側面があるが，ネットワーク分析において一般的な手法である中心性分析を適用することで，単語と単語の関係性から作られるネットワーク全体の中で中心的な役割を果たす単語の相違から全体的な傾向を調べてみる。

ネットワークにおける中心性は，多数の要素が含まれる複雑な関係性の中で，数値的に各要素の「重要度」を計算する目的で使われている。社会の人間関係をネットワーク分析する分野では，多くの人物とコネクションをもつという意味での重要性（次数中心性），どの人物からも関係性が相対的に近いという意味での中心性（近接中心性），人と人とのパイプ役としての貢献の大きさ（媒介中心性），社会的に重要な人物と太いパイプをもつという意味での重要度（固有ベクトル中心性）などさまざまな中心性の計算方法が考案され，分析に用いられている。これらの中心性の計算はネットワーク構造をもつ対象であれば同様に実施可能であるが，ネットワークが何を表現したかによってこれらの中心性の示す意味は異なってくる。

たとえば新約聖書のギリシア語を日本語に翻訳した場合のネットワークで近接中心性を計算してみると，口語訳では「尋ねる」「求める」「捜す」「要求する」などの何かを得ようと探し求める単語が上位に多く，新改訳では「知らせる」「知る」「分かる」「伝える」等の伝達と理解に関する単語が上位に来る。また新共同訳では「考える」「認める」「知る」「見なす」が上位に来る。これより，口語訳では信仰者が教えを探し求めることを重視しているのに対し，新改訳と新共同訳は「知る」ことと「考える」「分かる」ことが重視され，信仰者が教えを理解するということに焦点が置かれているという違いを読み取ることができる。また新改訳では「知らせる」「伝える」という宣教も重視されているという点に思想の特徴を読み取れる。

このように翻訳と原語のテキストにおける対応関係や翻訳間の差異を定量的に分析するというアプローチでも，思想の解釈という高次の感性的な現象は科学的に分析することが可能なのである．

第7節　聖書の科学的解釈に向けて

本章では聖書解釈という従来は人文的・定性的な手法でしか分析ができないと思われていた分野においても，やはり定量的なアプローチが可能であることをいくつかの分析の例から示した．ただし，現状として定量的に扱うことが可能となったのは，従来は人文的な手法で行われていた思想や解釈の分析手法の中では残念ながらごく一部にとどまっている．しかし，それは定量的に扱うことの可能な領域がこれらにとどまるということではなく，よりいっそうの発展が期待できるということである．

今後，より深く広範囲な思想の定量的分析が実現されるためには，内容が抽象的であるため，他のテキストを扱う場合よりも困難となる単語の意味概念の定量化が大きな課題となる．また修辞技法を多用したテキストにおける文構造や命題の定量的な分析手法を開拓する必要もある．他に，社会的背景や文化的文脈などの情報をデータベース化し，分析に何らかの変数として取り込むことも検討されなければならない．

このように，まだまだ大きな課題が多数残っているが，難解な思想テキストの解釈までを科学的に扱うことができるようになるならば，人文学で用いられているほとんどすべてのテキストを定量的に扱うことが可能となり，人文学を本当の意味で科学的に分析できる時代が開かれることになる．一人でも多くの方がこの分野へ興味をもち，新しい視点と方法論で挑戦されることを期待したい．

▶引用文献
[1] 村井源・徃住彰文（2007）正典テキスト群から編集的中心メッセージを抽出するネットワーク解析法．情報知識学会誌，17(3)，149-163．
[2] 村井源・徃住彰文（2006）Co-citation Networkによる宗教思想文書の解析．人工知能学会論文誌，21(6)，473-481．
[3] 村井源（2010）漸近的対応語彙推定法に基づく翻訳文の解釈的特徴の抽出：日本語翻訳聖書の計量的比較．情報知識学会誌，20(3)，293-310．

▶ 参考文献

荒井献・木幡藤子・青野太潮・木田献一（1996）聖書学の方法と諸問題（現代聖書講座 2）．日本基督教団出版局．

金光淳（2003）社会ネットワーク分析の基礎：社会的関係資本論にむけて．勁草書房．

第4章　日本民謡の計量分析

河瀬彰宏

　日本民謡は，地域ごとに傾向や雰囲気が異なると言われる。たしかに，北海道のアイヌ・ギリヤーク（ニヴフ）族の唄や，奄美大島の唄を一聴すれば，多くの人がその旋律が本土の民謡と異なることを感じられるだろう。ところが，本土の民謡の地域差について考えてみると，解明できていないことが多い。たとえば，東北の唄と九州の唄には，どのような旋律の違いがあるのだろうか。また，東北の唄や南西諸島の唄は，カムチャッカ半島や朝鮮半島の音楽の影響を受けているのだろうか，といった疑問が挙げられる。そもそも本土の民謡には，明確な地域差は存在するのだろうか。

　比較音楽学では，人類学のフィールドワークや，歴史学の文献調査を通して地域ごとに音楽の違いを論じている。しかし，こうした検証の仕方では，科学の再現可能性を保ちながら結論を導くことが難しい。そこで，本章では，従来のやり方とは全く違う計量的な切り口から本土の民謡の地域差をとらえてみたい。

　本章の目標は，日本民謡の地域性――日本民謡に内在する音楽的特徴が，日本の各地域においてどのような差異をもつのか――を計量的な方法でとらえることである。はじめに，日本民謡の旋律の中に繰り返し出現するパターンを確率論，情報理論，言語理論の考え方を使って拾い上げ，その特徴を掴む。続いて，その特徴が日本列島の地域によってどのように異なるのか統計を使って検証する[1]。

第1節　音楽の計量分析へのいざない

　なぜ人は音楽を聴くとさまざまな印象を受けたり，旋律の類似性を認識でき

たりするのか。なぜ人は異文化の音楽を受け容れやすかったり，受け容れにくかったりするのか。人と音楽に関するこうした疑問は，残念ながらいまだに解明されていないものが多い。とくに，近年は音楽に関するディジタル技術の普及に伴い，人はどのように音楽を認知しているのか，その仕組みを把握することが社会的にも学術的にも求められている[2]。

　本章で紹介する内容は，人が音楽を認知する仕組みを解明することを究極の目標としており，これを達成するための基礎研究として，（1）日本民謡の音楽的特徴――旋律に内在する法則――を科学的にとらえ，そのうえで（2）日本民謡の地域性を客観的に判断する指標を示す。ある文化の音楽的特徴を精確にとらえることは，その文化の音楽を形成する音の相互関係，伝播と変容，普遍性の解明につながり，ひいては人が音楽を認知する仕組みの解明にもつながると考えられる[3]。では，どのように取り組めばいいのだろうか。

　これまでの音楽学や心理学の楽曲分析では，とりわけ近代西洋音楽における特定の作品の聴取，音楽体験，解釈がおもな対象であり，最終的な判断が分析者の主観に委ねられるため，厳密な意味で旋律の特徴を精確にとらえられず限界があった。非西洋音楽を対象とした研究となると，わずかな事例しかなく，人類学の視点まで踏み込んだ分析はほとんどされてこなかった。しかし，こうした問題をうけて，近年は異分野の手法を横断的に融合しながら問題解決をはかる傾向が高まっている。たとえば，欧州のSound and Music Computing（SMC）というプロジェクトでは，人が音楽を認知する仕組みを解明するために，音楽学や心理学だけでなく，音響物理学，情報工学，電子工学，計算機科学，神経脳科学，言語学，などの音声・音響と関係する諸分野の方法を融合しながら問題解決を目指している[4]。本章も，この研究理念に従って日本民謡の特徴に迫りたい。

　具体的には，次の3点を実施する：
・日本民謡の大規模な楽曲コーパス（27ページを参照）を構築する
・楽曲コーパスのデータから旋律に繰り返し出現するパターンを抽出し，日本民謡の音楽的特徴をとらえる
・抽出したパターンに基づき，日本民謡の地域性を統計的に明らかにする

第2節　なぜ日本民謡を分析するのか

　ところで，分析に入る前に，なぜ数ある音楽の中から日本の伝統音楽——それも主流でない日本民謡——を分析対象に選んだのか，その理由について述べておこう。

　日本の伝統音楽は，芸術音楽，仏教音楽，民俗音楽の３つに分類できる。一般に，芸術音楽（雅楽や能楽）と仏教音楽（声明）は，明確な演奏様式・流儀を追究する姿勢をとるため，伝統音楽の主流とみなされる。一方，民俗音楽（わらべうた，民謡，民俗芸能）は，主流から外れているものの，伝統音楽の本質を十分に備えていると考えられている。なぜだろうか。

　音楽学者の樋口昭の言葉を借りれば，わらべうたは，遊びの中で創作・伝承された子供たちの音楽であり，民謡は，歌うことを主眼として個人差，地域差，世代差を認めた大人たちの音楽である。そして民俗芸能は，祭礼で神仏へ奉納する形式で地域社会の中に伝承された音楽である[5]。つまり，民俗音楽の旋律は，昔の人々の自然のままの感情・情緒の表れであり，現代に至るまで古代の特徴が継承されている。日本の民俗音楽は，芸術音楽と仏教音楽が時代の経過とともに失った特徴を大いにもつ，世界的に特異な音楽なのである。

　さらに，日本の伝統音楽を器楽と声楽に大別した場合，意外なことに器楽の種目は，雅楽の管絃，箏曲の段物，尺八楽，歌舞伎の下座音楽など，わずかしかなく，少なく見積もっても声楽が伝統音楽全体の約85パーセントを占める。つまり，日本の伝統音楽は器楽よりも声楽を中心とした音楽なのである。

　このように声楽に特化した民謡は，日本音楽の変遷過程や普遍的な要素をつかむ手掛かりを秘めたダイヤモンドの原石と言えよう。以上の理由から，日本民謡[*1]の旋律を分析し，その背後にある法則を取り出すことで，音楽的特徴をとらえていく。

　＊１　「民謡」とは，ドイツ語のフォルクスリート（Volkslied）の訳語として明治期に日本国内へ持ち込まれた用語である。学術的な定義では，自然性・伝承性・移動性・集団性・素朴性・郷土性の６条件を備えた音楽を指す。平たくいえば，無名のアマチュアたちが口ずさんだところから始まり，個人差や地域差を認めつつ，代々歌い継がれてきた音楽のことである。

第3節　日本民謡の楽曲コーパスの構築

はじめに，計量分析を行うための基礎として『日本民謡大観』（以下『大観』）に収録された楽譜資料を計算機で扱えるように電子データ化し，日本民謡の楽曲コーパスを構築する。

『大観』は，音楽学者の町田佳聲が日本放送協会（NHK）の協力のもと，1944年から半世紀にわたって津々浦々の民謡を調査・記録した資料である。日本列島の地域ごとに刊行されており，全9巻から構成される。

これまでに，用途や目的によっていくつもの日本民謡の楽譜集が出版されている。『大観』は全国的な規模で民謡を採録しており，高い知識をもった採譜者や校正者が資料を丹念に選別している点で，他の楽譜集と一線を画する。そのため，『大観』は，計量分析を試みるうえで，質と量を兼ね備えた，現状で最も信頼のおける日本民謡の資料と言える。

ここでは，『大観』に採録された楽曲のうち，全国的な規模で掲載されている上位5種目1,794曲——盆踊唄546曲，田植唄383曲，地形唄(ぢぎょう)279曲，田草取唄(たのくさとり)200曲，子守唄139曲，および，それらの変型247曲——を電子データ化・集積し，日本民謡の楽曲コーパスを構築する。ただし，北海道の楽曲は，曲数が圧倒的に少なく，沖縄県の楽曲は，本土とあまりにも異なり，分類実験の際に，その特徴は全体に影響を及ぼすため，分析対象から除外する。

第4節　日本民謡の音楽的特徴をどのようにとらえるか

1　旋律に繰り返し出現するパターンを抽出する方法

ここでは，楽曲コーパスから音楽的特徴を抽出する方法として，可変長マルコフ連鎖モデル（variable length Markov chain model，以下VLMCモデル）[6]を用いる。VLMCモデルは，記号列の中から繰り返し出現するパターンを効率よく抽出し，後述する文脈木と呼ばれる木構造（tree structure）で表現する。その起源は，情報理論の符号化（データ圧縮，データの性質を保ったままデータの量を減らす技術）にあり，現在は，DNAの塩基配列のパターン特定，音声認

図4-1 文脈木の例

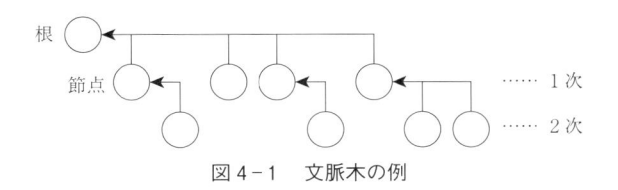

識技術，文書のスペルチェック機能などに応用されている。ここでの狙いは，楽曲コーパスの旋律を記号列として表現し，VLMCモデルに当てはめることで，旋律の中に繰り返し出現するフレーズを抽出することである。抽出したフレーズに共通する性質を読み解くことで，日本民謡の音楽的特徴を特定する。

ただし，パターンを抽出する方法は，確率論，情報理論，言語理論の前提知識を要するため，ここではその原理の説明は割愛する。

2　文脈木

図4-1は，文脈木の例である。頂上に根をもち，上から下に向かって枝葉を広げた階層構造である。各階層は，上から順に1次，2次，3次，……と数え，そこに配置されている枝葉の分岐のことを節点と呼ぶ。各節点には，記号列に出現した記号が一つ一つ割り当てられている。

節点から根に至るまでの経路は，文脈と呼ばれ，これをたどることではじめの記号列の中に並ぶいろいろなパターンを復元することができる。つまり，文脈木は記号列に繰り返し出現するパターンをコンパクトに表したものとなっている。

また，図4-1では省略しているが，各節点には，文脈（パターン）を成り立たせる確率の値も割り当てられており，これを使って文脈が発生する確率（生成確率）を計算することができる。したがって，生成確率の高い文脈がわかれば，順位をつけて旋律の中に繰り返し出現しやすいパターンを特定することができる。

第5節　旋律から記号列を作成する手順

旋律から音楽的特徴を抽出するには，VLMCモデルにどのような記号列を

表4-1 半音の数と音程名称の対応

半音	音程名称	半音	音程名称
0	完全1度	7	完全5度
1	短2度	8	増5度，短6度
2	長2度	9	長6度
3	短3度	10	短7度
4	長3度	11	長7度，減8度
5	完全4度	12	完全8度
6	増4度，減5度	13	増8度

当てはめればよいだろうか。

　人は旋律を記憶したり，違いを聴き分けたり，歌うときに音高ではなく音程を頼りにしていることが心理実験を通して明かされている。音程とは，音高と音高の差分のことである。音楽の教科書では，半音の数や表4-1の名称を使って表現する。そのため，旋律の音高ではなく，音程から記号列を作成した方が，民謡を創作・伝承した人々の感覚・認知に近い表現方法と言える。

　また，このとき音価（音の持続時間）と音程0（同じ音高間の移動，完全1度音程）の情報をどのように処理するかという問題が浮上する。たしかに，音楽は時間の芸術であるため，これらの情報を考慮しない場合，旋律の特徴が精確に掴めない恐れがある。しかし，旋律の特徴をとらえるうえで，音価と音程0は必ずしも重要な情報でないことが先行研究から明かされている。たとえば，3カ国の民謡を使った分類実験では，音価の情報を含んだ記号列よりも含まない記号列の方が分類精度が高いと報告されている[7]。

　また，人は音の反復を結びつけて一つのパターンとして知覚し，音高の段階的な変化がない部分——ここで対象としている音程0——を音楽の進行とは知覚しないことが心理実験を通して明かされている[8]。したがって，ここでは旋律の音程情報から音価と音程0を除いた記号列を作成する：

1. 楽曲データの旋律の音高情報を書き並べる。
2. 前後の音高の差分を取って音程情報を書き並べる。
3. 音程が上行する場合，音高の差分は半音の数を正の数（＋1，＋2，＋3，…）で表す。音程が下行する場合，音高の差分は半音の数を負の数（－1，－2，

短3度上行　　　　　　完全5度下行
（半音＋3）　　　　　（半音－7）

図 4-2　旋律の数値化の例

図 4-3　青森県の子守唄

－3，…）で表す（図4-2）。ただし，音程が0となる場合は取り除く。

　以上の手順に従って楽曲コーパスに含まれるすべての旋律から記号列を作成する。そして，前述のVLMCモデルに当てはめることでコーパス中の旋律に繰り返し出現するパターンを抽出していく。

第6節　青森県の子守唄を使った抽出例

　楽曲コーパス全体の解析に入る前に，青森県に古くから伝わる子守唄（図4-3）の旋律から繰り返し現れるフレーズを抽出してみよう。

　はじめに，旋律から音程情報をもつ記号列を作成していく。この楽曲には，50個の音高が採譜されており，これを書き並べると次のようになる。

♭ミ→レ→♭ミ→ド→……→レ→ド→ソ→レ→レ→レ

ここで，先頭から前後の音高の差分を一つ一つ取って，音程情報をもった記号列を作成すると次のようになる。

－1→＋1→－3→……→＋1→－1→－2→－5→＋7

次に，この記号列をVLMCモデルに当てはめることで，図4-4の文脈木が構築される。

　頂上に根があり，各節点には，音程情報とともに，文脈を成り立たせる確率の値が割り当てられている。

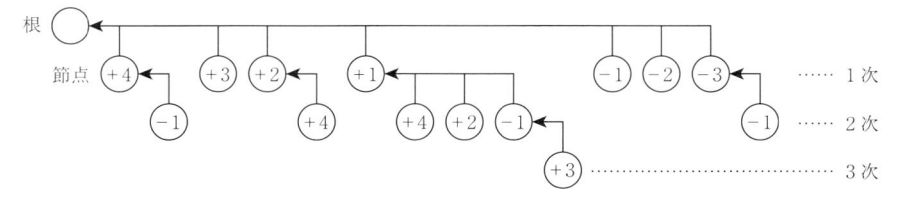

図4-4　青森県の子守唄から構築した文脈木

　図4-4では，1次の文脈が3つ——〈-2→根〉，〈-1→根〉，〈+3→根〉——，2次の文脈が5つ——〈-1→-3→根〉，〈+2→+1→根〉，〈+4→+1→根〉，〈+4→+2→根〉，〈-1→+4→根〉——，3次の文脈が1つ——〈+3→-1→+1→根〉——以上9つの文脈（パターン）が抽出されている。そして，それぞれが図4-3の旋律の中に繰り返し現れるフレーズに対応する。たとえば，この9つの中で最も長い3次の文脈〈+3→-1→+1→根〉は，文脈全体の音程推移——文脈の末端から根に至るまでの音程の合計——が+3を形成するパターンであり，楽曲中に4回現れる〈ド→♭ミ→レ→♭ミ〉というフレーズを反映している。

第7節　日本民謡の音楽的特徴

　楽曲コーパスの旋律から音程情報をもつ記号列を作成し，VLMCモデルに当てはめた結果，総計412の文脈をもつ巨大な文脈木が構築された。その一部を図4-5に示す。最も深い文脈は7次であり，文脈あたり平均3.132次のパターンをもつ。このことから，日本民謡は，およそ3つの音程，長くても最大7つの音程——を連結したフレーズを単位とし，それらを相互に組み合せて旋律を作り上げていると考えることができる。

　文脈の総数が多いため，以下では，文脈の生成確率が1.00パーセントを越えるパターンに着目する。そして，1次，2次，3次，…の順にパターンの特徴を考察しながら，日本民謡の音楽的特徴をまとめる。

1　1次（2音高間）のパターン

　1次の文脈の生成確率を集計すると，図4-6（a）のヒストグラム（確率

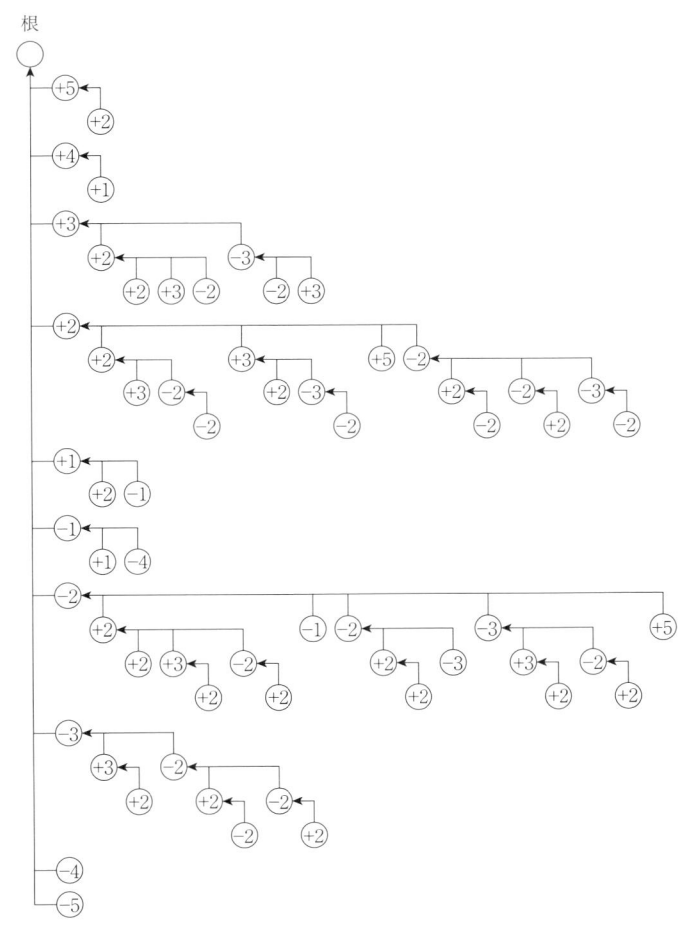

図4-5　楽曲コーパス全体から構築した文脈木（文脈の生成確率1.00%以上）

分布）を得る。このヒストグラムでは，±2，±3の音程を使用する傾向が極めて強く，±5より広い音程をあまり使用しないことがわかる。これは図4-6（b）のように，±1から順に数値を累積した場合に，全体のおよそ97パーセントが±5までの区間に収まることからも明らかである。したがって，日本民謡の旋律では，1音1音の動きが完全4度という極めて狭い音程の範囲にほぼ収まることがわかる。

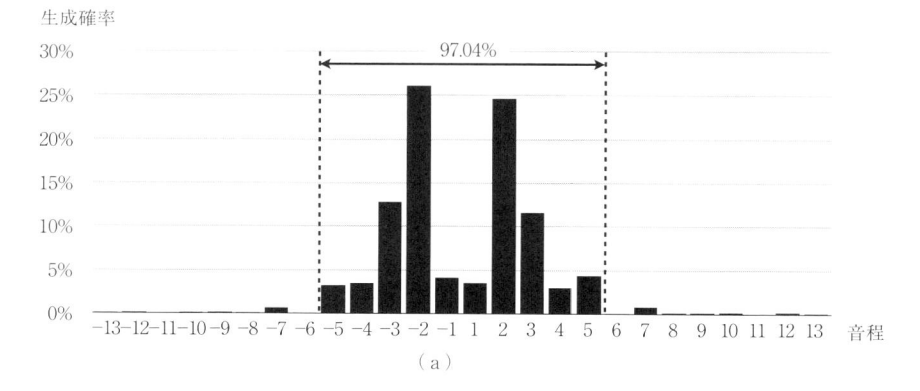

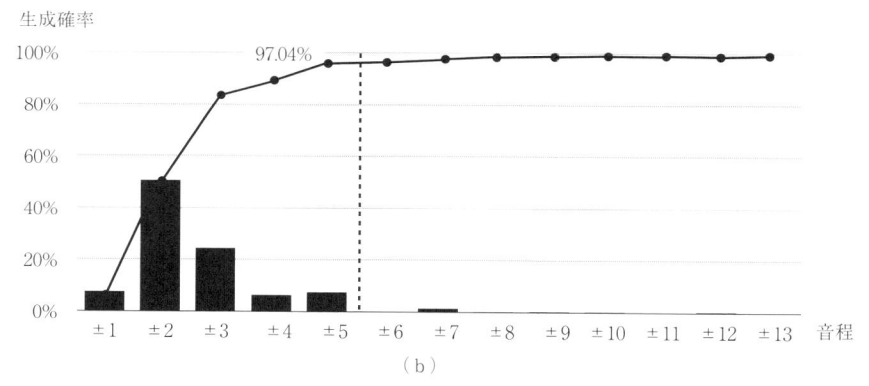

図4-6 （a）1次の音程推移の分布 （b）1次の音程の累積度数分布

2　2次（3音高間）のパターン

2次の文脈の生成確率を集計し，節点ごとに上位3位の文脈を表4-2にまとめると，文脈全体の音程推移が0または±5を形成するパターンが上位に現れることがわかる。

これらは具体的にどのようなフレーズを示しているのだろうか。文脈全体の音程推移の合計が0となるパターンは，3音の並びのうち，最初と最後の音高の位置が変化しないフレーズを指す。たとえば，図4-7（a）の〈ラ→ド→ラ〉や〈ラ→ミ→ラ〉である。次に，合計が±5となるパターンは，3音の並びのうち，最初と最後の関係が完全4度音程を形成するフレーズを指す。とくに，図4-7（b）の〈ラ→ド→レ〉や〈ラ→ソ→ミ〉のように，3音の並びのうち，中間の音高が完全4度音程を越えないパターンは，小泉文夫のテトラコルド理

表 4-2 節点ごとに集計した 2 次の文脈の生成確率（上位 3 位）

2次	1次	合計	生成確率
-1	-2	-3	34.87
-1	+1	0	29.34
-1	-4	-5	19.32

都節

2次	1次	合計	生成確率
+1	-1	0	57.23
+1	+4	+5	29.08
+1	-5	-4	6.95

2次	1次	合計	生成確率
-2	+2	0	38.61
-2	-3	-5	26.41
-2	-2	-4	19.33

律 / 琉球

2次	1次	合計	生成確率
+2	-2	0	44.58
+2	+3	+5	20.16
+2	+2	+4	17.38

民謡

2次	1次	合計	生成確率
-3	-2	-5	44.38
-3	+3	0	37.06
-3	+5	+2	7.39

民謡

2次	1次	合計	生成確率
+3	+2	+5	51.39
+3	-3	0	34.55
+3	-5	-2	5.36

律

2次	1次	合計	生成確率
-4	-1	-5	42.79
-4	+4	0	25.05
-4	-2	1	16.71

琉球

2次	1次	合計	生成確率
+4	-4	0	30.74
+4	+1	+5	22.17
+4	-2	+2	20.11

都節

2次	1次	合計	生成確率
-5	+2	-3	21.97
-5	-2	-7	21.41
-5	+3	-2	21.20

律 / 民謡

2次	1次	合計	生成確率
+5	-2	+7	31.02
+5	+2	+7	24.78
+5	-3	+2	20.03

律 / 民謡

2次	1次	合計	生成確率
-7	+2	-5	49.57

2次	1次	合計	生成確率
+7	-2	+5	39.04

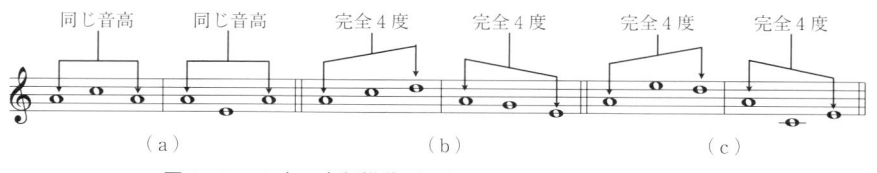

図 4-7 2 次の音程推移が 0 と ±5 となるパターンの譜例

（a） 同じ音高　同じ音高
（b） 完全 4 度　完全 4 度
（c） 完全 4 度　完全 4 度

論と呼ばれる音型（フレーズを構成する単位，テトラコルドについては次項で扱う）そのものである。なお，図 4-7（c）の〈ラ→ミ→レ〉や〈ラ→ド→ミ〉では，中間の音高が完全 4 度音程を越えてしまうため，小泉のテトラコルドではない。

以上の点に着目しながら，改めて表 4-2 を読むと，2 次のパターンでは，フレーズの最初の音に戻るパターンと，フレーズ全体で小泉のテトラコルドを形成するパターンが極めて多く抽出されることがわかる。

3　小泉文夫のテトラコルド理論

テトラコルド理論[9]とは，音楽学者の小泉文夫がフィールドワークを通して提唱した日本音楽を説明するための考え方である。小泉のテトラコルドは，完全 4 度音程の枠をもつ 2 音と，その隙間に 1 音を置いた 3 音から構成される単位のことである*2。完全 4 度音程の間隔をつくる 2 つの音は，核音（かくおん）と名づけられている。

---

*2　本来，テトラコルド（tetrachord）とは，古代ギリシャの竪琴リラの 4 弦がつくる 4 つの音の並びを意味する。この音の並びの両端が完全 4 度の音程関係をもつことから，2 つの核音が作り出す枠についてもテトラコルドの用語が当てられた。

表4-3　小泉の4種のテトラコルドとその音程関係

種類	名称	音程関係
I	民謡のテトラコルド	短3度＋長2度
II	都節のテトラコルド	短2度＋長3度
III	律のテトラコルド	長2度＋短3度
IV	琉球のテトラコルド	長3度＋短2度

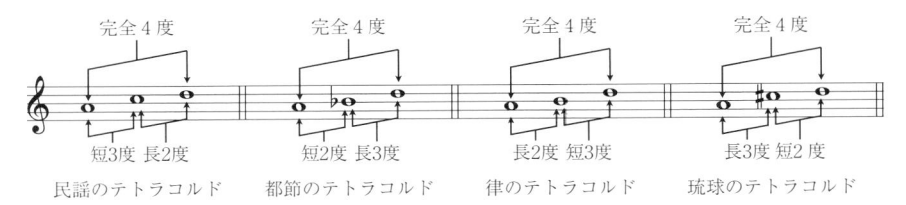

図4-8　小泉の4種のテトラコルドの譜例

　たとえば，五線譜上にラとレを核音とする完全4度音程を取る。その隙間に配置する候補は，♭シ，シ，ド，♯ドの4通りの中間音があることから，小泉は4種のテトラコルドを提唱し，それぞれに名称を与えた（表4-3）。また，図4-8は，ラとレの2音を核音（完全4度音程）とする場合に作られる4種のテトラコルドの譜例である。

　小泉文夫の調査によれば，民謡のテトラコルドと琉球のテトラコルドは，近い傾向をもつ。沖縄の音楽には，民謡のテトラコルドの中間音を半音高めて琉球のテトラコルドに歌い直す事例が報告されている。また，都節のテトラコルドと律のテトラコルドも近い傾向をもつ。歴史的に律のテトラコルドの中間音が半音低められて都節のテトラコルドに変化したという報告がある。この現象は「陰旋化」と呼ばれる。

4　3次（4音高間）以上のパターン

　3次の文脈について，生成確率を降順に並べると，ここでも2次の文脈と同様に，文脈全体の推移が0または±5を形成するパターンが上位を占める。表4-4（a）と（b）は，生成確率の上位10位までの結果であり，図4-9は，これらのパターンのうち小泉文夫のテトラコルドを形成するものを具体的な音高を用いて再現した譜例である。

表4-4　3次の文脈全体の音程推移が
(a) 0を形成するパターン　(b) ±5を形成するパターン

	3次　2次　1次	合計	生成確率	
(イ)	＋5　－3　－2	0	0.65	民謡
(ロ)	－2　－3　＋5	0	0.46	律
(ハ)	－3　－2　＋5	0	0.43	民謡
(ニ)	＋2　＋3　－5	0	0.39	民謡
	－2　－2　＋4	0	0.36	
(ホ)	－5　＋3　＋2	0	0.27	律
(ヘ)	＋5　－1　－4	0	0.17	都節
	－2　－1　＋3	0	0.11	
	－3　＋1　＋2	0	0.08	
(ト)	＋4　＋1　－5	0	0.06	都節

	3次　2次　1次	合計	生成確率	
	－2　＋2　＋5	＋5	0.70	
	＋5　＋2　－2	＋5	0.51	
(チ)	＋2　－2　＋5	＋5	0.49	民謡
	－5　－2　＋2	－5	0.42	
(リ)	＋2　＋5　－2	＋5	0.30	律
(ヌ)	＋3　－3　＋5	＋5	0.29	律
(ル)	－2　－5　＋2	－5	0.27	民謡
(ヲ)	－2　＋2　－5	－5	0.24	律
	＋2　－2　－5		0.23	
	－3　－4　＋2	－5	0.22	

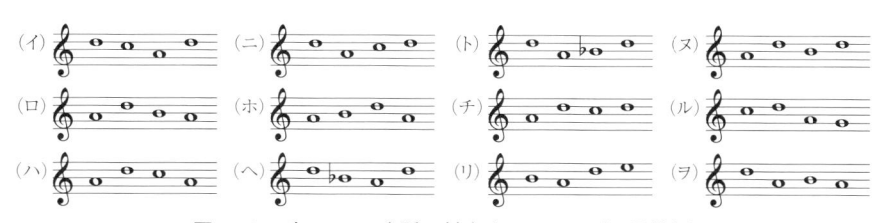

図4-9　表4-4の文脈に対応するフレーズの具体例

表4-5　文脈全体の音程推移が0または±5を形成するパターンの個数

次数	2次	3次	4次	5次	6次
音程推移0	11	11	15	0	7
音程推移±5	15	19	13	0	1

　表4-4と図4-9から明らかなように，文脈全体の音程推移が0を形成するパターンでは，4つの音高の内部に小泉のテトラコルド——民謡，律，都節——を維持しつつ，最初の音高に戻っている．また，音程の合計が±5を形成するパターンでも，やみくもに音高が動いて完全4度音程を形成するのではなく，小泉のテトラコルドを維持しながら完全4度音程を形成していることが確認できる．

　さらに，文脈全体の音程推移が0または±5を形成するパターンを次数ごとに集計すると表4-5の結果を得る．これを偶数次と奇数次とで比べると，偶

数次のパターン62個に対して，奇数次のパターン30個という具合に，倍以上も数が違うことがわかる．

5　日本民謡の音楽的特徴

日本民謡の楽曲コーパスを構築し，計量分析を行った結果からみえてきた日本民謡の音楽的特徴は次のように整理することができる：

・1音1音の動きは，完全4度を越えない狭い音程の範囲内にほぼ収まる
・旋律を形成する最も重要な単位は，フレーズの最初の音に戻るパターンと，フレーズ全体で完全4度音程を形成するパターンの2つである
・根底には，小泉文夫のテトラコルドを形成しようとする力が働く

第8節　日本民謡の地域性

1　地域性の研究

続いて，日本民謡の地域性を検証していく．プロの民謡歌手や民謡界では，こぶしを効かせる「東物」，こぶしを効かせない「西物」という認識を共有している．また，東日本では，プロの民謡歌手が民謡を舞台歌謡にまで昇華させた一方で，西日本では，芸妓が民謡を酒宴の座敷歌として洗練させたという歴史的経緯がある．しかし，ここでいう東日本と西日本の区別は，舞台歌謡と座敷歌というスタイルの違いであり，日本民謡の音楽的特徴をとらえたうえでの地域性の説明として不充分である．いずれにしても，おぼろげながら日本民謡の地域性は認識されているものの，地図上に境界線を引いてその違いを共有できていない．

学術研究では，次の2つの説がある．音楽学者の柿木吾郎は，独自に考案した構造式に基づく楽曲分析から日本民謡を北方様式・中央様式・南方様式に分類した[10]．北方様式は，東物の旋律を含み，中央様式と南方様式は，それぞれ西物の旋律を含むことから，柿木の見解は民謡界の認識とほぼ一致する．また，音楽学者の小島美子は，5つの音階を基準に『大観』に掲載されたおよそ百曲を分類し，従来の認識と異なる日本海側と瀬戸内海側の地域差を指摘した[11]．

しかし，柿木の分析は，楽曲データが少ないことや，構造式に基づく分類を

誰もが同じように再現できないことなど，実証的見地から問題がある。また，小島の分析も，楽曲データが少ないことに加え，データの選出方法や分類の基準に5つの音階を使った論拠が示されないことなど，若干の恣意性がみえる。

2　日本民謡の地域性をどのようにとらえるか

　それでは，どのような方針で日本本土の地域性を調べればよいだろうか。音楽的特徴をとらえたときと同じように，ここでも大規模な楽曲データを準備し，計量分析によって解決したい。

　手順としては，まず，日本民謡の楽曲コーパスのデータを採録した地域ごとに整理し，分割しなおす。そして，日本民謡の音楽的特徴——小泉のテトラコルドを形成するパターン——の出現頻度に基づく「地域」の分類実験を行う。小泉のテトラコルドを分類の基準に用いる理由は，それが日本民謡の旋律を形成する基本単位として機能しているからである。このことは，前述のVLMCモデルで明らかにしたことである。分類実験は，階層的クラスタリング（hierarchical clustering）と呼ばれる手法を用いる。これは，比較対象同士を定量的な距離の尺度に落とし込み，類似するものを段階的にグループにまとめていく統計的な手法である。

第9節　日本列島の地域区分

　日本列島の区分には，行政区画，交通事情，気候，地質学的特徴，選挙区など，いくつも考えられるが，意外なことに統一的見解がない。ここでは，地理学で一般的な「八地方区分」を基準にデータの地域区分を考えていく。

　八地方区分——北海道，東北，関東，中部，近畿（関西），中国，四国，九州・沖縄——のうち，今回は北海道と沖縄の楽曲を扱わないため，それらを除く7つの地方を軸として，最終的に図4-10のように，日本列島を11の地域へ分割する。

　なお，中部地方にあたる9県は，山梨，長野，新潟を甲信越地方，富山，石川，福井を北陸地方，岐阜，愛知，静岡を東海地方とする。中国地方は，鳥取，島根を山陰地方，岡山，広島，山口を山陽地方とする。九州地方は，大分，宮

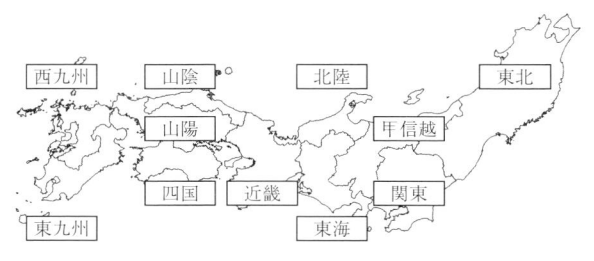

図4-10　11の地域区分（地図上の区分）

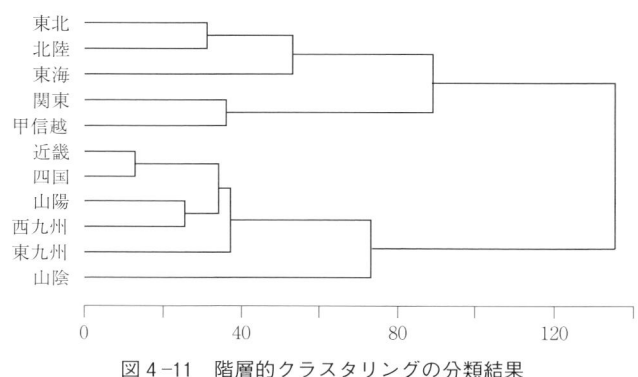

図4-11　階層的クラスタリングの分類結果

崎，鹿児島を東九州，福岡，佐賀，長崎，熊本を西九州とする。また，東北，関東，近畿，四国の各地方は収録曲数の割合から，八地方区分のままにしている。

楽曲コーパスのデータをこれら11地域に分割しなおし，これを新たに日本民謡の地域コーパスと呼ぶ。

第10節　階層的クラスタリングによる分類結果

1　11地域の分類

日本民謡の楽曲コーパスを分割しなおした11地域について，小泉のテトラコルドの出現頻度を求め，これらの値を基準に階層的クラスタリングを適用する。図4-11は，その分類結果のデンドログラムである。

デンドログラムの低い階層に着目すると，7つのグループ——{東北，北陸}，

122　第2部　思想・芸術における高次感性

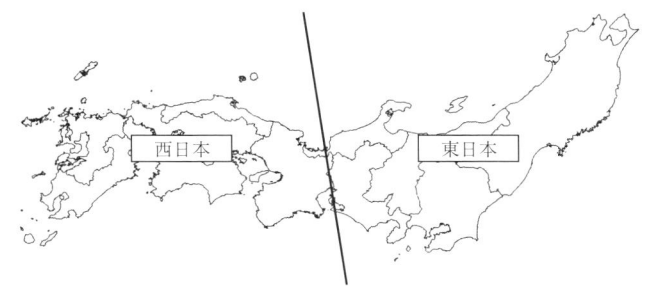

図4-12 地図上にプロットした東側グループと西側グループ

{東海}，{関東，甲信越}，{近畿，四国}，{山陽，西九州}，{東九州}，{山陰}，――を確認できる。そして，階層を高めていくにつれて，地図上の隣接した地域同士が次第にまとまっていく様子がわかる。

さらに，グループが二分されるようにデンドログラムを高い階層で切断すると，{東北，関東，甲信越，北陸，東海} と {近畿，四国，山陰，山陽，東九州，西九州} を得る。これを地図上にプロットすると，近畿を境界に日本が東西に二分されることがわかる（図4-12）。以降，東北を含むグループを「東側」，近畿を含むグループを「西側」と呼ぶことにする。

2　東西の境界線はどこにあるか

東側と西側の音楽的特徴の違いを考察する前に，東西の境界線を詳しく調べてみたい。東西の境界線には，3地域――北陸，東海，近畿――が接している。これらは，はたして東西のどちら側に近い特徴をもつのだろうか。ここでは，線形分類器（linear classifier）の考え方を使って3地域を機械的に分類しなおしてみる。

まず，東側から北陸と東海の全データを除いたグループと，西側から近畿の全データを除いたグループを準備する。それぞれを「東側'」と「西側'」と呼ぶことにする。そして，北陸，東海，近畿の3地域と，東側'と西側'のデータ中のテトラコルドの出現頻度を別々に求める。3地域のテトラコルドの出現頻度を，東側'と西側'の出現頻度と個別に比較し，特徴の近い側のグループに分類していく[*3]。線形分類器を適用した結果は，階層的クラスタリングの結果と同様に，北陸と東海は東側'，近畿は西側'に分類され，境界線の位置は

第4章　日本民謡の計量分析　*123*

変わらなかった。

なお，県単位に区分したデータでも同様の分類実験を試みたが，地図上の区分通りに分類されなかった。これは県単位で検証するための基礎データが不足しているためである。県や令制国（旧国）単位で分類実験を行うためには，日本民謡の楽曲コーパスをさらに増強する必要がある。

第11節　従来の学説との比較

1　民俗学の学説との比較

民俗学者の宮本常一は，田楽（豊穣祈願や魔事退散祈願を目的とする伝統芸能）を調査し，東北日本と西南日本の習俗の違いを説明している[12]。田楽は，今回使用した楽曲データの大半を占める盆踊唄や田植唄と密接に関係する音楽である。このことから，クラスタリングした結果は，宮本の学説を間接的に裏付ける意味で重要と言える。

2　方言地理学の学説との比較

クラスタリングした結果は，国立国語研究所の『日本言語地図』（日本語の歴史と方言分布の関連を考察するための基本資料）[13]や，方言地理学で言及されている方言区画[14]と一致する点が多い。しかし，細かい区画では一致しない点もある。今後の課題として，方言区画との類似点を厳密に検証するためには，楽曲データを増強し，県や令制国（旧国）単位で分類実験を試みる必要がある。これにより，音楽学者の兼常清佐が提唱した「日本民謡は日本語のアクセントが変化した日本語の一種である」という仮説[15]の検証も期待できる。

3　日本民謡の音楽的特徴の伝播と変遷

テトラコルドを形成するパターンの傾向をカイ二乗検定の残差分析を使って比較した結果，東側は西側よりも，都節のテトラコルドを多用する傾向が強く，

＊3　厳密には，北陸，東海，近畿の3地域の数値と，東側'，西側'の数値との内積計算からコサイン（cosine）の値を求めている。コサインの値が正である場合と，負である場合によって，北陸，東海，近畿を東側'か西側'かに振り分ける。

西側は東側よりも，民謡のテトラコルドと律のテトラコルドを多用する傾向が著しく強いことがわかる。ここで，東日本と西日本の地理区分とテトラコルドを使用する傾向の関連について，従来の音楽学の知見を参照しながら考察する。

西日本の旋律に多く出現する民謡のテトラコルドは，4種のうち最も古い時代から存在した音型であり，ハンガリー，中央アジア，トルコ，朝鮮半島の旋律の中にも見出すことができるという。律のテトラコルドも，中国大陸，朝鮮半島，東南アジアの旋律の中にも見出すことができるという。一方，都節のテトラコルドが西日本ではなく東日本一帯に定着している理由を明確にする根拠は，残念ながら過去の資料から得ることができなかった。しかし，その音型は，民衆の感性・感情に訴える節まわしとして浸透し，律のテトラコルドが陰旋化した音型であったとされる。

したがって，あくまでも推測の域を出ないが，西日本の音楽的特徴は，近隣諸国——具体的には，中国大陸，朝鮮半島——の影響によって作られたと考えることはできないだろうか。そして，東日本の音楽的特徴は，西日本の音楽的特徴が伝播し，時代の経過とともに音型が陰旋化して作られたと考えることはできないだろうか。近隣諸国からの伝播と影響について詳細を検証するには，各国の民謡を電子データ化・集積し，楽曲コーパスを構築する必要がある。そして，本章で展開してきた計量分析を進めていくことで，次第に明らかにされるだろう。

第12節　総括

1　日本民謡の音楽的特徴と地域性

本章では，日本民謡の旋律に計量分析を施し，過去の議論・文献と比較しながら，日本民謡に内在する音楽的特徴と地域性を実証した。ポイントは次の3点である：

1．地理的に隣接する地域ほど小泉文夫のテトラコルドの使用傾向が似ていること
2．日本民謡の地域差を巨視的にとらえると，近畿地方を境界に日本列島は東西に二分されること

3. 西日本の民謡の特徴には，大陸や半島からの影響が考えられ，東日本の民謡の特徴には，西日本の特徴が流入し，時代の経過とともに旋律の性格が一部変化（陰旋化）したと考えられること

2 人が音楽を認知する仕組みの解明に向けて

本章で扱った手法や考え方は，日本民謡に限らずあらゆる楽曲データに対して実施できる。たとえば，楽曲データをジャンル，時代，地域，作者など，さまざまな要因に分割する。そして，計量分析を行うことで，ジャンルに普遍的な要素，楽曲の年代的な特徴などが解明されてくる。このようにして，客観的な事実を積み重ねていくことで，本章の冒頭で触れた，人が音楽を認知する仕組みについて，次第にいろいろなことが解明されてくるだろう。

▷引用文献

[1] Kawase, A., & Tokosumi, A. (2010). Regional classification of Japanese folk songs: Classification using cluster analysis. *Kansei Engineering International Journal, 10*(1), 19-27.
[2] Temperley, D. (2001). *The cognition of basic musical structures*. The MIT Press.
[3] 藤井知昭 (1978)「音楽」以前．日本放送出版協会（NHK ブックス 325）．
[4] Sound, and Music Computing. (2010). Portal of the sound and music computing research community. http://smcnetwork.org/
[5] 小島美子 (1982) 日本音楽の古層．春秋社．
[6] Rissanen, J. (1983). A universal data compression system. *IEEE Transactions on Information Theory, 29*(5), 656-664.
[7] Chai, W., & Vercoe, B. (2001). Folk music classification using hidden Markov models. *Proceedings of International Conference on Artificial Intelligence*.
[8] Snyder, R. (2000). *Music and memory*. The MIT Press.
[9] 小泉文夫 (1958) 日本伝統音楽の研究．音楽之友社．
[10] 柿木吾郎 (1983) 日本民謡の音楽様式的分析．東洋音楽研究, *49*, 94-108.
[11] 小島美子 (1992) 日本民謡の地域性研究に向けての試論（その2）：日本民謡の日本海側と瀬戸内海側．民俗音楽研究, *12*, 2-12.
[12] 宮本常一 (1967) 民俗から見た日本の東と西．宮本常一著作集 3：風土と文化（pp. 81-103）．未来社．
[13] 国立国語研究所 (2009) 日本言語地図．地図画像．http://www.ninjal.ac.jp/publication/catalogue/laj_map/04/
[14] 柴田武 (1988) 方言論．平凡社．
[15] 兼常清佐 (1938) 日本の言葉と唄の構造．岩波書店．

第5章　批評の計量分析

川島隆徳

> 批評の計量分析は，プロトコル分析の大規模化・定量化を指向し，批評テキストに対してテキストマイニングの技術を用いて分析を行うものである。本章では計量分析の基本的な考え方や手順と併せてメリット，デメリットと手法の限界について説明する。また，ゲームを対象としたケーススタディでその具体的な活用事例を紹介する。

第1節　批評の計量分析とは

1　プロトコル分析と批評の計量分析

　人の頭は芸術をどのように鑑賞しているのだろうか。たとえば映画を例にとってみれば，その鑑賞には，画面に写されている内容物，登場人物の発話，そして物語のプロットの理解，さらには映像や音響から「迫力」を感じること，そういった複数の認知や情動が含まれていることは間違いないだろう。しかし個人の主観では，実際に映画を鑑賞しているときにこういった複数のプロセスを意識することはあまりなく，総合的な「体験」のみがある。

　このような複合的な要素を含む「体験」を分析する認知科学の手法の一つとして，プロトコル分析[1]がある。プロトコル分析では，ある体験の最中に感じたこと，考えたことをリアルタイムで発話してもらい，これを分析する。体験中の発話には，無意識的に発話者の内的認知過程が含まれるという前提に立ったこの方法は，認知科学だけでなく製品のユーザビリティテストなどにも利用されている。

　プロトコル分析の真髄は，体験の最中に発話された内容を質的に分析すると

ころにある。しかし、実際の分析にはデータを取るための心理実験、発話の文字起こしと、発話内容の人手による分類を要する。それゆえに、実験を大規模に行うことは難しく、分析結果の普遍性を説明するためには大きな労力がかかる。

本章で述べる批評の計量分析は、プロトコル分析など従来のいくつかの分析手法を元にして生み出された手法である。大量のデータを対象とした分析を行うために、批評テキストに注目した。批評テキストは体験をリアルタイムに描写したものではなく、文章の作成というさらに高度な脳の働きを要するものではあるが、その体験について語ったものであることには違いない。また、直接的な体験の心理状態を分析することは難しくなるが、体験にあたっての前提となる知識構造や、価値判断の基準といったようなものが含まれているはずであり、より高度な分析が可能になる場合もあると考えられる。

分析を計量的に行うのも、プロトコル分析の量の限界を打ち破るためである。大量のテキストを、同じ判断基準で整理・分類していくことは非常に困難であり、特に客観性の担保のためにダブルチェックをかけるとなれば、そこにかかるコストは莫大なものになってしまう。計量的な分析では、基本的な分析はコンピュータで行う。自然言語処理等の技術を使うためにその精度は100パーセントではないが、大量のデータを容易に扱うことができ、最低限の客観性は担保できる。

なお、自然言語処理を利用した評判の分析は、情報工学の分野でも、主にWebを対象としたテキストマイニングとして研究が行われている[2]。しかし、分野としてはあくまで工学であり、解析対象に注目するのではなく、効率の良い自動的な分析によって売れ行きや評判を調べるという目的に特化している。

それでは、具体的に批評テキストを計量分析する手法について説明していく。

2 対象とするテキスト

分析の対象となるテキストは、ある特定の体験について語った批評テキストになる。批評テキストには専門家による批評やエッセイから、ECサイト上の消費者レビューまでさまざまなものが存在する。対象テキストを選定するにあたって重要なのは以下の4点である。

（1）数を揃えること

　テキストの計量分析に欠かせないのは，一定量以上のテキストを収集することである。

　書かれたテキストには発話と比べて多くのバイアスがかかっている可能性が高い。数が少ないと，たまたまそのバイアスが揃ってしまったときに，分析結果がそれに引きずられてしまう。バイアスをなくすことはできないが，多くのテキストを分析することで，より普遍的な構造や，筆者等の無意識的な前提などが見えやすくなってくる。

　また，計量分析は人手による質的分析と比べて精度はどうしても低くなる。少ない数を対象とするのであれば，計量的な手法を用いる必要性は薄い。

（2）分析に必要なだけの多様性を備えること

　多様性の中でも最も重要なのは筆者の数である。一人の人間が書いた批評を多く分析しても，普遍的な内容は得られないだろう。もちろん，その人間の分析をしたいのなら話は別であるが。

（3）批評の品質を揃えること

　（2）と矛盾するようであるが，あまりに品質の異なる批評をまとめると，分析が困難になる場合がある。たとえば，専門家の書評と素人がブログに上げたブックレビューをまとめて分析してしまった場合，利用される語彙などの違いで，本来は同じことを言っているのに，計量上は分かれてしまうといった問題が起こりえる。また，同じ対象について批評していても，英語と日本語では対応する単語が必ずしも自明ではない。テキストの計量分析は「単語」を概念の諸元として行うため，言葉が違うグループ（専門度合い，言語，年代等）をまとめて分析することは難しい。ただし，分析をそれぞれのグループごとに行い，その比較などをすることには意味があるだろう。

（4）提灯記事を避ける

　雑誌やインターネット上の批評・レビューには，対象を宣伝するためにそのいいところだけが書かれた，いわゆる"提灯記事"も存在する。こういったテキストは，内容の紹介だけで評価がなかったり，いかにそれが良いかを説得することに労力が割かれていたりする。対象に関する認知について分析したいのであれば，そういったデータは避けるべきである。

3 テキストを計量する方法

　文章を分解していったときに，最小の意味をもつ単位はなんであろうか。「段落」，「文」，「命題[*1]」，「単語」（「文字」では意味をもつとは言えないだろう），どのレベルの意味をとらえたいかによって選択は異なるが，テキストの計量分析では「単語」が最小の意味をもつ単位であるとしなければならない。理由は2つある。

　第1の理由は，同じものを同定し，数えることができるからである。たとえば，「段落」を数えようと思ったときには，ある2つの段落が同じものであるということが言えて初めて，2と数えることができる。しかしながら，これをコンピュータに自動でやらせることは非常に困難である。「文」や，「命題」についても同様で，ある程度までは機械的にできても，完璧にはできない。「命題」などでのカウントは，むしろプロトコル分析などでとられる方法になる。「単語」であれば，同じ単語が異なる意味で使われているという問題さえ無視すれば，2つの単語が同じであるということは自明であるため，機械的な処理が可能になる。

　第2の理由は，「単語」であれば機械的な分割と認識が可能だからである。これは「形態素解析[*2]」といわれる自然言語処理の一技術であり，一般的な文章であれば98パーセント程度の精度で処理できる[3]。「命題」での分割は，係り受け解析という方法である程度までできるが，単語ほどの精度は出ない。

　テキストの計量は，たった今述べた「形態素解析」のプログラムを用いてテキストを単語に分解するところから始まる。現在，日本語で最も精度が高い形態素解析機は MeCab[4] というプログラムである。これを用いることで，テキストファイルを単語に分割し，その単語の品詞を確定させることができる。たとえば，「量から質に迫る」という文を形態素解析すると，表5-1のような結果が得られる。

　この結果の語と品詞のセットを単語として認定し，文章中に出現する単語を数え上げる。すると，ある文章中に多く出現する単語が見えてくる。日本語の

[*1]　「空が青い」のように，平叙文が表現する意味内容の単位。
[*2]　厳密には，単語に分割することを「分かち書き」，分割した単語の品詞を同定することを「形態素解析」という。

表5-1　形態素解析の結果

語	品詞
量	名詞, 一般
から	助詞, 格助詞, 一般
質	名詞, 一般
に	助詞, 格助詞, 一般
迫る	動詞, 自立

　文法的に，助詞などが最も多いが，これらは機能語ではなく直接は意味をもたないため，多くの分析では名詞，形容詞に着目する。たとえば形容詞の出現頻度を見てみれば，その体験がどのような感性で評価されやすいのか見えてくる。また，名詞の出現頻度を見てみれば，どういった要素が取り上げられ，何が評価の対象となっているかがわかってくる。

　すでにご理解いただけたと思うが，計量といっても難しいことはなく，ただ単語の頻度を数えるだけである。しかし，これを大規模なテキストを対象として行うことによって，見えてくるものがあるのである。

第2節　計量分析の手順

　計量分析は論理ではなく，道具である。道具を理解するためには実際に使ってみるのが有効であるから，本節では実際に計量分析を体験してもらいながら，その詳細な説明を行うことにする。

1　計量分析のためのツール

　テキストの計量分析は，情報工学の分野ではテキストマイニングと呼ばれ，今では企業などでも活用されるまでになってきている。また，社会学などでも利用されており，そのためのツールとしてはKHCoder[5]が知られている。また，統計解析を行うためのプラットフォームRとMeCabを連携させるRMeCab[6]というツールも存在する。一方で，筆者等もテキストの計量分析を目的として，独自に「Text Seer」というツールを開発してきた。

　いずれのツールも便利なものであるが，本節で紹介するには機能が複雑なと

図5-1　STSの起動画面

ころがある。そこで，ここではText Seerの機能を単純化した「STS（Simple Text Seer）」を利用して簡単な分析を行ってみたい。なお，STSはJavaで作成されているため基本的には動作環境を選ばないが，本稿ではWindows環境で説明する。また，STSの実行にはJavaの実行環境がインストールされている必要がある[*3]。

まず，筆者サイト[*4]からSTSの圧縮ファイルをダウンロードし，解凍する。そしてフォルダに同梱の「起動.bat」をダブルクリックすることで起動する。図5-1のような画面が出てくるだろう。

2　テキストを準備する

次に，分析するテキストを用意する。手元に適切なテキストがあればそれを使ってもよいが，特にないのであれば今回は青空文庫[*5]から批評をもってくる

[*3]　Javaのインストールについては以下を参照：http://java.com/ja/download/
[*4]　http://www.valdes.titech.ac.jp/~t_kawa/

こととしたい．対象として選定したのは，劇作家・岸田國士（1890-1954）の演劇に関する批評テキスト群である．今回は，この中から10の批評を集めてきた．ファイルは，STSのフォルダに「サンプルデータ」として同梱してある[*6]．

STSはテキストファイルの入ったフォルダを対象として分析を行うため，集めてきたテキストファイルは，一つのフォルダの中に集めておく必要がある．また，STSは簡易版であるため，大規模なテキストには対応できない．テキストファイルの合計は最大でも1M程度に抑えておく．サンプルデータを用いる場合には，特に気にする必要はない．

多くの場合，Webから集めてきたテキストには分析に必要のない部分が残っている．たとえば青空文庫であれば，ルビや底本の情報などは分析の邪魔になる．紙の本をOCR[*7]した場合には，見出しやページ番号などが不要である．テキストの整形作業は一括で検索置換するソフトウェアなどを用いるとやりやすいが，完全な自動化は難しく，根気のいる作業になる．なお，サンプルデータについてはすでに整形済みのため，特に作業は必要ない．

3　単語を計量する

テキストを集めたら，単語の計量を行う．STS上部にあるボタンのうち一番左の「計量」のボタンを押す．するとフォルダを指定するダイアログが開くため，サンプルデータ下にある「演劇」のフォルダ（ないしは自分でテキストを集めておいたフォルダ）を指定しよう．これで，テキストの形態素解析による単語への分解とその出現回数のカウントがスタートする．

計量が完了すると，ボタンの下方に結果が表で示される（図5-2）．

以下で表の見方を説明する．

まず，単語の列は，文中に登場する単語の「原形」が表示される．名詞等についてはそのままだが，動詞，形容詞については，どのような活用であろうとその原形が表示される．つまり，形態素解析では，「美しい」と「美しく」は

[*5]　http://www.aozora.gr.jp/
[*6]　サンプルデータは旧仮名遣いで書かれているため，形態素解析に失敗する部分がある．したがって，解析の精度は高くはないことをあらかじめ断っておく．
[*7]　Optical Character Recognition：画像から文字情報を読み取って電子テキストに変換する方法．専用のソフトウェアを利用する．

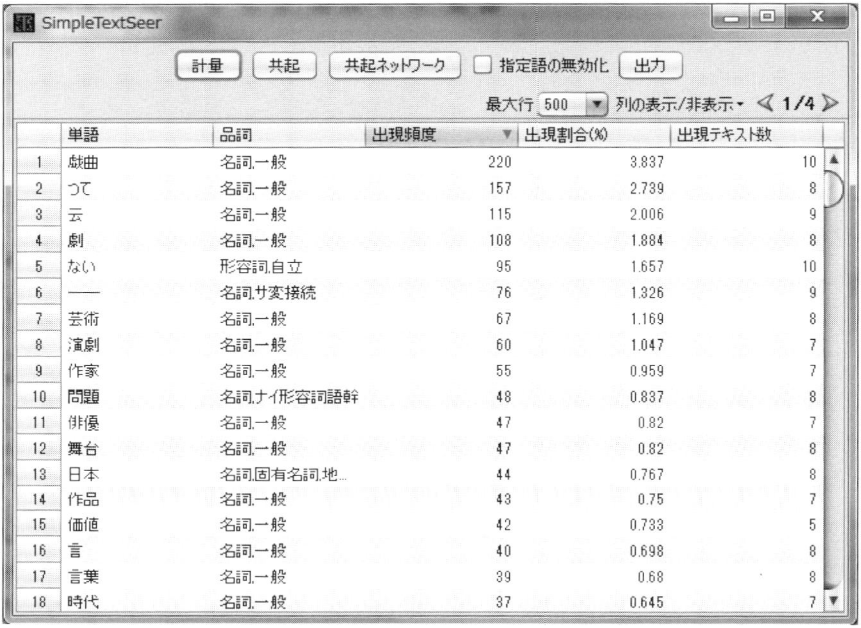

	単語	品詞	出現頻度	出現割合(%)	出現テキスト数
1	戯曲	名詞,一般	220	3.837	10
2	つて	名詞,一般	157	2.739	8
3	云	名詞,一般	115	2.006	9
4	劇	名詞,一般	108	1.884	8
5	ない	形容詞,自立	95	1.657	10
6	——	名詞,サ変接続	76	1.326	9
7	芸術	名詞,一般	67	1.169	8
8	演劇	名詞,一般	60	1.047	7
9	作家	名詞,一般	55	0.959	7
10	問題	名詞,ナイ形容詞語幹	48	0.837	8
11	俳優	名詞,一般	47	0.82	7
12	舞台	名詞,一般	47	0.82	8
13	日本	名詞,固有名詞,地…	44	0.767	8
14	作品	名詞,一般	43	0.75	7
15	価値	名詞,一般	42	0.733	5
16	言	名詞,一般	40	0.698	8
17	言葉	名詞,一般	39	0.68	8
18	時代	名詞,一般	37	0.645	7

図5－2　計量結果

区別されず，同じものとしてカウントされるということになる。

品詞の列は，その単語の品詞が表示される。STSでは内部でkuromoji＊8というソフトウェアを利用して形態素解析を行っているが，このkuromojiはIPA品詞体系＊9に基づいた辞書を使って解析を行っている。さらに，STSでは分析の対象とする品詞をあらかじめ限定している。すでに述べたが，分析に向いているのは名詞と形容詞であり，さらにその中でもいくつかの限定された品詞分類を対象とするべきである。たとえば，名詞であったとしても，非自立な名詞（「こと」や「もの」），接尾的な名詞（「的」や「年」）などはそれ単体では意味をもたないため，解析から外さないとノイズで見たいデータが埋もれてしまう。STSでは，あらかじめ限定された品詞のみを対象とするようにプログラム側で絞っている＊10。

＊8　http://www.atilika.org/
＊9　http://chasen.naist.jp/snapshot/ipadic/ipadic/doc/ipadic-ja.pdf
＊10　対象としている品詞の一覧は，STSのreadme.txtを参照のこと。

出現頻度の列は，その単語が全テキスト中に登場した総回数を示している。一方で出現割合は，計量された単語の全数に対する出現頻度の割合を示す。サンプルデータは演劇の批評を対象とした計量結果であるため，「戯曲」の出現回数が最も多くなっている。

出現テキスト数は，その語が出現するテキストファイルの数である。多くのテキストで出現するならそれは汎用的な語彙であるし，登場するテキストが少ないならその語に注目することは特定の特徴的なテキストに分析結果を引きずられることにつながるだろう。

なお，表は右端のボタン「出力」を押すことで，CSVファイル[*11]としてSTSのフォルダに出力することができる。

では，サンプルデータの「演劇」を計量した結果について見ていこう。頻度の多い語彙は，基本的には名詞で，「戯曲」，「劇」，「芸術」，「演劇」など，直接演劇と関わる語が多い。名詞ではなく，形容詞を見るため，表を品詞でソートしてみよう。最も多い形容詞は「ない」であり，これは経験上どのような日本語テキストを分析してもおおむねこの結果となる。これを無視すると，「面白い」，「あつい」，「いい」，「新しい」，「若い」などの語の頻度が高い。

以上がテキスト分析の最も基本となる単語の計量である。結果に関する説明からわかるとおり，数を数えるだけでわかることはあまり多くない。対象となるテキストによっては，思いもよらなかったキーワードが上位となり，新しい観点が見つかることもあるが，多くの場合は当たり前と感じる語が上位に並んでくる。また，仮に興味深い語が上位にあるとしても，文脈から切り離されたその語だけで判断できることは少ない。

4　単語の共起を見る

単語の数だけでは多くのことがわからないとして，次は何をすればいいのか。計量という立場を崩さずにできる次の一手として，単語の共起分析がある。

2つの単語a, bが共に一文中に出現する場合，aとbは共起しているという。たとえば，「量から質に迫る」という文は，すでに述べたとおり「量」「質」「迫

[*11] Comma Separated Values：表計算ソフトで開くことができる。

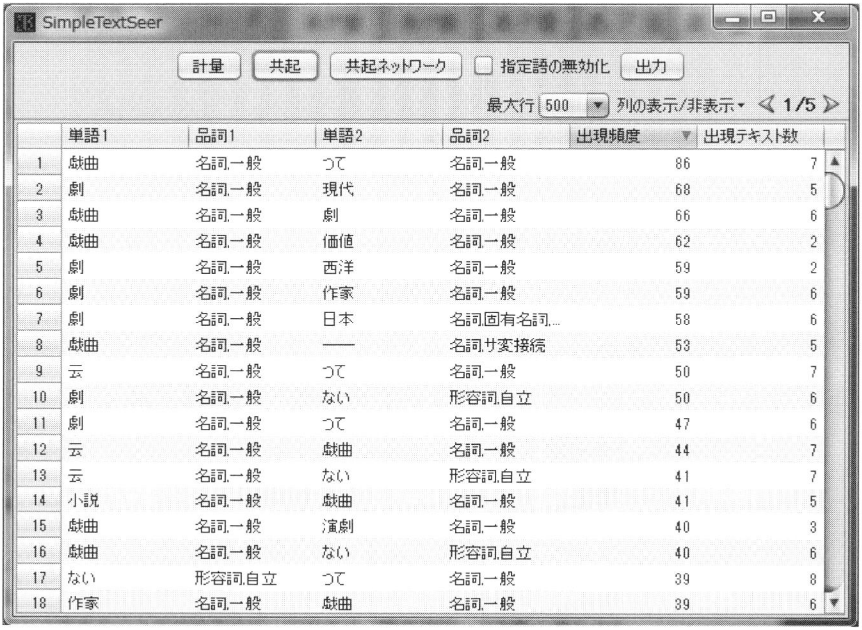

	単語1	品詞1	単語2	品詞2	出現頻度	出現テキスト数
1	戯曲	名詞,一般	つて	名詞,一般	86	7
2	劇	名詞,一般	現代	名詞,一般	68	5
3	戯曲	名詞,一般	劇	名詞,一般	66	6
4	戯曲	名詞,一般	価値	名詞,一般	62	2
5	劇	名詞,一般	西洋	名詞,一般	59	2
6	劇	名詞,一般	作家	名詞,一般	59	6
7	劇	名詞,一般	日本	名詞,固有名詞,...	58	6
8	戯曲	名詞,一般	——	名詞,サ変接続	53	5
9	云	名詞,一般	つて	名詞,一般	50	7
10	劇	名詞,一般	ない	形容詞,自立	50	6
11	劇	名詞,一般	つて	名詞,一般	47	6
12	云	名詞,一般	戯曲	名詞,一般	44	7
13	云	名詞,一般	ない	形容詞,自立	41	7
14	小説	名詞,一般	戯曲	名詞,一般	41	5
15	戯曲	名詞,一般	演劇	名詞,一般	40	3
16	戯曲	名詞,一般	ない	形容詞,自立	40	6
17	ない	形容詞,自立	つて	名詞,一般	39	8
18	作家	名詞,一般	戯曲	名詞,一般	39	6

図５−３　共起のカウント結果

る」など，５つの語に分解できる。この文中で「量」と「質」，「量」と「迫る」は共起していると言える[*12]。対象テキストのすべての文でこの共起を調べ，数え上げることで，どの語とどの語が一緒に登場しやすいのか，という傾向がわかる。

それでは，STS を使って実際に共起を見てみる。左から２つめの「共起」のボタンを押し，計量のときと同様に対象となるフォルダを選ぶ。実行した結果は図５−３のようになる。なお，STS では，「。」「.」「？」と改行で自動的に文字列を区切って，それを一つの文として共起を計量している。また，共起回数が２回以下のものは表示していない。

表の説明だが，単語１，品詞１，単語２，品詞２はそれぞれ共起している単語のペアを示す。また，出現頻度はそのペアが登場した回数を，出現テキスト数はそのペアが出現するテキストの数を示す。共起のカウント結果も出力ボタ

＊12　厳密に言えば，$_5C_2$＝10通りの共起が存在している。

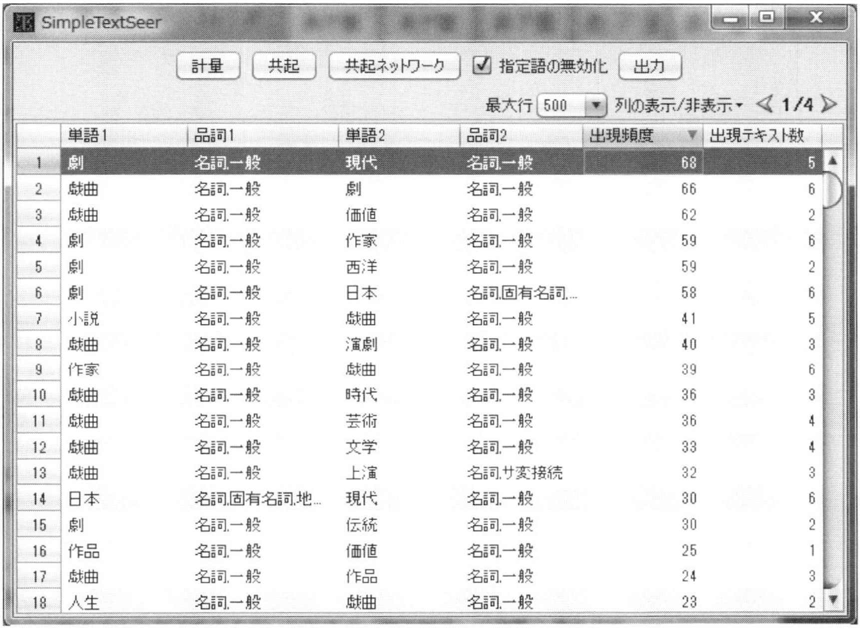

	単語1	品詞1	単語2	品詞2	出現頻度	出現テキスト数
1	劇	名詞,一般	現代	名詞,一般	68	5
2	戯曲	名詞,一般	劇	名詞,一般	66	6
3	戯曲	名詞,一般	価値	名詞,一般	62	2
4	劇	名詞,一般	作家	名詞,一般	59	6
5	劇	名詞,一般	西洋	名詞,一般	59	2
6	劇	名詞,一般	日本	名詞,固有名詞,...	58	6
7	小説	名詞,一般	戯曲	名詞,一般	41	5
8	戯曲	名詞,一般	演劇	名詞,一般	40	3
9	作家	名詞,一般	戯曲	名詞,一般	39	6
10	戯曲	名詞,一般	時代	名詞,一般	36	3
11	戯曲	名詞,一般	芸術	名詞,一般	36	4
12	戯曲	名詞,一般	文学	名詞,一般	33	4
13	戯曲	名詞,一般	上演	名詞,サ変接続	32	3
14	日本	名詞,固有名詞,地...	現代	名詞,一般	30	6
15	劇	名詞,一般	伝統	名詞,一般	30	2
16	作品	名詞,一般	価値	名詞,一般	25	1
17	戯曲	名詞,一般	作品	名詞,一般	24	3
18	人生	名詞,一般	戯曲	名詞,一般	23	2

図5－4　不要な語を排除した共起のカウント

ンでCSVとして出力可能である。

出力された共起を見てみると，その上位は「――」や「つて」，「ない」など，注目に値しない語のペアが占めている。これではわかりづらいので，これらの語は結果から外すことにしよう。共起ネットワークの右にある，「指定語の無効化」のチェックボックスを入れ，再度共起のカウントを行ってみる。これで，いらない語は表示されなくなった（図5－4）。「指定語の無効化」を選択すると，STSフォルダにある「ignore.txt」に記述された語は分析に用いない動作となる。テキストの分析では，このようなノイズの除去は常に大きな問題となる。形態素解析の精度が100パーセントでないため常にノイズはあり，また，分析者の好みでノイズがそうでないかを決めてしまうと分析が恣意的になりすぎる。ノイズの判定基準か，少なくとも何をノイズとして除外したかは明記しておく必要があるだろう。

共起分析では，同じ文中に登場する語には何らかの意味的な関係性があるという前提が置かれている。結果を見てみると，「戯曲」「劇」という言葉が多く

の語と関連をもっていることがわかる。

　CSVに出力し，表計算ソフトでフィルタをかけて，先ほど頻度が多かった形容詞の「新しい」を見てみることもできる。結果として，「新しい」と共起する語は「舞台」，「芸術」，「演出」等の当たり前と思えるような語ばかりであった。

　共起の分析では，このように全体を見る場合と，特定の語に注目する場合がある。全体を見る場合には，表の形式ではいささか分析が難しい。たとえば，「戯曲」と「劇」の間に違いはあるのだろうか？　こういったことを見るために有効なのが，単語の共起ネットワークである。

5　単語の共起ネットワークを作る

　ネットワークとは，ノード（点）とエッジ（線）で構成されるデータ構造である。思い描きやすいのは，「人」がノードとなり，「友人」などの関係がエッジとなる人間関係だろうか。テキストの計量分析の場合，ノードを単語とし，エッジを単語の共起としたネットワークが有用なことが多い。

　それでは，STSを使ってネットワークを表示してみる。方法は今までと同様。「共起ネットワーク」のボタンを押し，フォルダを選択すれば共起がカウントされ，それを元にネットワークが描画される（図5-5）。

　楕円が一つの単語を示し，単語間の線が単語の共起を示している。表示されているペアは，ペアの登場頻度が多い方から数えて50ペアまで。画面の上では，ペアの数は「線」の数に相当する。この値は，上部のペア数を増減させることで変更できる。

　通常，表示するペアの数は，共起の回数を閾値として決めるのがよい。たとえば，今回の場合では上位48ペアの共起回数は20回以上なので，48ペアを表示した図にするのがよいだろう。あるいは，共起回数19回以上の56ペアでもよい。50ペアでは，共起回数19回以上の順番的には等価なペアをランダムに2つ選ぶことになってしまうため，50を選んだ説明がつかない。なお，出力ボタンを押すことでネットワークをPNG形式で保存することができる。

　ネットワークを見てみると，「劇」と「戯曲」で共起する語が異なっていることがわかる。「劇」のほうは「外国」，「伝統」，「近代」など，演劇における

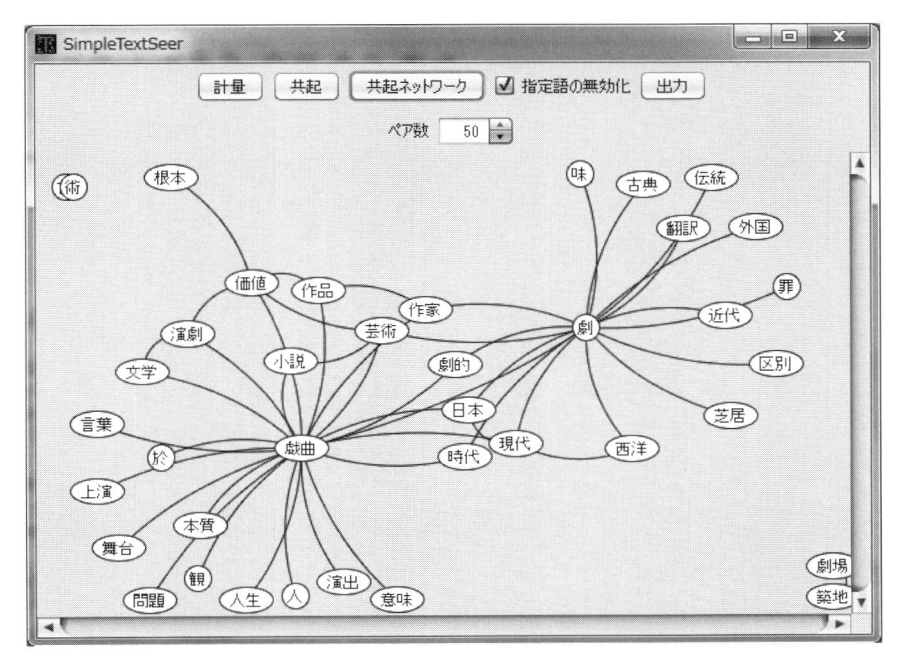

図 5-5　共起ネットワーク

時代的・文化的な背景に関する内容に寄っているように見える。一方で，戯曲のほうは，「作品」「意味」「価値」など，よりそのものの内容に寄っているようだ。これは岸田國士の劇作家としての立場が影響していると考えられる。

6　計量分析の限界と使い方

　STS で可能な分析，言い換えればテキストの計量分析の中でもシンプルにできる分析はネットワーク分析までである。では，これで何かがわかったと言えるのだろうか？

　ネットワークは，何らかの構造を示しているようであるし，実際のテキストに基づいた構造であるから，何らかの事実の側面であることに違いはない。また，語のネットワーク構造は人間が把握しやすく，人の頭の中の知識構造としていかにも「それらしい」。しかしながら，たとえばこのネットワーク上の知識構造が岸田國士の頭の中にあったものかと言われれば，それを証明することはできない。言うなれば，量から質に飛躍することはできないのだ。

プロセスをなぞってきて理解いただけたかと思うが，ネットワーク図ができるまでには非常に多くの変数があった。形態素解析の精度，対象とする品詞，除外する語，文の切り方，ネットワーク図に表示するペア数の指定——どれかが違えば，ネットワークの形は変わってきてしまう。また，どのパラメータが正しい，ということは科学的には言えず，経験則的にこういったパラメータがわかりやすい結果を導きやすい，ということが言えるだけだ。

　それでは，テキスト分析で生まれる科学的価値とはなんなのか。

　一つは，大量のテキストを対象にすることで，多少の恣意的なパラメータ設定はあったとしても結果に科学的な価値があるとする立場だ。これは多少乱暴だが，大量のデータがある場合，なんのバイアスもなければ構造化されたデータは産み出されないはずであるということを前提にしている。今回の例では岸田國士一人が対象であったため，演劇人たちの間において「劇」と「戯曲」の概念に違いがあるかどうかははっきりとしたことは言えなかった。しかし，当時の演劇人100人のテキストを対象としても同じようなネットワークが生成されるのであれば，そういった認識が共有されていた蓋然性は高い。また，「劇」と「戯曲」がネットワーク的に異なった位置にあるということは数学的に説明することができるので，ネットワークの解釈そのものはある程度科学的に行うことが可能だ。

　2つめの価値は，テキスト分析の発見的な利用だ。単語の頻度計量や共起ネットワークの作成で何かを証明することはできないとしても，「証明するべき何か」を見つけ出すことはできる。その証明方法に直接的にはテキスト分析が使えるわけではないが，その分野に新しい視点をもち込むことが可能になるかもしれない。また，質的研究を行う際の仮説を立てたり，実験の範囲や設計を限定したりすることにも利用できるだろう。

　3つめは，計量分析の結果を比較することで，複数のデータの違いを明らかにするという価値だ。これも本質的には分析方法によるバイアスを受けているが，複数のデータを同じバイアスで取り扱っているため，そのバイアスを前提としてデータ間の違いについて語ることはできる。たとえば，現在筆者等が取り組んでいる研究では演劇，映画，文学の批評で用いられる評価の語彙を分類語彙表[7]で分類し，分類単位での量を比較している。単体ジャンルで見た場合，

特定の語彙が多い・少ないということについては主観的な内容しか語れないが、比較することで相対的に多い・少ないということが言えるようになる。そしてそれは、そのジャンルの批評や鑑賞における他ジャンルとの観点の違いとして蓋然性が高いものになるだろう。

4つめは科学的と言うより工学的と言うほうが正確だが、テキスト分析で得られたデータが他のシステムで利用できるという価値だ。たとえば、あるジャンルの批評を分析することで、そのジャンルが評価される場合には特定の言葉の共起が多く使われるということが判明すれば、そのジャンルのレビューから製品の評価を自動的に数値化するようなシステムでそのパラメータを組み込むことができる。これは本来的な研究の目的からは外れるかもしれないが、応用が可能であることは悪いことではない。

また、以上のような価値とは別に、テキスト分析には再現性があるという強みもある。同じデータを対象とすれば、異なる検証者の間で地に足がついた議論が可能になるのだ。とはいえ、現時点では結果の解釈に依る部分が大きいため、これはそれほど大きな強みとは言えないだろう。

7　テキストを見る

計量分析の手順を締めくくるうえで一点述べておかねばならない教訓がある。それは、常に生のテキストを見るべしというものだ。

テキスト分析では、最終的に判断の根拠となるのは数になる。単語の出現回数や、共起の回数などだ。しかしながら、それは文脈や筆者の意図などをすべて無視した数でもある。形態素解析の精度も100パーセントでない以上、単語の分割間違いということもある。したがって、なんらかの結論を導く前に必ず原文に当たることが必要になる。単語であればそれが出現する文の前後を見る。これは、コーパス言語学の分野では KWIC（Key Word In Context）と呼ばれる。共起も、それが登場する文を眺め、拡大解釈を行っていないかチェックする必要がある。

STS にはこれをサポートする機能はついていないが、Text Seer では単語や共起の出現一覧を見る機能、テキスト本文を検索・修正する機能もついている。本格的な調査では、ぜひそちらを利用していただきたい。

第3節　ケーススタディ：ゲーム批評の計量分析

　以下では，テキストの計量分析の手法を実際に利用している筆者等の研究を一つ[8]紹介する。分析の対象は，ゲーム体験である。

1　背景と目的

　ゲーム体験にはさまざまな要素が含まれている。画像や音声，コントローラーの操作などの感覚的体験だけでなく，ゲームプレイに伴う試行錯誤やストーリー理解による感動など，高次認知的な体験も多く含まれる。この中で，何がゲームをゲームたらしめ，ゲームを面白くしているのかという点については議論がなされているところである。馬場[9]はゲームの面白さとして，プレイヤ・ルール・ツールのバランスが最適であることを挙げている。また，山下[10]はアンケート調査法により，「感覚運動的興奮」，「設定状況の魅力」などの因子を抽出している。

　ゲーム批評テキストには，筆者のゲーム体験が取捨選択されたうえで叙述対象として表現されていると考えられる。これをテキスト解析によって抽出し，その内容を分析することでゲーム体験に迫ることが本研究の目的である。

　もちろん，叙述対象は必ずしも実際のゲーム体験における要素と完全には一致しない場合がある。ゲーム体験を文章化するという作業はゲームプレイとは別の高次認知メカニズムを必要とする作業であり，またゲーム体験すべてを文章にすることはできないからである。しかし，「プレイしていたときには気がつかなかったこと」，「後になって思い返したときに受ける感情」などの一次体験を咀嚼して得られた体験や，ゲーム制作・発売の状況や他作品との比較などの背景知識を用いた分析や評価も叙述対象となるため，ゲームプレイ時のユーザエクスペリエンス測定のみからでは得ることのできない知見が得られる可能性がある。

2　対象データ

　対象データは，マイクロマガジン社発行のゲーム雑誌，『ゲーム批評』[11]

vol.1 〜 vol.69（1994年〜2006年）の「ゲーム批評」コーナー本文とした。この雑誌は，世の中のゲーム雑誌が宣伝ばかり行っていることに反旗を翻すために創刊されたもので，ゲームの広告を掲載せず，公正なレビューを行っているとの謳い文句がある。バイアスの薄い批評であり，分析の対象としてふさわしいと考えられる。批評記事は計157名のプロの記者によって書かれている。テキストは紙の雑誌をスキャンした後 OCR をかけて校正し，トータルで884記事，32984文，886951単語の規模となった。

3　叙述対象の抽出と分析

日本語で記述の対象を示す品詞は名詞であるため，ゲーム批評テキスト中では，叙述対象は名詞で表されていると考えられる。これらの名詞一つ一つが叙述対象とも言えるが，実際には表現が異なっていても内容は共通している場合がある。そこで，これらの単語の背後に一段階上位の叙述対象を仮定する。たとえば，「グラフィック」や「ポリゴン」などの単語は，「画面」という上位の叙述対象を示していると考えることができる。本研究における「叙述対象」とは，このようにひとつの単語で示されるものではなく，複数の語彙から全体として構成される批評対象となる概念構造である。

名詞の抽出自体は，第2節の2で説明したような方法で行い，29098語を得た。その後，階層的クラスタリング[13]という方法で上位の叙述対象を抽出した。語の「使われ方」を指標として単語をクラスタリングすることで，似たような単語の集合（クラスター）を得ることができる。

クラスタリングは2段階で行う[14]。まず，29098語のうち，出現回数が10回以上である一般名詞，固有名詞（全3077語，以降 Nall とする）を対象としてクラスタリングを行った。クラスタリングを行うためには，「使われ方」をパラメータとして与えなければならないが，これには他の語との共起のデータを用いた[15]。すべての語彙との共起にしてしまうと，共起が0回の欄が多くなり，特徴が出にくくなるため，Nall のうち頻度が上位30パーセントの143個の名詞との共起

---

[13]　階層的クラスタリングについては，第4章121ページを参照。
[14]　最初からすべての語をクラスタリングすると，計算量が大きく時間がかかり，また精度も下がるため。
[15]　序章16ページにある LSA の理論に基づく。

表5-2　クラスタリングパラメータ

	攻撃	グラフィック	システム	…（143列）
対戦格闘	9回	2回	7回	
ポリゴン	2回	15回	3回	
RPG	6回	3回	9回	
…（3077行）				

をカウントする。結果としてできるデータは表5-2のようなイメージになる。

　表からわかるように，3つの語は特徴的に共起する語が異なる。この特徴を使ってクラスタリングをしていくのである。実際に階層的クラスタリングを施し，生成されたデンドログラムを，一つのグループが最低2つ以上の単語を含むように区切ると（言い換えるなら，単語1つだけのグループができないようになるべく多くに区切ると），15のクラスターに分割された。2段階目のクラスタリングでは，残りの単語について同様に共起する語を調べ，その共起のしかたが似ているクラスターを計算して[*16]分類した。

　さて，このようにして得られたクラスターについて，その要素がゲーム体験とどう関わっているか調べたい。そのために，クラスターに所属する単語と係り受けする頻度が高い形容詞，形容動詞と，ゲーム体験を表すと考えられる動詞（「遊ぶ」，「楽しむ」，「味わう」，「感じる」の4単語を選択，以降体験動詞と略す）を，係り受け解析を用いて調べた。係り受け解析は自然言語処理技術の一つで，語の修飾関係を機械的に判別する。精度は88パーセント程度である[12]。

4　結果

　得られたクラスター，及びそのクラスターとの係り受け解析の結果を表5-3に示す。

　クラスターの名前は，筆者等が内容から推定してつけたものである。含まれる語は，そのクラスターに所属する語のうち，頻度が高いもので，内容がわかるものを記した。語数はそのクラスターに属する語の数であり，出現はそれらの語が合計で何回出現したかを示す。形容詞の列は，そのクラスターに所属す

---

*16　表5-2で示されるようなベクトルの内積を指標とした。

表5-3　得られたクラスターと分析結果

クラスター	含まれる語	語数	出現	形容詞	形	動
市場	評価，ユーザ	667	33538	間違いの，ストイックな	6.25	0.99
物語	目的，世界，話	281	21007	壮大な，ドラマチック	6.92	1.39
新規性	本作，シリーズ	190	14560	シンプルな，良質な	7.02	1.75
キャラクター	主人公，状況	266	13169	強い，多い，可能	3.68	0.52
システム全般	戦闘，バランス	167	9937	大幅に，絶妙に	6.77	0.82
発売状況	タイトル，ソフト	212	8623	根強い，熱心	2.26	0.47
テーマ	心，謎，テーマ	274	7374	平和な，巨大な	0.91	0.22
クリア難易度	クリア，難易度	204	7324	率直，易しい，心地よい	3.06	0.84
戦闘操作	敵，移動，方法	154	6892	良好な，速い，正確な	2.92	0.14
表現	演出，アニメ	138	6689	美麗な，過激な，忠実な	5.21	0.65
操作	画面，視点，操作	109	6039	良好な，見にくい	4.60	0.70
戦闘要素	武器，モンスター	150	5940	強力な，必至	2.97	0.06
Cシステム[*17]	個性，能力，動き	108	4111	速い，豊か，強烈	3.34	0.32
ステージ	マップ，ステージ	90	3922	安全な，広大な，意外な	2.82	0.27
遊び方	モード，対戦	67	2516	可能な，高い，強い	1.79	0.67

る語と係り受けする（＝修飾関係にある）形容詞のうち，頻度が高い語を記してある。「形」の列は，クラスターに所属する各単語あたり平均何回の形容詞と係り受けしているかを示す。この値は「新規性」，「物語」，「システム全般」などが非常に高く，よく修飾されている対象であるということがわかる。一方「動」の欄は，前述した体験動詞とそのクラスターの単語あたりの係り受け回数を示す。「新規性」が非常に高いが，その理由の一つは「ゲーム」という語が含まれているからであり，「ゲーム」を除いた場合0.65に下がる。

5　考察

得られた15のクラスターは高い精度で内容的に類似した語をグループ化しており，またそれぞれに特徴的な形容詞にも一貫性が見られるため，それぞれが何らかの意味的構造を反映したまとまりであると言える。また，各クラスターに含まれる語を調べても，ある程度のまとまりがあり，グループの意味が解釈

[*17]　キャラクターに関するシステム。

可能であった。このことから，得られたクラスターは本研究における定義通りの叙述対象を表していると考えられる。もちろん，これがゲーム体験における叙述対象のすべてであるとは言えないし，得られた分類が絶対であるとは言えない。しかし，得られたクラスターは，叙述対象として妥当な切り分けの一つであるとは考えられる。

　最も多く叙述対象となっているのは「市場」である。具体的には各ハードウェアの状況や，また日本，海外の市場の動向などについて述べているが，これは批評専門誌という立場から来る性質であると考えられる。ゲームそのものに立ち入った内容であることは少なく，ユーザエクスペリエンスから一歩引いた視点での叙述である。

　批評テキストデータから，ゲームの面白さを構成する要因を計量的に抽出する一つの指標として，感性語の使われ方を分析することが考えられる。一般的には，対象によって強く影響を受け，感情を喚起させられるほど，文章に感性語が増えると考えられるからである。たとえば，「新規性」のクラスターを形容する語は表に含まれる語以外にも「駄目」「珍しい」「斬新」など，感性的な形容詞が特徴的に用いられている。また，形容詞が用いられる頻度も高い。一方，形容詞が係り受けする頻度が少ない「戦闘要素」で用いられる形容詞は，表の語以外に「有効」「有利」「多彩」などがある。「多彩」を除くと，他の形容詞はシステムの説明的な評価語である。このため，批評文の筆者による評価を伴ってはいるものの，面白さのような対象によって喚起された感情を強くあらわす傾向は小さいと言える。この形容詞の係り受け頻度と感性語の使用傾向はほぼすべてのクラスターにあてはまり，「新規性」「物語」「システム全般」「市場」「操作」「表現」など形容詞の係り受け頻度が高い叙述対象は感性的側面が非常に強く，一方頻度が低い「戦闘操作」「戦闘要素」「テーマ」「ステージ」「遊び方」などはどちらかといえば評価的で，ゲームによって喚起された感情に基づく感性的な側面は弱いと考えられる。「新規性」などの叙述対象は，筆者がゲームの面白さを実際に感じながら，感性的な語彙を用いて叙述したのだと考えられる。

　この感性的要素を多く含む叙述対象は，必ずしも従来注目されてきたユーザエクスペリエンスの要素とは一致しない。「物語」や「システム全般」，「操作」

などは従来通りであるものの，「新規性」や「市場」は従来注目されてこなかった対象である。これらの叙述対象は，プレイ時の体験をそのまま叙述した内容だけでなく，背景知識などを合わせた叙述だと考えられ，プレイ時ではなくプレイ後に特有の特徴だとも考えられるが，ゲーム体験を測定するうえで決して無視できる要素ではない。ユーザエクスペリエンスと「新規性」や「市場」などの叙述対象がどのように相互に影響し合っているのかは明らかではない。しかし，感性語が頻出する叙述対象は感性的な評価の主要な対象であり，これらの総体がゲーム自体の評価をも構成するので，感性語評価語が多用される叙述対象は「ゲーム」の面白さにとって重要な要素であるとは言える。

第4節　批評の計量分析の展望

　ゲームのケーススタディから見えるとおり，批評の計量分析から抽出した結果は，完全に機械的処理でしかも大量のデータであるにもかかわらず，ある程度の精度で構造を抽出することができる。パラメータを変えることでクラスターのサイズなどは多少変わるが，その大きな構造や相対的なサイズが変動することはほぼない。計量分析がより科学的になるためには，このパラメータの変更に対して分析結果が変動しにくいということを示していく必要があると考えられる。たとえば，ありうる分析のプロセスを100パターンで行って，そのいずれのパターンでも共通して見られる構造を真とする，等の方法が採れればよいのだが，現時点ではそういった方法はない。あるいは，たとえば語の「上位30%」を取れば多くの場合には問題がない，といった事例の積み重ねでもよいのかもしれない。そうすれば，そのプロセスに従って実施することで帰納的な科学性を担保できる。

　とはいえ，そういったプロセスの形成には長い時間が必要とされるだろう。テキストの計量分析は手法としていまだに一般的とは言えず，適用事例も少ない。また，共起のネットワークを作って考察するだけの事例などもあり，定量性について正しく取り扱っている研究はさらに少ないと言えるだろう。

　筆者の主たる研究目的は，テキストの計量分析をより身近にするためのツールを提供することであり，このツールをもって手法を普及させることにある。

この観点に立った場合，多くの研究者にとって便利なのは，やはりテキスト分析だけで完結する研究ではなく，新しい知見の探索に活用するという使い方ではないだろうか．テキストの計量分析の結果がそのまま評価される学会もまだそう多くはない．テキスト分析で当たりをつけ，その領域で正統に評価される方法で研究するほうが，確実な業績になる可能性が高い．

　批評の計量分析は，量から質に迫る強力な道具になる可能性を秘めている．だが，その長い道のりは始まったばかりである．

▷ 引用文献

［１］海保博之・原田悦子（編）（1993）プロトコル分析入門：発話データから何を読むか．新曜社．
［２］乾孝司・奥村学（2006）テキストを対象とした評価情報の分析に関する研究動向．自然言語処理，*13*(３), 201–241.
［３］Taku Kudo, Kaoru Yamamoto, & Yuji Matsumoto（2004）. Applying conditional random fields to Japanese morphological analysis. *Proceedings of the 2004 Conference on Empirical Methods in Natural Language Processing*（EMNLP-2004）, 230–237.
［４］工藤拓，MeCab, http://mecab.googlecode.com/svn/trunk/mecab/doc/index.html
［５］樋口耕一，KHCoder, http://khc.sourceforge.net/
［６］石田基広，RMeCab, http://rmecab.jp/wiki/index.php?RMeCab
［７］国立国語研究所（編）（2004）分類語彙表：増補改訂版．大日本図書．
［８］川島隆徳・村井源・徃住彰文（2010）ゲーム批評から見たゲームの「面白さ」：レビューテキストの計量解析による叙述対象の自動抽出．デジタルゲーム学研究，*4*(１), 69–80.
［９］馬場章（2006）ゲーム学の国際的動向：ゲームの面白さを求めて．映像情報メディア学会誌，*60*(４), 491–494.
［10］山下利之・清水孝昭・栗山裕・橋下友茂（2004）コンピューターゲームの特性と楽しさの分析．日本教育工学会論文誌，*28*(４), 349–355.
［11］小泉俊昭（編）（1994～2006）ゲーム批評，*1～69*．マイクロデザイン出版局／マイクロマガジン社．
［12］工藤拓，松本裕治（2002）チャンキングの段階適用による日本語係り受け解析．情報処理学会論文誌，*43*(６), 1834–1842.

▷ 参考文献

金明哲（2009）テキストデータの統計科学入門．岩波書店．
石田基広（2008）Rによるテキストマイニング入門．森北出版．

第 3 部
社会における高次感性

第3部を読む前に——社会と高次感性

> 感情研究などの社会的な高次感性の研究は，非常にさまざまな分野で精力的に取り組まれてきている。社会的な高次感性を扱ううえでの問題は，非常に複雑で多様な現象を丁寧に記述する「深い」分析方法と，より一般的な法則を導き出すための「広い」分析方法のどちらを選ぶかというトレードオフである。ただし，「深い」分析を「広く」行う方法や，「広い」分析を「深く」行う方法はいくつか考えられ，それらを両立した方法論が模索されるべきであろう。

第1節　感情と社会的な高次感性

　本書の冒頭にも記したが，高次感性のうちで感情に関する研究は，例外的に古くから精力的に分析が行われてきており，現在までの研究結果の蓄積も非常に大きい。それらの結果として，文化や人種に関係なく人類共通の基本的ないくつかの感情があるということが表情の認識の分析からわかるという説や，感情は社会における他者とのコミュニケーションの道具として発達してきた機能であるという説などが唱えられてきている[1]。

　実際，感情は個人がその行動を意思決定するうえで大きな影響を与える側面もあるが，感情を表情や言葉で表出することが，集団内でのコミュニケーションに重要な役割を果たしている。感情もまた人間が多種多様な情報を内部的に処理した結果として現れる一つの高次感性的な処理の出力としてみなすことができる。そのため感情の働きを理解するためには，感情のみではなく，対人関係・集団内での諸々の行動や意思決定，価値判断に関連するさまざまな種類の社会的な高次感性のありようを分析していくことも重要であろう。

　ここでは，従来の感情研究に合わせて，社会や集団内での対人関係において

機能するさまざまな高次感性的な分析からいくつかを紹介していきたい。

第2節　社会的な高次感性のための定性的分析と定量的分析

1　「深さ」と「広さ」のトレードオフ

　人間の社会的な高次感性は非常に複雑で多様である。このような対象を扱ううえでは，当然ながら対象の微細な現象までも詳細に取り扱うような「深い」分析手法を用いる必要がある。対象をより「深く」記述しようとする方法論としては，人類学等に影響を受けて生み出され，社会学などで広く用いられるエスノメソドロジーなどの方法がある[2]。エスノメソドロジーとは，トップダウン的な理論を用いて対象が分析可能であるという前提を崩し，人と人が交わる場に起こる現象をその中に降り立って，詳細に観察し分析していく手法である。エスノメソドロジーでは理論的前提がないため，どのような要素をデータとして取得すべきであるかはあらかじめ決まっていない。そのため，観察可能な会話や行動の様子などを綿密に記録していく必要があるが，当然ながらそのようなデータの取得方法を用いるためには，労力としても時間としても大きなコストを払う必要がある。

　エスノメソドロジーの他にも談話分析，プロトコル分析，内容分析などと呼ばれる種々の「深い」分析を目指した言語分析の手法がある。これらの手法は会話や自発的発話，テキストなどの言葉を分析者が人手で分割・分類していくというプロセスに基づくものであり，詳細な分析が可能となる反面やはり分析に多大な時間を要するという側面をもっている。

　一方，見出されたことが特定の個人にだけ当てはまるようなことではなく，一般的に成り立つ法則や現象であることを示すためには，多数のデータに基づく「広い」分析であることも重要である。「広い」分析にするための手法としては，多数の人へアンケートを配布し，アンケート中に含まれる項目とアンケートの回答者の属性（年齢，性別，職業……）の関係を統計的に分析することが心理学や社会学などで頻繁に行われる。多数のデータに基づくため，科学的に導き出される結論であることは保証されやすくなるが，多数の回答者の協力を得るためには複雑な回答事項をアンケート中に含めることは難しくなる。また

回答の形式もいくつかの選択肢から選ぶような単純な形式を中心にせざるを得なくなる。少なく単純な回答項目からでは，人間の高次感性に関する複雑な現象への深い洞察を得ることはもちろん困難である。

このように，より「深い」分析を行おうとすれば，分析にコストがかかってしまい対象は限定せざるを得なくなる。その結果「狭い」分析に陥りやすくなる。逆により「広い」分析を行おうとすれば，詳細な記述をすることは困難となり，「浅い」考察しか得られなくなる懸念がある。この一見矛盾する「深さ」と「広さ」をいかにして両立していくか，ということが，社会的な高次感性を扱ううえで古くから問題となってきた点である。「深い」分析は別の言い方をするならば定性的な分析と言い換えることも可能であろう。また「広い」データを扱う分析では定量的な分析手法が適用されることが多い。

2　深さから広さへ

「深い」研究方法からスタートして，より「広い」形を目指すとすればどのような形がありうるだろうか。さまざまな方向性が考えられるが，まずデータの形式を整えるというのは一つの有効な方策である。「深い」研究においては関係者へのインタビューなどから対象への理解を深めるというプロセスが頻繁に用いられるが，このときその場その場で相手の話に合わせてインタビューを進めていくと，最終的にどのような情報を引き出せるのか予想がつかない。もちろん，相手に合わせることでこちらが予想していない重要な話を聞けることはありうるわけだが，複数の人物へのインタビュー内容を比較して何らかの結論を導き出したい場合，それぞれがバラバラではそもそも比較すらできない。そのため，完全に自由なインタビューではなく，構造化インタビューと呼ばれる，半ば質問すべき事項を想定した形でのインタビューが用いられるケースが増えてきている。構造化インタビューを用いると，聞くべき項目はある程度固定されているので，複数のインタビュー内容の比較分析などが可能となる。このように，インタビューに限らず，データの取り方に一定のルールを設けることで，定量的な分析との相性は大きく向上する。

次に，データ分析にコンピュータを取り入れるのも一つの有効な方向である。もちろん現段階では，人手による分析をすべてコンピュータによる処理に置き

換えることは到底できないが，インタビューのテキストに出てくる単語を数えるなどの単純な処理であれば機械的に行うことも可能である。また，データベースを活用することで過去の類似のデータが利用可能になれば，やはりデータ取得のコストを低減させることが可能となる。情報技術の進歩とともに機械的に行える処理の幅は確実に広がってきており，それらの活用で必要な人手を削減し，深い分析をより広範囲に行うことができるようになると期待される。

また，得られた結果の妥当性を検討するために数値的な指標を取り入れることも「深い」分析によって得られた結果が一般性をもった法則であることを示すために重要であろう。たとえば，人間がデータの分割や分類を行って得られる分析結果に関しては，分析者の主観性の問題が常につきまとうが，複数の分析者が同じ作業を行った場合にどの程度の一致が見られるか，それが統計的に有意と言えるかどうかなどを数値的に検証することで人手による分析の結果も定量的で再現性を担保した科学的な結果と言いうるようになる。

他にもさまざまな方向性が考えられるが，いずれにせよ，工夫次第で「深い」定性的な分析を現在よりももう一段階定量化することは可能である。

本書では，第8章において自由記述テキストデータを計量的に分析して高次感性を抽出する手法を扱っていく。

3　広さから深さへ

逆に「広い」分析からスタートして，社会における人間の複雑な価値観の実態に「深く」迫るようなアプローチも可能であると考えられる。単純なところとしては，定量的に得られるデータをより詳細化・細分化するということが一つの方向性である。アンケート項目の詳細化やアンケートにおける自由記述欄も含めた定量分析などは比較的容易に実施可能であろう。また，人間の社会的な活動に関するさまざまな種類のデータを包括的にかつ網羅的に取得するということも定量的な「広い」分析をより「深く」していくために有効であると考えられる。近年さかんに行われるようになったこの種のデータ取得としては，スマートフォンなどを通じたライフログの分析を挙げることができよう。人間が一日に行う活動を逐一電子的に記録したデータを大規模に用いることで，さまざまな形の感性的分析を行うことが可能となる。他にインターネット上の

ウェブページの閲覧履歴などを用いた個人の好みや嗜好の抽出の分析なども商業的なレベルで実用化されつつあるが，これらも大規模で詳細なデータに基づく高次感性の分析と言えよう。

第3節　さまざまな分野での社会的な高次感性の定量分析

社会的な高次感性に関わる定性的な分析は文化人類学や心理学，社会学などで行われてきているが，定量的な分析はより広くさまざまな学問分野においても行われている。ここではそれらの定量的なアプローチに基づく社会的な高次感性の分析のいくつかを紹介したい。

1　社会的実験に基づく価値観の定量的分析

社会心理学等の分野においては，さまざまな種類の社会的環境での実験が集団における感性や価値観やその相互作用などを分析するために行われてきている。社会心理学的な実験は実験参加者数が少なく，ケーススタディとして定性的な分析のみが行われている場合もあるが，統計学的な裏付けに基づく定量的な分析も実施されている。

また，商品のマーケティング調査や政治における世論調査などの分野では，特定の世代や地域の感性的な傾向を分析するために大規模なアンケート分析なども行われており，これらの結果からも数値的に裏付けされた高次感性的な価値観の傾向を定量的に抽出することが可能である。

他の実際のデータに基づく社会的感性の分析としては，たとえば経済学における実験経済学などの分野を挙げることもできよう。従来経済学では個人の合理的な意思決定を前提としていたが，実際の社会における個人の意思決定を観察すると，必ずしも自身が最も有利になるとは限らない判断を人々が下していることが明らかとなってきた。そのため，このような合理的とは言えない個々人の価値観に依存した判断がどのように行われているのかを明らかにする必要が生じ，実験経済学がさかんになりつつある。実験経済学は物の売買や対価に基づく労働契約などの状況を実験的に再現し，実験参加者の特性や場の設定等をさまざまに変化させることで，金銭や労働に対する価値観がどのように変化

するか,実験的にデータを集めて分析する分野である。このような社会における対人的な損得に関する判断も,複雑で多様な情報を統合した結果として現れる高次感性的な機能の一種と考えることができよう。

本書では,第7章において実環境での実験的なアプローチからの笑顔を切り口とした高次感性の分析を扱っていく。

2 数理モデルに基づく価値観の定量的分析

データ分析や社会的実験以外に,数理的な解析に基づくさまざまな技法を用いて社会的な価値観を分析する分野も存在している。たとえば,ゲーム理論という分野があるが,もともと戦略の分析から発展してきた学問で,お互いが利益を追求する場合の意思決定過程の数学的なモデルを扱っている。しかし互いが自身の利益を優先する場合にとどまらず,意思決定の評価基準の中に何らかの利他的(他人のためになる)な価値観を含む場合の人間関係のモデルをも数学的に解析する研究が進められてきている。一人の人間の利他的な行動も,その逆の利己的な行動も,さまざまな評価基準や価値判断から総合的に導き出されるものであり,社会的な場で発揮される高次感性である。近年では個々人の中での社会的な価値判断にとどまらず,集団内でさまざまな意見の対立がある場合にどのように合意が形成されるかというような過程も数学的に扱っていく研究が行われている[3]。

このような,数理的モデルに基づく集団内での価値観や感性をさまざまなパラメータとして設定して行われる研究としては,コンピュータを用いたシミュレーション研究も多数行われている。シミュレーションでは,社会で生き抜くために最適な価値観・感性のパラメータを生物の進化のように遺伝子として与えて計算的に求める進化シミュレーションや,多数の個人の特性を自律的に行動を決定するコンピュータ上のエージェントとして設定し,大規模に相互作用を計算するエージェントベースシミュレーションなどがある。

本書では,第6章において記号論的アプローチを用いた社会的な場での感情の変化のシミュレーションについて扱っていく。

3　脳科学実験

　高次感性を脳内の情報処理を分析することによって直接的にとらえようという研究も近年さかんになりつつある。これは脳の機能を計測するための機器が大きく進歩した結果，実験参加者をさまざまな実験的状況におきつつ脳機能の変化を計測することが徐々に可能になってきたためである。今後さらに詳細で精密な情報が脳機能計測によって得られるようになれば，高次感性のさまざまなメカニズムの解明が一気に進む可能性もありうる。

▶引用文献
［1］ランドルフ・ランディ・コーネリアス（著），齊藤勇（監訳）(1999) 感情の科学：心理学は感情をどこまで理解できたか．誠信書房．
［2］ハロルド・ガーフィンケル他（著），山田富秋他（編訳）(1987) エスノメソドロジー：社会学的思考の解体．せりか書房．
［3］猪原健弘（編著）（2011）合意形成学．勁草書房．

第6章　感情機構のシミュレーション

野田浩平

> 　感情とは高次感性を人間が感じるための下支えとなるメカニズムである。人間の高次感性のみを分析したりモデル化する際には，生理状態や身体が思考や感情に及ぼす影響などは微小だとして無視できるが，感情をモデル化する際には身体・生理部門をモデル化することが必要になってくる。本章では読書や鑑賞という人間の内的過程のみをモデル化するのではなく，社会の中で活動する人間の，しかも，感情過程をモデル化した場合，本書の他の章で解説されている高次感性の分析方法とどのように変わってくるかを，実際の例を用いて説明する。感情機構というのは人間の感情の種類や法則だけでなく，感情が発生するメカニズムの構造（土台）と機能（動き方）を明らかにするメカニズムのことである。

第1節　感情機構研究の歴史的背景

　心理学における感情の研究は，心理学そのものとほぼ同じ長さの歴史をもつ。精神分析学のフロイトに代表されるように，1900年代初頭にも人間の欲や動機のメカニズムを明らかにしようとした理論は生まれている。感情機構の研究が始まるのは，コンピュータが軍用だけでなく民間でも使われるようになった第二次世界大戦後になる。

1　1950年代〜70年代

　第二次世界大戦が終わると，それまで軍事計算などに使われていたコンピュータが民間や大学などの研究機関でたくさん使われるようになった。人間

の心を解き明かすことを目的に発足した人工知能学や認知科学も，1950年代がそのスタートラインである。当初はコンピュータのスクリーンから文章を入力し，それに応答する人工知能プログラムを作るのが人間の心をモデル化する最も有効な手法であると信じられていたので，いくつかの有名な人工知能プログラムが作られ，そこには当然，人間の感情が介する過程も含まれていた。コンピュータプログラムが精神分析医となり入力者の文章に応答する「イライザ」という人工知能プログラムや，逆にコンピュータプログラムが偏執症（パラノイア）の患者の心的過程や発言をシミュレートする「ペアリー」が有名である。他にもフロイトの夢過程を分析してシミュレートしたプログラムなど，この時代の感情に関するプログラムは精神分析学や精神医学領域の影響が強く見られる。この時代の感情機構のプログラムについて詳しく知りたい方は，基礎的な人工知能の教科書の歴史的背景の章や徃住[1]を参照されたい。

2　1980年代〜90年代

　感情のメカニズムというと，身体や生理的な信号が大きな影響をもつことは読者も容易に想像がつくと思うが，80年代に入っても人間の感情のメカニズムを包括的に扱おうとするモデルはなかなか現れなかった。人間の感情には身体や生理的な過程が大きく影響していると断ったうえで，その過程の認知的，心理的な部分のみを扱うモデルやコンピュータシミュレーションが多く登場したのが1980年代であり，その流れは1990年代以降下火になりながらも続いた。そこでは大きく2つの流れがあった。

　1つめは人間が感情を感じているときの思考の内容をコンピュータ上でシミュレートしようとするものであり，それより前の年代のシミュレーションプログラムと同様，人間の心理は言語的な思考の羅列であると仮定し，その思考が発生する条件を感情のメカニズムとしたり，あるいは思考から感情が喚起される過程などをシミュレーションしようとした。主に1980年代に，当時のコンピュータで自然言語処理のシミュレーションとして作られた。

　2つめは，同様に1980年代に始まったが2000年代に入っても続いた流れである。人間の心理や認知のプロセスの普遍的なモデルを作り，それをコンピュータ上で誰でもシミュレートできるようパッケージのソフトウェアを作ろうとし

たのである．そのソフトウェアのことを認知機構と言い，その代表格はACT-RやSoarというソフトウェアである．これらのソフトウェアは人間の高次認知を研究する世界中の心理学者や認知科学者に多く使われていて，1980年代に主に開発が始まったが現在でもアップデートが続いている．

これらのソフトウェアを応用し，人間の感情のモデルを作ろうとした研究が2000年代にいくつか存在した．2000年代になって開発されたというのは，人間の認知や心理の過程だけでなく，身体や生理の過程も解き明かさなくてはならないという下記に続く研究の流れに従い，身体や生理メカニズムなども取り入れて認知機構がアップデートを図るようになったためである．1980年代の感情モデルの研究については det住[2]を，認知機構については守[3]を，2000年代の認知機構を使った感情モデルについては野田[4]を参照のこと．

3　1990年代以降

1990年代に入ると，人間の心理や高次認知機能はコンピュータを用い記号計算や自然言語処理で解明できるという1950年代から続いた世界的な流れが急速に下火になった．そこには2つの大きな理由があった．

まずは，30年以上続いたコンピュータを用いた自然言語処理モデルによる人間の知能，人工知能の研究が，80年代に大きくつまずいたためである．日本でも政府が大きな予算を割いて大量の研究者を導入して研究した第5世代人工知能プロジェクトが失敗に終わった．

そしてもう一つの大きな理由は，ある発見にあった．人間の知能というのは，低次の生物，たとえばアリなどの昆虫がもっているような単純な知能を重ね合わせることにより達成できるという原理の発見であった．これは現在のお掃除ロボットルンバに採用されている原理である．この発見により，人工知能や人間の認知の研究が，低次の生物の知能からの積み上げ方式で明らかにしようという方向に大きく変わったのである．これは身体性認知科学や新AI（Artificial Intelligence: 人工知能）と呼ばれる分野である．

感情機構の研究もそれに伴い変化し，以前に日本の認知科学者の戸田[5]が提案していた「キノコ食いロボット」，つまりロボットがある惑星で原子力を動力に原料となるウランが確保できるキノコを探して生存するという思考実験研

究が再発見されたり，たとえば迷路や囲いで囲まれた実際の環境下で身体をもち，ゴールをもつ簡単なロボットを動かすと，その行動は感情をもった生物の挙動に似るなどという研究が行われた。迷路にはまって動けなくなっているロボットには，フラストレーションを感じている人間や生物と同じ原理の現象が起きているなどという分析研究である。

初期の研究は人間からあまりにも離れた単純な生物の研究であったけれど，研究が進むにつれて人間の研究も現れるようになった。ここでのポイントは，環境下で身体をもった統合的なエージェント（とこの研究分野では主体のことを呼ぶ）を用いて研究を行うことであった。最近のロボット学における表情をもつロボットや，コンピュータ内の3次元のアバター，ボーカロイドのようなエージェントで感情を兼ね備えているものは，すべてこの研究の流れから発達してきたものである。

第2節　人工脳方法論による抑うつ感情モデル

感情機構が明らかにされてきた歴史を前節で簡単に説明したが，これからは実際のモデルを用いて，感情機構とはどのように明らかにされるのかを説明しようと思う。ここでは，筆者が実際に構築した感情機構の研究を取り上げ，事例として紹介する。前節の流れを受け，2000年前後に作成した抑うつ感情の発生メカニズムを明らかにする人工生命モデルについて，まずは詳しく述べていこう。これは第3部のタイトルである社会における高次感性という内容からは離れているが，当時は人工生命というきわめて低次のレベルから原理的に人間感情のモデルを探る必要があったのである。

1　人工脳方法論

社会の中での人間の心理およびその中での感情の挙動，メカニズムだけを探る従来のモデルではなく，身体や生理のメカニズムまでをモデル化するとなると，それまでの心理的な研究の方法論だけでは研究を進めることができないため，新しい方法論が必要となる。そこで私は抑うつ感情のメカニズムを解明するため，そしてそのモデルを作るために研究方法論を作ることからスタートし

た．これは実は上記した身体性認知科学においては標準的な手法である．新しい方法論の名称は人工脳方法論である．なぜそのような名称になったかというと，「うつ」という感情については臨床心理学，あるいは精神医学の領域では明らかに心，すなわち認知だけでなく，行動を含む治療を行ったり，投薬治療をして身体や脳に直接影響を与えているにもかかわらず，それぞれの治療の根拠となる理論は分野ごとに分断されていて，その接点となるのが脳であったためである．代表的な心理的な介入として認知行動療法という手法があるが，これは認知的つまり心理的な操作と，行動的な操作を行う．そしてその変化を与える先は人間の感情が発生している脳なのである．

さて，人工脳方法論は以下の3つのモデル化アプローチをとっている．
  ・心-脳アプローチ（Mind-Brain Approach）
  ・身体性アプローチ（Embodied Approach）
  ・ボトムアップアプローチ（Bottom-up Approach）
以下，各アプローチの詳細を説明する．

1.1 心-脳アプローチ

心の理論を構築する際に，機能主義の立場に立つ場合，その構造，つまり脳を考慮に入れなくても妥当なモデルは構築できると考えられる．しかし，たとえば，問題解決や推論など思考的側面だけでなく，感情も含めて心をモデル化しようとすると，その立場は疑わしくなると筆者は考える．すなわち，思考は大脳新皮質の一様な脳の構造を用いて計算が行われているため，そのハードウェアを考慮しなくても機能主義に立った妥当なモデルが構築されるかもしれない．しかし，感情は進化のうえで脳の比較的古い構造を使用しているため，一様な構造でなく，十分にハードウェアの制約を考慮しないと妥当なモデルができないと考える．

この考えに基づき，脳の構造の上に心のモデルを構築するために，解剖学からマクリーンの3層モデル[6]，ダマシオの脳科学における感情理論[7]，認知科学のスローマンによる人間様機構の考え方[8]を取り入れる．すべてのモデルに共通するのは脳の3層構造モデルである．すなわち，最低限の生存，反射機能を備えた第1層，感情や古典的条件づけに対応する機能を備えた第2層，複雑

な記憶や思考の機能を備えた第3層に脳を分割するモデルである。

1.2 身体性アプローチ

認知心理学と脳科学は異なる立場，すなわち機能主義と物理主義に立ちながら，人間や動物の内的機構をモデル化してきた。2つの異なる立場で構築されたモデルは同じ現象を対象としていても異なるが，共通の要素として，エージェントの行動が挙げられる。心と脳の過程を統合するモデルを構築するにあたり，モデルの妥当性の根拠として，モデル内のエージェントの行動が心理学実験および脳科学における実験での人間あるいは動物の行動に一致している必要がある。よって，モデル化に際しては身体をもつエージェントおよびそのエージェントが行動する外部環境の構築が必要である。

また，たとえば抑うつという現象の定義自体に行動に関する事項が含まれている。よって，行動についてもモデル化できないと包括的な抑うつのモデルは構築できない。

さらにもう一つ，身体性アプローチを導入する根拠として，心および脳科学における最近の潮流がある。神経科学，および心理学が含まれる認知科学の分野で近年，身体性を取り入れないと人間の知は解明できないという身体性認知科学（Embodied Cognitive Science）（ファイファー）[9]の主張が行われるようになってきた。また，脳科学では，ダマシオ[10]の理論に代表されるように，感情やその他の認知機能は脳に入ってくる体性（somatic）情報を考慮しないと理論化できないとされる。よって，脳のモデル化についても，脳だけでなくそこに結びついている身体も包含する必要があるのである。

1.3 ボトムアップアプローチ

はじめから人間の高次認知過程が関与する感情（この事例の場合，抑うつ感情）のモデルを構築するのではなく，高次認知機能が関与しない感情，または，ヒト以外のより低次の動物がもつ感情を考慮して，単純な機構から構築していく。その理由として，上で述べた身体性や脳過程，さらには高次認知過程をモデル化しようとすると，非常にモデルが複雑になるので，それを回避するため，モデル化可能な単純な過程・機構から構築していくというアプローチを採用した。

具体的なアプローチとしては，モデル化されたエージェントに抑うつを表現するための最小限の目標，機構しかもたせないことや，エージェントの内部機構としての脳を進化的に古い層から順次，構築していくという方針が挙げられる。

このようにして，低次ではあるものの完全に身体をもち，環境，すなわち人間で言うと社会の中で生きるエージェントのモデルを作ることは遠回りに見えて，「社会の中の」という部分に対応する人間の感情や感性を明らかにできる可能性をもった研究方法論なのである。

2　理論モデル

前述したように，抑うつ感情の研究は分野ごとに脳，心理，行動の側面で分断されてきた。抑うつの脳回路モデルは，単独ではその回路の個々の接続が抑うつが生じる際のどの心理的，行動的メカニズムに対応しているかを特定できないし，心理モデルは，その心理プロセスが実際どのような構造のシステム上で機能するのかという機構を明らかにできない。また，行動モデルは，行動するエージェント（人間）の内部機構がブラックボックスになったままなのである。

新しく抑うつ感情の統合的な理解を目指すモデルを作るためには，まずはこれまでにさまざまな側面で理解されている抑うつ感情のメカニズムや法則を採用し，それを結びつけるという仮説的作業をする必要がある。

今回のモデルでは，ボトムアップアプローチに従い，基本的な部分からモデル化しているため，まずは抑うつ感情の行動的な側面と，身体，すなわち脳科学的な側面ですでにわかっている理論やメカニズムを採用した。

既存の抑うつのモデルは，学習心理学，脳科学，認知心理学で代表的なものとして，セリグマンの初期学習性無力感モデル[11]，ドレヴェッツらの神経回路モデル[12]，野村の神経伝達物質モデル[13]，ベックの認知療法モデル[14]，アメリカ精神医学会の診断基準[15]が挙げられる。

今回のモデル化に際して，ボトムアップアプローチを考慮して，行動と単純な認知を含む学習性無力感のモデルと神経回路モデル，神経伝達物質モデルを統合することを目標とし，抑うつの定義として採用した。複雑な認知過程のモデル化が必要な認知療法モデルと診断基準は今回のモデル化では定義として採

用しなかった。

　以下に，採用した領域モデルでの抑うつの定義を述べる。

　行動的な側面としての抑うつ感情の定義として，初期学習性無力感における定義を採用した。「対処不可能な状態においてある結果（この場合，電気ショックなど罰系の結果）を与えつづけた場合，その結果についてのオペラント条件付けによる回避学習を行おうとしても，学習が起こらない」というものである。これは犬の実験から明らかになった理論であるが，何をしても回避できない電気ショックを事前に与えられた犬は，回避できる状況でも電気ショックを回避しなくなるという人間で言うと無気力状態に陥ったような状況が作り出されることを，学習心理学の条件づけの理論で説明したのである。ボトムアップアプローチに基づくと，その心理的側面は別にして，この行動をまず作り出すエージェントを構築することが最低条件になる。

　また，ドレヴェッツらの抑うつの脳回路の定義は，「脳の第1層における視床背内側核，第2層における扁桃体，そして第3層の前部前頭皮質で形成されるループの回路が何らかの理由により亢進し，それを抑制する尾状核，淡蒼球，視床からなる回路がドーパミン，セロトニン系の不調により働かない」という状態である。ここでは専門的になるため詳細な説明は省くが，抑うつ感情が起きているときの脳回路は，進化的に最も古い脳の最深層における感情に関係ある視床背内側核という部位，それと同様な扁桃体という部位，そして進化的には新しい意識などを司るとされる前部前頭皮質で形成されるループの回路が何らかの理由により興奮し続け，それを抑制するはずの回路が神経伝達物質の不調により働かないという状態であるとされている。詳しい脳の回路を理解する必要はないが，ここでのポイントは感情を司る回路が意識に影響しつづけ，そしてそれを止めるはずの別の回路が神経伝達物質の不調で働かなくなっているという状態である。

　最後に，野村の抑うつの神経伝達物質仮説の定義は，「セロトニンとノルアドレナリンが脳の行動抑制系回路の伝達物質である」というものである。神経伝達物質とは何かというと，ここでは極端に単純化して3つの神経伝達物質が感情に影響を与えているというモデルを採用する。ドーパミンが喜びなど快の感情を司っていて，セロトニンは悲しいなど落ち込んだり失敗したときの負の

感情を司る，そしてノルアドレナリンが不安や恐怖，怒りなど，落ち込むのではなく覚醒するのだけれどネガティブな感情を司るという仮説である。

これにより，抑うつ感情が発生しているときの行動的側面，エージェントの内部的側面をモデル化する材料が整った。これらの定義により，統合的な抑うつのエージェントモデルを構築するための，実際のモデリングのプロセスに入る。

3　実装

認知科学では，前述のように仮説的モデルをコンピュータでシミュレーションしてその挙動を明らかにすることにより，研究を進めてきた。そしてこの抑うつ感情のモデルもコンピュータ上でシミュレーションし，仮説的理論モデルをつなぎ合わせたものから何がわかるかを明らかにすることが目的である。抑うつ感情の本質を明らかにするのである。そして，シミュレートするにあたり，一から計算プログラムをコンピュータ上で書いていくのではなく，研究用に作られたシミュレーターを使うのも一般的な手法である。

ここでは再度ボトムアップアプローチに基づき，最も単純なモデルから抑うつ感情のモデル化を検証することを念頭に，単純な人工生命のシミュレーターを使うことにする。StarLogo（スターロゴ）というマサチューセッツ工科大学メディア研究所で開発された，子どもにプログラミングを教えるための単純なプログラミング言語と，それを使って遊べる人工生命のシミュレーターである。画面は図6-1のようになっており，プログラムは別のウインドウで記入するが，シミュレーションするときの画面は，図のように右側の2次元の黒い画面にエージェントと言われる人工生命と，食物などの環境の中の物体が描かれる。その時間ごとの変化を追うことにより人工生命の進化や変化を追うのである。

さて，そのようなシミュレーター上で，何らかの操作により抑うつ感情が発生するエージェントはどのようなエージェントであろうか？

実験的に抑うつ感情を作り出す環境として，図6-1のように2次元の人工生命環境上で，エージェントがいて食物が生育する環境を用意した。そして，エージェントの環境下での生存目的，あるいは行動原理は，エネルギーがある程度減ったら（おなかがすいたら）食物を得てエネルギーを回復し生き続ける

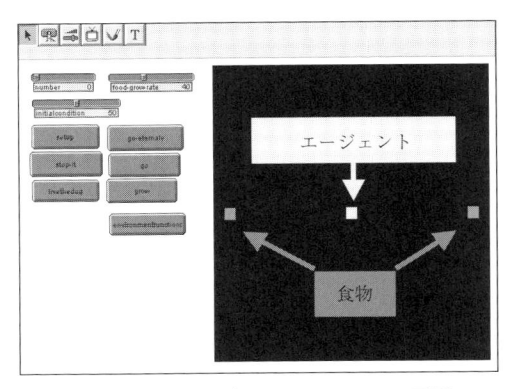

図6-1　人工生命のシミュレーター画面

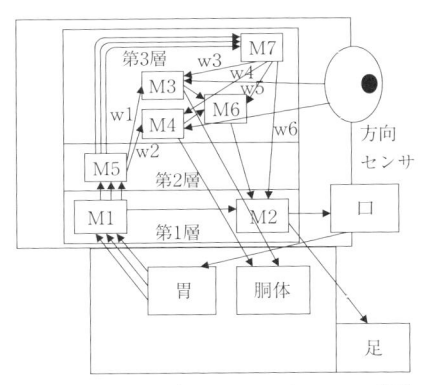

図6-2　人工生命上のエージェントの構造

というものにした。図6-1では2次元の黒い空間が存在するがエージェントは実は右と左にしか動けず，1次元の線上でエネルギーが減ると右か左に動き出すことになる。そこで，抑うつ感情を確認するには，学習性無力感の定義のように食物は環境の中に存在して，かつ，エネルギーも減っているのに，動き出さず，そのまま自分が死んでしまうのを待つ行動が生まれれば，それは抑うつであると確認できるとした。

人工生命のシミュレータ画面上ではエージェントは単なる黄色い点でしか表されていないが，実際には図6-2のような構造をもつ。何でこのような構造をしているかはこのあと説明する。

4　何がわかるか

　実際には，エージェントは一足飛びに図6-2のような構造になったわけではない。

　StarLogoの人工生命環境下で，食物を求めて動くエージェントをボトムアップアプローチで極力簡単な構造から構築していき，学習性無力感の定義に当てはまるような行動が出現するまで複雑にしていった結果，図6-2のような構造になったのである。脳の構造や，神経伝達物質のモデルなど仮説はもちつつも，本当にそのような構造や機能がないと抑うつ感情を作り出せないのか，探索的に実験していったのである。

　最も単純なエージェントは，図6-2の足や胴体，口という部位に頭の中にある第1層という部分がついただけのものである。これは計算プログラム上ではニューラルネットワークという脳神経を模したネットワークの計算でプログラムされる。図6-2を見ると「M1」という箱と「M2」という箱があるが，Mはモジュールの略で脳の中の機能単位をさす言葉である。ニューラルネットワークの場合，モジュールという言葉ではなくノード（節）という言葉を使うことが多い。第1層のみの脳をもつエージェントの場合，エージェントのエネルギーが減ると「胃」から「M1」に入力信号が行き，M1からM2に直接信号が伝わりそれが「足」を動かすという非常に単純な刺激‐反応のみを行う脳がついている。このエージェントの場合，おなかがすいたら確実に動いてしまうので学習性無力感のような行動は生じ得ない。これは実際の生物の脳では本能や条件反射というものに対応するようなきわめて原始的な行動に対応する。

　第1層の脳だけだと学習性無力感のような行動は発現しないことが原理的にわかったため，第2層の脳を追加することとする。これは実際の生物の脳では単純な学習をしたり，感情など価値に基づいて行動する部位に対応する。詳しい脳との対応などの解説は省くが，図6-2の脳のモジュールがM5まであるエージェントを想像してもらいたい。ここではM1，M2の条件反射とは違い，M5が価値判断を司るモジュール，そして，M3，M4が右，あるいは左に動いた方が食物が取れやすいということを学習，記憶するための専用のモジュールとする。図6-2ではM3とM4は第3層におかれているが，第2層までの

エージェントを想像してもらうと，M5が司る単純な価値判断を記憶するM3とM4は第2層におかれていても問題ない。ここで第2層の脳では右に動く，左に動くということは学習できるが，どちらに行っても食料確保に失敗して動くのをやめた方がよいというような複雑な学習はできないため，学習性無力感のような行動はおき得ない。ただ，ここでは学習をさせるために成功と失敗の信号を送らねばならないので，それは理論モデルで導入しているドーパミンやセロトニンという神経伝達物質に近い概念である。

さて，第2層までの単純な学習を行うエージェントを作っても学習性無力感は起こらなかった。さらに一段階だけ複雑にすると図6-2のような第3層が導入された脳になる。第3層の脳は第2層までの脳に比べて3種類複雑になっている。まずM6というモジュールが追加されている。これはM3やM4に連結していて，「動く」という記憶に対応するモジュールあるいはノードである。M3からM6への結合はエネルギーレベルが下がったとき，すなわちお腹がすいたときに，「右を向いて（M3）」「動く（M6）」と食料が得られて空腹が解消されて気持ちがよいという報酬信号（ドーパミン）が強化された結合に対応し，論理的にはこれは因果関係，あるいは刺激－反応関係の記憶ができるということに対応する。もちろん単純な人工生命上のエージェントなのでこれを「空腹」や「気持ちがよい」などという人間が主観的に感じる感情と結びつけることは論理の飛躍があり，学問としてはそのように解釈できると主張することはできないが，人間がそれらの主観的な体験をするための機能の基本的，本質的なメカニズムであると仮説づけることは可能である。

M3からM6への結合と同様，M4からM6への結合は「左を向いて」「動く」という記憶に対応する。これらのモジュール間の結合（矢印：→）の強度は「重み」と表現され，その英語訳（weight）の頭文字であるwと添字の番号（たとえばw1）で表現される。実際にはwには0から1までの数字が入り，矢印の手前のモジュールが活性化しているときにその次の矢印の結合とのかけ算の合算が次のモジュールを活性化させるためのしきい値を超えると，次のモジュールが起動するというメカニズムを取る。これはニューラルネットワークの基本的な発想であるが，ここではそれを理解することが目的ではないため，考え方だけ理解しておいてもらえればと思う。

さて，第3層の脳にはもう一つ追加されたモジュールがある。M7である。これはM3，M4，M6などと違い，記憶の一要素を担うモジュールではなく，脳の機能としてのモジュールである。具体的には人間の脳でいうと前頭前野という大脳皮質の中の前の部分（おでこのあたり）に位置する部分である。そしてその機能は，人間の意識や意識に上る思考，意志，主観などを司っているとされている。そして，M7に対してM5から入る結合を見てもらうとわかるが1本だけではなく，3本の結合でつながっている。これはドーパミン系の結合だけではなく，仮説で導入したセロトニン，ノルアドレナリン系の結合もM7に対してつながっていることを表している。セロトニンは罰や抑制を表す信号，ノルアドレナリンは覚醒を表す信号である。他のw1からw6の結合も1本で書かれているが，第3層を導入した脳では3種類の信号をもっている。
　この人工生命シミュレーションでの単純なエージェントにおけるM7は図6-2を見てもらうとわかるようにM2，M3，M4，M6などのモジュールに対し，それをコントロールするかのように結合をもっており，人間になぞらえると主観的に記憶や行動をコントロールしようとする明確な回路をもっている。そしてこのコントロールの回路は，実は検証しようと参考にしたドレヴェッツらの抑うつの脳回路と同じ二重のループの脳回路であり，この回路と先ほどの因果関係の記憶ができるニューラルネットワークの結合を導入して初めて，学習性無力感と同様のエージェントの挙動が生まれるということが論理的に，そしてシミュレーション上も確認されたのである。簡単にいうとエージェントのエネルギーが減り，空腹になり動こうとしてもある程度食料が取れなかった（罰系の信号と重みが強い）というM7からM6やM3，M4への行動抑制の重みが強くなると，たとえまだかつて食料確保に成功したという記憶（M5からM3，M4や，M7からM3，M4，M6への報酬系の重み）が残っていても，しきい値のバランスでは動けなくなるという挙動が生まれるのである。それが図6-3のグラフに示される重みの変化である。実験結果からは4種類の条件で抑うつ的な行動抑制の状態が現れることがわかった。図6-3の例はランダムな環境条件の中で偶然，立て続けに右側に連続して食料を取りにいったが食料確保に連続して失敗してしまったケースで，右側への行動の抑制（w3），食料確保に動くという記憶の抑制（w5），そもそも行動を抑制（w6）する重み

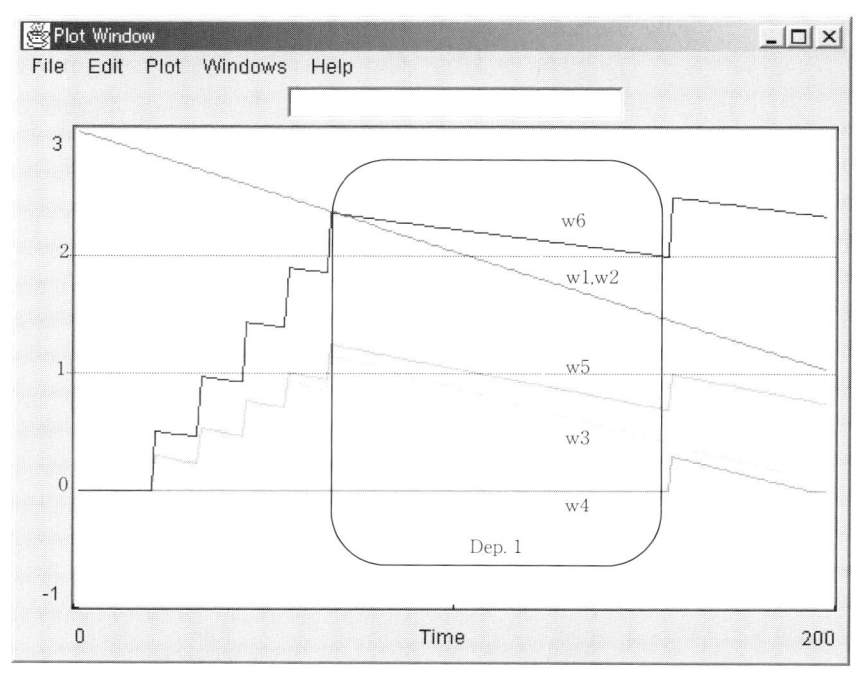

図6-3　個別のモジュールに対する行動抑制の重みの変化

の値が一気に大きくなっている。そうすると右側に行ったり（w1），左側に行ったり（w2）すると食料が確保できたという記憶が残っていても，ある程度時間が経ち，行動を抑制させている記憶が自然減衰しないと再度動き出すことができないということが見て取れる。グラフの右の方（Dep.1という枠の右外）でまた折れ線グラフが動き出している（左側に食料を取りに行って失敗したことを示す）が，抑うつの間は単に記憶が忘却されるのを待つしかないのである。

　この単純な人工生命の実験から何がわかるか，何がわかったかというと，抑うつ，あるいは学習性無力感という感情と現象は，人間では主観的な感情体験と行動面の静止という両方の現象が伴うが，基本的にはその本質は環境の中における目標に対しての成功と失敗の二重に学習される回路の不調であり，その二重の回路や成功，失敗を学習させる信号のメカニズムがないと抑うつは表現できないということである。

第3節　社会エージェントシミュレーターによる抑うつ・不安感情モデル

　さて，ここまでで人間にも通じる抑うつという感情の基本メカニズムをその本質をつかんで表現することが可能になった。このモデルを単純な人工生命モデルではなく，人間のモデルとして表現するのが次の研究としての目標である。

　筆者が2005年から2008年にかけて作成した，人間社会（具体的には離職時と，転職採用面接時）の中での抑うつと不安の感情モデルがある[16]。この例は高次感性とまで呼べるかどうかはわからないが，少なくとも社会の中での人間の主観的感情についてそれをいかにモデル化したかという事例ではある。

　実は人工生命モデルでも，理論的な抑うつや不安のモデルについても，現実社会内での人間のモデルに複雑化した場合，脳の機構的なモデルはそれほど変わるわけではない。抑うつの脳回路は人工生命モデルで用いたものと同じで，神経伝達物質仮説も同様である。さらに不安感情のモデルについても，別途脳回路の仮説があるためそれを採用する。これについては詳しく解説しないが，神経伝達物質仮説の中のノルアドレナリンという物質が不安に対応する物質と仮説づけられるため，神経伝達物質のモデルは追加することなく，回路のモデルだけ追加すれば済むのである。

　ただ，モデル化において，単純な人工生命ではなく，人間のモデルであるという前提で思考や意思決定などを行う主体であると考えるので，そのようなエージェントのモデル化を行ってきたイギリスの哲学者であり人工知能学者であるスローマンのモデルを採用し，図6-4のようなエージェントのモデルを作成することになる。

　また，現実社会の中でのシミュレーションを行うとなるとそれを分析するための変数が非常に増えるため，何を分析しているのかを明らかにするために枠組み（フレームワークと呼ぶ）を導入することも必要である。

　紙幅の関係で，モデル化についてこれ以上詳しく紹介することはできないが，詳細は野田ら[16]をご参照いただきたい。複雑かつ詳細なモデル化を経た後に，実際にシミュレーションプログラム上に実装して動かしてみることになる。

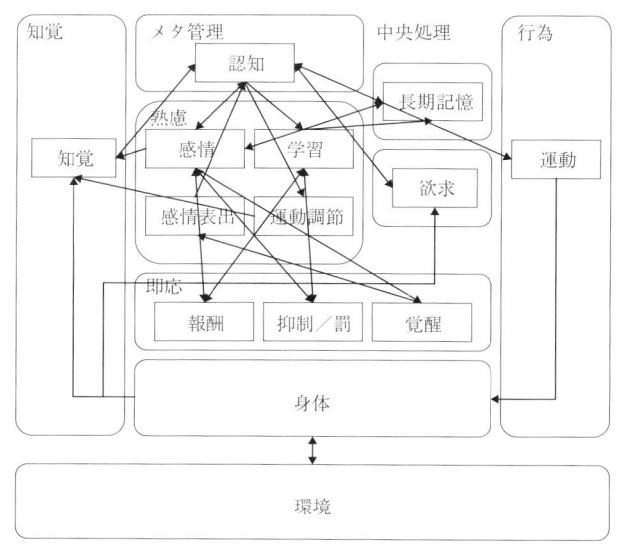

図6-4 エージェントモデル

　社会の中でのエージェントの感情のシミュレーションには、社会エージェントシミュレーターのSOARS（ソアーズ）というものを使う。SOARSの特徴は社会エージェントシミュレーターという名前からもわかるとおり、社会の中での人間の特徴をシミュレートできるように設計されたものである。この章の冒頭に述べたように感情をシミュレートすることのできるシミュレーターは、80年代までは自然言語処理という言語理解や人間の思考の過程などを模擬するもので、主観的な感情の内容を表現することが中心であった。そこに90年代に入って、前節の人工生命シミュレーターのように環境からシミュレートする手法がスタートしたのである。そして、2000年代に入り、コンピュータの計算速度や計算技術の向上もあり、複数のエージェント、あるいは複雑なエージェントをコンピュータの並列計算処理で計算できるようになったのである。その中登場したのがSOARSで、このシミュレーターは東京工業大学で開発された。

　SOARSは、StarLogoのような人工生命環境と異なり、2次元のセル（マス目）に束縛されないエージェントシミュレーションを行うことができる。「スポット」、「エージェント」、「スポット役割」、「エージェント役割」という概念を用いてエージェントを定義し、環境の大局的な条件を定義し、シミュレーション

を行う.「エージェント」として,行為主体を定義し,「スポット」として社会,物理,概念的な場所を定義する.「エージェント／スポット役割」はプロダクションルール（手続き知識）型のルールベースであり,「エージェント／スポット」ごとに定義される.変数は各エージェント／スポットごとに定義される.

このシミュレーターを採用することにより,人工生命環境では構築が難しかった社会的な行為を行い,記号表現での認知を行うエージェントの構築が容易となった.また,既存の認知機構（ACT-RやSoar）では難しかったモジュールの拡張性も担保されている.つまり,計算環境としては,既存の記号計算主義の計算認知科学の手法と,人工生命環境の足りない部分を補完し統合している.よって,社会の中の人間の感情を模擬するのに最適なシミュレーターなのである.

上記の記号計算モデルとエージェント環境を両立しうるというメリットに加え,脳機構に着想を得たモジュールのモデル化という今回の条件に対しても,SOARSはメリットをもつ.SOARSでは行動主体は「エージェント」として定義され,「エージェント役割」に従い行動する.しかし,「スポット」という概念は場所などの社会スポットのみならず,概念的なスポットや,物理的なスポットも含めて,自由に定義できるため,今回は,感情機構エージェント（図6-4）の脳の部位を想定した機能単位などの各モジュールを「スポット」として定義し,そのルール群を「スポット役割」として定義した.これは,本来の社会エージェントシミュレーションのモデリング手法としては想定していなかった使用法であるが,SOARSのモデリングの自由度の大きさにより可能となったものであった.

1 何がわかるか

ここでは,何が新しくわかったかという科学的な発見でいうと,抑うつというのは人間が社会という環境における微妙なバランスの中で発現する現象であり,人工生命モデルでも明らかになったとおりの原理がそのまま生きており,しかし,意識や思考をもつ人間になるとそれと同時に思考の中で抑うつ的な思考が起きているという萌芽までがモデル化できたのである.

同時にこのモデルでは抑うつという単一の感情だけではなく,不安という感

情もモデル化していることも，人工生命モデルからの拡張である。

第4節　まとめ

ここまでで感情機構のシミュレーション，特に社会の中の感情機構のシミュレーションについて実際の例を元に解説してきた。最後にこれまでの研究で実現できていること，まだできていないことを挙げてまとめる。

1　これまでにできたこと

計算技術の進化と，記号計算だけでなく身体も取り入れないと人間の知能が解明できないという抜本的な発見の後，環境，身体，記号の三者を取り入れて感情機構のシミュレーションを構築することが可能となってきている。特に研究，モデル化のための方法論の理論的構築から始まり，それを取り入れた実際のモデルの実験的構築（人工生命モデル，社会エージェントモデル）までできるようになってきている。これまでに実現し得たことは，社会エージェント環境における少数（2個）の基本的な感情の実装である。ここでは社会的な環境の中で行動するエージェントが，思考として何を認知し，生理的にどのような感情状態になり，さらにはその感情状態を気分としてどのように認知するかまでを環境，身体の構造とその挙動も含めてモデル化することが可能となった。

2　今後の積み残し事項

今後の感情機構のシミュレーションの進む方向は主に3つ考えられる。

1つめは80年代までの記号計算での感情モデルが達成し得た感情過程のモデルの複雑さまでモデルを進化させることである。具体的には複数の感情の同じモデル内でのモデル化，自然言語処理機能，思考の強化である。これは具体的にはすでに南カリフォルニア大学のバーチャルヒューマンズプロジェクトで先述のSoarを用いて実際の人間が話す言葉を理解させて，それに対して思考，感情，行動的に反応するエージェントのモデルが作成されている。バーチャルヒューマンズプロジェクトでは自然言語処理機能と感情の関係もさることながら，3Dグラフィックスの機能を用いてエージェントをコンピュータ画面内の

環境内で可視化させ，対話する人間との交流を図るようにモデル化している。この分野は開発力の大きさで何とかなる分野であるが，何か新しい発見をするというより応用側面が強い。実際にバーチャルヒューマンズプロジェクトでも米軍で海外の異文化の地に派遣される兵士に対し，他言語で異文化の中，表情が意味するものを正しく読み取って対処するというトレーニングプログラムとしてこの感情シミュレーションを用いている。

　2つめの方向性は，基礎研究の進化に合わせてエージェントモデルのそれぞれの要素仮説を進展させることである。具体的には脳の回路モデルなども今後発展していく可能性はある。今回取り上げた事例もそうだが，前半の方で紹介したACT-Rなども当初は脳など全く意識しない思考の認知過程をシミュレーションする認知機構だったが，2000年代に入り脳の回路を意識したモジュールの構成となってきている。これは脳研究が進んで認知や感情と脳の関係が徐々に明らかになってきているからである。そう考えると，実は人間の意識や思考のモデルというのはまだまだ仮説段階であり，今後どのようにでも変わりうる可能性があるため，それに応じて感情機構のシミュレーションの構造部分は大きく変わりうる。人間の意識自体は線形に単純にモデル化できるというよりは脳全体で複雑系としてモデル化されたりその計算方式が抜本的に変わる可能性もある。そして逆にそれを実装するコンピュータの計算技術も今後も大きく変わりうる。計算速度を飛躍的に増大させてSOARSなどが採用しているグリッド技術などの計算方式もそうであるし，量子コンピューティングなどの新技術もそうである。人間の思考や感情，脳をコンピュータをメタファーとしてモデリングしてきた感情機構のシミュレーションも，その進化に合わせて今後も大きく変わる可能性があるのである。

　最後に可能性がある研究の方向性としては，組織や社会の集団に対する感情の影響のシミュレーションである。単体のエージェントだけでなく，多数のエージェントを同時に計算させることができるようになったということは，たとえば企業などの組織の中での雰囲気がその生産性にどのように影響を与えるかや，経済の減速が国民のムードにどのように影響を与えるか，さまざまな環境要因がどのようにうつ病の増加を招き，そしてまた近年減少に入ったのかなどマクロな計算ができるようになる。ミクロモデルとマクロモデルを接続するこのよ

うなシミュレーションは，これまでミクロレベルからは検証ができなかった分野であるが，社会における感情機構のシミュレーションの基礎ができた現在，研究を開始できるようになったのである．

▷引用文献

［1］ 徃住彰文（1991）心の計算理論．東京大学出版会．
［2］ 徃住彰文（1994）感情の計算モデル．伊藤正男他（編），情動（pp. 143-172）．岩波書店．
［3］ 守一雄（1995）認知心理学．岩波書店．
［4］ 野田浩平（2007）脳に着想を得た感情機構エージェントとその企業人事システムへの応用．博士論文：東京工業大学．
［5］ 戸田正直（1992）感情：人を動かしている適応プログラム．岩波書店．
［6］ MacLean, P. D. (1967). The brain in relation to empathy and medical education. *Journal of Nervous and Mental Diseases, 144*, 374-382.
［7］ Damasio, A. R. (1994). *Descartes' error: Emotion, reason, and the human brain*. New York: Grosset/Putnam.（アントニオ・ダマシオ（著），田中三彦（訳）（2010）デカルトの誤り：情動，理性，人間の脳．筑摩書房．）
［8］ Sloman, A., Chrisley, R., & Scheutz, M. (2005). The architectural basis of affective states and processes. In Fellows, J. M. & Arbib, M. A. (Eds.), *Who needs emotions? The brain meets the robot*. New York: Oxford University Press.
［9］ Pfeifer, R., & Scheier, C. (1999). *Understanding intelligence*. Cambridge: The MIT Press.（ロルフ・ファイファー，クリスチャン・シャイアー（著），石黒章夫・小林宏・細田耕（監訳）（2001）知の創成：身体性認知科学への招待．共立出版．）
［10］ Damasio, A. R. (2003). *Looking for Spinoza: Joy, sorrow, and the feeling brain*. Orlando, FL: Harcourt, Inc.（アントニオ・ダマシオ（著），田中三彦（訳）（2005）感じる脳：情動と感情の脳科学 よみがえるスピノザ．ダイヤモンド社．）
［11］ Seligman, M. E. P. (1975). *Helplessness: On depression, development and death*. W. H. Freeman.
［12］ Drevets, W. C., Videen, T. O., Price, J. L., Preskon, S. T., & Raichle, M. E. (1992). A functional anatomy of unipolar depression. *Journal of Neuroscience, 12*, 3628-3642.
［13］ 野村総一郎．（1996）．生物学的うつ病研究と認知療法．大野裕・小谷津孝明（編），認知療法ハンドブック上巻（pp. 229-237）．星和書店．
［14］ Beck, A. T. (1976). *Cognitive therapy and the emotional disorders*. International Universities Press.（アーロン・ベック（著），大野裕（訳）（1990）認知療法：精神療法の新しい発展．岩崎学術出版社．）
［15］ American Psychiatric Association. (2000). *DSM-4-TR*. American Psychiatric Publishing.
［16］ 野田浩平・Klaus Voss・久津豪（2007）人事評価情報の可視化，知識共有への認知科学の応用：エージェントモデリング及びオントロジーを用いて．認知科学，*14*(1), 78-89.

第7章　笑顔の進化と発達

川上文人

> 本章では，これまで質的な分析，考察が多くなされてきた笑顔について，進化と発達という視点からその形成過程を量的データから分析している。分析対象が感情のように複雑なものであればあるほど，主観的な解釈は何通りにもなりえてしまう。誰が見ても明らかなものに限定してしまい，それを数で分析するという割り切りが，精神世界を科学で扱う心理学のそもそものスタンスだったのではないだろうか。自然観察と実験的な観察を通して，子どもの笑顔が年齢に応じてどのように変化していくのか量的に明らかにすることで，人間の感情表出の仕組みに迫っていく。

第1節　研究の背景

　笑顔がきわめて日常的なものであることは，多くの人が認めるところであろう。しかし，いかにありふれたものであったとしても，「笑顔とは何か」という問いに答えることは容易ではなく，アリストテレスの時代から，哲学，心理学，社会学，動物行動学，生理学，医学といった分野で関心の対象となり続けてきた。

　その問いに対して行われてきたこれまでのアプローチの多くは，ヒトはどのようなときに笑うのか，さまざまな事例に基づいた質的な考察であった（例として第3節の1を参照）。そのような質的な考察も示唆を与えるものではあるが，観察者の視点，関心，論点といった偏りを排除し，一般的な議論にもち込むことは難しい。もちろん量的な検討も数多くあるが，それらが対象としているのは多くの場合，成人した人間である。たとえば，エデルマンら[1]はヨーロッパ

6か国の大学生に質問紙調査を行い，どの文化においても30パーセント程度の参加者が，困惑場面で笑顔を表出して不快感情を見せないようにしたことを報告している。それらによって理解できうるのは笑顔の完成形であり，どのような過程をたどり私たちが日常的に目にする笑顔になってきたのかを知ることはできない。そこで本章では，他の動物の行動からヒトの固有性を探っていく比較行動学などが用いる進化，そして発達心理学が用いる発達という2つの時間軸を分析の対象とすることで，おとなが見せる笑顔ではすでに見られなくなった可能性のある部分を含め，笑顔にこめられたさまざまな感情を体系的にとらえていく。これまで多かった質的に行動の原因を洞察するような分析ではなく，量的に目に見える行動をもとに分析することにより，どのようなときにヒトが笑顔を見せるようになっていくのか，客観的で再検討可能なデータとして呈示することが可能となる。

　以下で紹介するのは，大きく分けて3つの笑顔に関する研究である。1つめはニホンザル新生児，ヒト胎児，1歳児を対象とした「自発的微笑の系統発生と個体発生」，2つめはヒトの1歳児から2歳児を対象とした「幼児期の笑顔の初期発達」，3つめは4歳児から5歳児を対象とした「笑顔の日米比較」である。さまざまな対象を観察することから，ヒトの笑顔を理解していく。なお，本稿では「笑顔」，「微笑」，「笑い」といった表現を区別することなく用いる。

第2節　研究1：自発的微笑の系統発生と個体発生

1　笑顔の系統発生

　系統発生とは行動，形態，生理などさまざまなものを進化の視点からたどっていくことである。対して，個体発生とはそれらに関し，各生物，個人内での年齢的な変化を見ていくことであるといえる。

　そもそも笑顔はヒト固有のものなのであろうか。これまでの研究で笑顔の起源とされ，比較行動学ではプレイ・フェイス（play face），または口開け表情（relaxed open-mouth display）と呼ばれるものを見せるとされているのは，霊長類[2]，イヌ科の数種，クマ，そしてライオンであると考えられている。しかし，多くの観察による検討が行われているのは霊長類のみである。

霊長類が見せる笑顔に近い表情には2種類あり、ひとつは遊びにおいて見せる前述の口開け表情、もうひとつは他者に対する服従を意味する、無声歯出し表情（silent bared-teeth display）である。本稿で対象とするニホンザルは口開け表情も歯出し表情も見せるとされている[3]。

2　自発的微笑

ヒトの生後間もなくから見られる笑顔は、比較的浅い眠りのときに見られる自発的微笑と、覚醒中に見られる、他者を見ながらの笑顔である社会的微笑に分けられる。社会的微笑は一般的に想起される笑顔と同じである。自発的微笑はU字に口の両端が横と上方に引っ張られる形状をとり、外的、内的刺激が見られないときに生じるものである。明示的な音も光も触覚的な刺激もなく、見た目としての原因がないため、「自発的」とされる*1。

系統発生的には、近年まで自発的微笑はヒトのみで見られる現象とされてきたが、チンパンジーの乳児でも観察例がある[4]。それによると2個体のチンパンジーで合計60回の自発的微笑が観察されている。両者とも生後3か月以降は、自発的微笑を全く見せなかったという点が興味深い。

ヒトにおける自発的微笑の個体発生については、低出生体重児に多いというデータ[5]や、生後3か月までの観察で生後6週目以降、自発的微笑は減少したという文献がある[6]。そしてその時期に覚醒中の対人的な社会的微笑が増えてくることから、発達心理学のハンドブックでは一般的に自発的微笑は生後2か月から3か月で消滅し、社会的微笑に取って代わられるとされている。そのことから、自発的微笑は笑顔の起源であるとされながら、その子どもが未発達であることの現れであると考えられる傾向にある。

近年では、この自発的微笑の個体発生に関して新たなデータが示されている。まずはじまる時期について、胎児を動画で観察することが可能な4次元超音波診断装置（4D）によって、胎児の微笑が撮影されている。それらは画期的ではあるが、多くの場合、在胎週数が不明であり、微笑の頻度や継続時間など動画で観察できるという装置の長所を活かせておらず、胎児の行動目録や写真集

---

*1　詳細は、川上清文・高井清子・川上文人（2012）『ヒトはなぜほほえむのか：進化と発達にさぐる微笑の起源』新曜社．参照．

にとどまる文献が多い。自発的微笑が見られなくなる時期に関しては，観察対象を長期的に観察する縦断研究では6か月児での観察例もあり[7]，生後2，3か月で消えるという定説はくつがえされつつある。

まとめると，笑顔の起源といえる自発的微笑は，系統発生的にはチンパンジーから，個体発生的には胎児から6か月まで続くというものがこれまでの実証データである。しかし，さらにこれらを上回る結果が得られる可能性はおおいにあり，未解決の問題が多く残されている。

3　研究1の目的

研究1は3つの自発的微笑の観察で構成されている。観察1は生後1か月未満のニホンザル新生児，観察2はヒト胎児*2，観察3はヒト1歳児*3を対象としたものである。

観察1のニホンザル新生児を対象とした研究は，これまでヒトとチンパンジーでのみ確認されていた自発的微笑について，それが進化的に離れた種であるといえるニホンザルでも見られるのかどうかを探るものである。観察2のヒト胎児の観察は4Dを使用したもので，これまでも胎児の笑顔の写真は存在するが，本観察では明確な定義をもとに評定している。観察3は1歳児を対象とした自発的微笑の観察である。これまで自発的微笑は生後2，3か月で消えるとされてきたが，1歳児にも見られるとすれば定説は誤りということになる。

4　観察1：ニホンザル新生児の自発的微笑の観察方法

対象は7個体のニホンザル新生児で，京都大学霊長類研究所で生まれ，飼育されていた。観察時の平均日齢は9.90日であった。観察は1個体ずつ，他の研究の合間に偶発的に生じた睡眠をとらえる形で行った。

自発的微笑の定義は，以下の（1）から（6）であった。（1）唇の端が上がっており[8]，（2）ビデオを通常の速度で再生しても笑顔に見え[9]，（3）不規則睡眠，まどろんでいる間であること，（4）明らかな外的，または組織的で明

＊2　詳細はKawakami, F., & Yanaihara, T. (2012). Smiles in the fetal period. *Infant Behavior and Development, 35*, 466-471.

＊3　詳細はKawakami, F., Kawakami, K., Tomonaga, M., & Takai-Kawakami, K. (2009). Can we observe spontaneous smiles in 1-year-olds? *Infant Behavior and Development, 32*, 416-421.

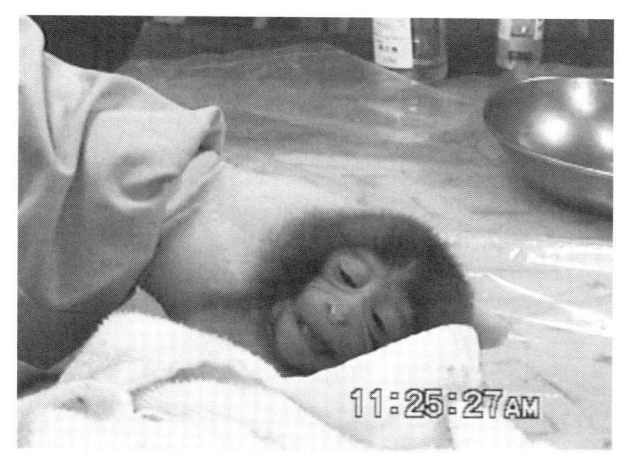

図7-1　生後11日目のニホンザル新生児による自発的微笑[11]
（撮影者：高井－川上清子）

確な内的要因がないこと[10]，（5）微笑が0.25秒以上観察されること，そして（6）笑顔と笑顔の間隔がどれほど短くても独立の笑顔とした。

5　観察1：ニホンザル新生児の自発的微笑の観察結果と考察

7個体の新生児に対する合計10回の観察で，58回の自発的微笑が見られた。例として，生後11日目の新生児の自発的微笑を図7-1に示した。

本観察の重要な点はニホンザルにも自発的微笑が見られたことそのものである。笑顔の起源とされる自発的微笑は，ヒトやその近縁種のチンパンジーだけのものではないのである。

考えるべきはヒトが見せる自発的微笑と，それ以外の種が見せるものが同質なのかという点である。生物の外形に相同や相似が見られるように，見た目としては同じであっても，その元や機能が異なることがありうる。今後の研究で，ヒトにおける自発的微笑とその後の発達してからの笑顔との関係や，口開け表情を見せない種での自発的微笑が生じる可能性を探ることにより，それぞれにおける自発的微笑の機能を推測することは可能となるだろう。

6　観察2：ヒト胎児の自発的微笑の観察方法

分析対象となったのは4Dでの観察中に自発的微笑を見せた，のべ31名の胎

児であった。平均在胎期間は169.84日であった。画像はすべて神奈川県の矢内原医院において医療行為の一環で撮影された。手続きは母親に横になってもらい，1名につき平均30分程度，4Dを用いて撮影するというものであった。

自発的微笑の定義は，第2節の4において述べた観察1のものとほぼ同一で，定義（1），（2），（6）はそのまま適用した。定義（3），（4）は，胎児における観察は困難であるため除外した。定義（5）はこれまでのヒトの自発的微笑研究に準じて，「1秒以上継続的に観察されること」とした。

7　観察2：ヒト胎児の自発的微笑の観察結果と考察

合計51回の自発的微笑が見られた。在胎日数と自発的微笑の頻度との関係について検討したが，有意なものではなかった。

本観察の意味は，多くの観察データから，明確な定義に基づいて多くの自発的微笑を抽出し，分析した点にある。自発的微笑はそれを見る親の育児意欲を高めるためにあるという説があるが，親は4Dのような装置が登場するまで胎児の表情を見ることはできなかったはずである。胎児も多くの自発的微笑を見せていたというデータは，この表情が他者に見られるためにあるものではないことを意味している。

8　観察3：ヒト1歳児の自発的微笑の観察方法

保育園において5名の1歳前後の乳児を縦断的に観察した。撮影は保育園における昼寝中に行い，観察時間は1時間に統制した。

自発的微笑の定義は第2節の4において述べた観察1のものとほぼ同一で，定義（1），（2），（3），（4），（6）はそのまま適用した。定義（5）は観察2と同一であった。

9　観察3：ヒト1歳児の自発的微笑の観察結果と考察

合計30時間の観察で，8回の自発的微笑が観察された。最も日齢の高い参加者による自発的微笑は，生後459日目におけるものであった。本観察と同様の手続きをとった先行研究と比較すると，低出生体重児の22時間の観察では95回[12]，満期出生児の10時間の観察では24回[13]であり，発達とともに徐々に減少してい

るのは明らかである。

10　観察3：ヒト1歳児の自発的微笑の考察

これまで自発的微笑は生後2,3か月頃に消滅し，社会的微笑に取って代わられる，社会的微笑の代替物に過ぎないと考えられてきた。しかし代替物であるとするなら，生後2か月から459日までの共存期間，移行期間は長すぎる。

1歳児の自発的微笑が，胎児や新生児のものと同じものであるといえるかという点は，考えるべき問題ではあるが解明が困難である。夢に出現した他者に対して笑いかけていた場合，それはもはや社会的微笑に近いと考えられる。

11　研究1の総合考察

一連の観察結果から，「社会的微笑の代替物説」に替わる新たな自発的微笑の存在理由が必要となった。第2節の7において「育児意欲促進説」への否定的な見解を述べたが，他にも「けいれん説」と「筋肉発達促進説」が考えられる。

けいれん説とは，自発的微笑は睡眠中に体中に生じる筋肉のけいれんが，偶然口元に生じたものとする説である。この説には2点の反論が考えられる。1つは，「出生直後から見られる普遍的な苦痛表出」[14]である泣きの前後には生じないことから，不快感情とは結びつかないとされる点である[15]。けいれんであれば，感情状態にかかわらず生じるはずである。2点めは本章では述べていないが，自発的微笑の継続時間がヒト胎児も1歳児も平均3秒以上であり，けいれんとしては長すぎると考えられる点である。

筋肉発達促進説は，何らかの快感情，少なくとも不快ではない感情によって引き起こされる自発的微笑が頬に生じることで，頬の筋肉に負荷をかけ，表情の発達を促しているという考え方である。現在，自発的微笑が観察されているニホンザル，チンパンジー，ヒトはすべて頬の筋肉を使い唇の端を上げる社会的微笑や口開け表情を見せるため，矛盾はない。少なくともヒトの自発的微笑において筋肉発達促進説は，自発的微笑と社会的微笑が関連しているとした場合の有力な解釈といえるだろう。

本研究がもたらした新奇性の高いデータが，自発的微笑にはじまり，社会的

微笑につながる，そして未熟な自発的微笑は消えるというこれまでの単純明快な笑顔の初期発達の枠組みを崩したことで，解釈を困難としてしまったというのが現状であろう．まずは今後，これらの2つの笑顔の関係を直接的に探る研究が必要である．

第3節　研究2：幼児期の笑顔の初期発達

発達心理学において笑顔の発達を論じる際，自発的微笑にはじまり社会的微笑になっていくという部分は語られるが，その後どのくらいの時期にどのような笑顔が見られるようになってくるのか述べられることは少ない．そこで研究2では，研究1で対象としていた1歳までの乳児期の先，幼児期にあたる1歳から2歳児を対象に，笑顔がどのように発達していくのか探っていく[*4]。

1　さまざまな笑顔の出現

生後2,3か月から対人的な社会的微笑が増えてくることは述べてきた．アンブローズ[16]は無表情で自らの顔を生後8週から26週の乳児に呈示したところ，乳児たちは11週までは全く笑顔を見せなかったのに対し，それ以降急激に笑顔が増加したことを示している．その後，笑顔がどのように変化していくのか，どのような感情を示すものとなっていくのかということについての研究はほとんどない．

おとなでは，表情研究の第一人者であるエクマンとフリーセン[17]が彼らのこれまでの実験や観察の結果から，本当に感じているフェルト・スマイル（felt smiles），作り笑いといえるフォルス・スマイル（false smiles），不幸な笑いであるミゼラブル・スマイル（miserable smiles）という3つに笑いを分類している．最後のミゼラブル・スマイルは悲しすぎて笑えてしまうという状況であるという．これらは彼らの多くの研究から導き出された分類ではあるが，あくまで経験則に基づいたものであるため，この分類で必要十分であるか，どの笑いが多

＊4　詳細はKawakami, F., & Tokosumi, A. (2011). Life in affective reality : Identification and classification of smiling in early childhood. *Proceedings of the 14th International Conference on Human-Computer Interaction*, USA, Lecture Notes in Computer Science Volume 6763, 460-469.

く見られるかといった疑問に答えられるものではない。事実この文献には数値データはなく，顔の形状変化という彼らの関心に則した質的な分類であるといえる。

2 研究2の目的

これまでの研究には2つの問題があるといえる。一つは，生後2か月頃に現れてくる社会的微笑から，おとなが見せるさまざまな笑顔の間に大きな隔たりがあるという点である。もう一つは，さまざまな笑顔の分類がなされていても，一定の場面で観察を行うことも，評定の基準をもうけることもない場合，その分類で十分なのか判断することができない点が問題である。

そこで本研究の目的は，さまざまな笑顔が生じうる幼児の自由遊び場面における笑いに着目し，情動，言語，社会性の発達との関係を体系的に分析することによって，発達初期段階における情動表出の仕組みについて，実証データをもとに検討することである。自由遊び場面を観察の対象とすることで，おとなによって統制された場面ではない，自然な場面に近い条件での子どもの表情をとらえることができるだろう。

3 研究2の参加者と撮影環境

参加者は都内の保育園に通う1歳児11名（女児8名，男児3名）と2歳児11名（女児6名，男児5名）の合計22名であった（女児14名，男児8名：平均24.5か月，範囲12か月から35か月）。撮影は，普段参加者が生活している保育園の保育室，園庭で行った。

撮影時の環境要因として，周囲に人がいたかどうかも重要である。本研究では，1名以上の保育士と，他児が1名以上，対象児と同じ保育室，園庭にいるという環境に統制した。

撮影法は，自由遊び場面を1名につきある1日の30分間（平均29分00秒），デジタルビデオカメラとガンマイクロフォンを使用して撮影した。本研究では自由遊び場面を，食事，排泄，睡眠，着替えといった生活場面に関わらないもので，子どもたちが複数の遊びの中から自分の意思で遊び方を選択できる状況と定義した。できる限り対象児の表情と発話をとらえられるように，撮影者は対

象児の正面に位置するようにし，撮影者と対象児との距離は0.5mから2mを保つようにした。撮影者が結果に影響することを避けるため，撮影中は撮影者が対象児に対して直接，間接的に関わることはなかった。

4　研究2の分析法

　笑顔の定義は研究1における自発的微笑の定義とほぼ同一で，以下のようであった。（1）唇の端が上がっており，（2）ビデオを通常の速度で再生しても笑顔に見え，（3）笑顔の継続時間に下限は設定せず，（4）唇の端が一度通常の位置まで下がった場合は，次に上がり始めるまでの間隔がどれほど短くても独立の笑顔として扱うものとした。

　そのように抽出した笑顔をいかに分類するかが，本研究において最も重要な点であった。ここでは，笑顔の前後に見られた対象児と彼らに関わる他者の言動を，93項目からなるオリジナルの行動チェックリストを用い，ビデオを見てとらえられる限りすべてチェックするという方法をとった。チェックリストは，それまで見られなかった行動が生じるたびに項目を追加しつつ作成した。項目は，視線の向き，触れているもの，移動の有無，遊んでいたものの状態，遊び相手が状況にもたらした変化，笑い声の有無，発話の有無とその内容など多岐にわたるものであった。リスト内のチェック項目はすべて目に見える行動，聞こえる発話に限定している。このことは，本研究の笑顔の分類が評定者の解釈によるものではなく，行動と発話によって記述した状況による分類であることを意味している。同じものを見た他者にも同じ評定，分類が可能となるような明確な基準を用いることが，再現性を重視する科学において重要である。状況の解釈に長けた評定者による解釈と質的な検討は，客観的に判断できるものに限定し，それを数で分析していく今回のような量的な検討と比較し，状況の深い理解につながる可能性はあるが，正確な理解であるという保証はない。本研究でいえば，解釈を用いたところで，本当に子どもがその理由で笑ったかどうかわからず，正確にはそれを調べるすべはないのである（私自身，自分がなぜ笑ったのかわからない場合もある）。できるだけ多くの客観的に判断できる項目を用意し，それをもとに数量化するのが，複雑な感情の理解への最善の方法であろう。

表7-1　1歳から2歳児が見せた笑顔の分類

笑いの種類	定義
ひとり笑い	人ではないものを見ての笑い
一方的笑い	人を見ているが相手が笑っていないときの笑い
同調笑い	見ている相手も笑っているときの笑い
移動笑い	目標のない移動中の笑い
接近笑い	何かに接近しながらの笑い
退散笑い	何かから遠ざかりながらの笑い
達成笑い	自らの行為が完遂，誰かにほめられての笑い
行為失敗笑い	何かが壊れる，落ちる，誰かが転ぶ，自らの失敗を誰かに報告したときの笑い
ごまかし笑い	誰かに怒られた，困らせたときの笑い
困惑笑い	誰かの行為，発話が理解できない，誰かに対象児の行為，発話を理解してもらえないときの笑い
歌笑い	歌いながらの笑い

　そのチェックリストに基づき，見られた行動の内容が近いものでまとめ，11種類の笑いに分類した。1歳から2歳児が見せた笑顔の分類を表7-1に示した。これらの笑顔を3つの水準に分け，希少な順で優先順位をつけることによって重複を避けた。最も優先順位が高かったのは「達成笑い」，「行為失敗笑い」，「ごまかし笑い」，「困惑笑い」，「歌笑い」であった。最優先の笑顔に含まれるべき言動がチェックされず，参加者に移動が伴っていた場合は第2位の「移動笑い」，「接近笑い」，「退散笑い」のどれかに分類した。移動と接近を分けているのは，視線や発話で移動先が明示されているか，移動した先で何かに触れる，話しかけるなどの言動が見られるかであり，それらがあれば目標のある接近と判断した。これらの移動もなかった場合は，視線で分類する，「ひとり笑い」，「一方的笑い」，「同調笑い」のいずれかに分類するという形をとった。

　笑顔の発達と関係するのは年齢だけではなく，さまざまな能力の発達がありうるだろう。本研究では，参加者や保護者，保育者にさらなる負担をかけないため，発達検査や質問紙の実施を避け，笑顔の観察ビデオ内で見られる限りのもので参加者の発達水準を測定することとした。測定したのは言語発達と社会性の発達という2点であった。

　各参加者の言語発達段階は，参加者を撮影した30分のビデオの中での発話により決定した。どの参加者もほぼ同一の環境で，同じ時間撮影されているため，発話の機会は均等であったと仮定できる。まずは対象児を撮影した30分のビデ

オ内での発話をすべて書き起こした。次に各発話をうなり，喃語，一語文，二語文，三語文，四語文，五語文以上の7段階で分けた。このようにしてすべての発話にラベルをつけ，参加者にとって最も発達水準の高かったものを用い，その参加者の言語発達段階とした。

本研究で用いた発達水準の2点目，社会性は他者とどれだけ主体的に遊んでいたかで決定した。はじめに各対象児について約30分の撮影中の遊びを，「何も従事していない」，「ひとり遊び」，「並行遊び」，「連合遊び」，「協同遊び」，「保育士を含む遊び」に分類した。本研究では遊んでいる状態を，追いかけっこ踊り以外では，遊びに関わるものに接触している，身につけている，投げて取りに行っている状態と定義した。遊びの分類はパーテン[18]に依拠している。他児も同じものを使って遊んでいるが他児との関わりがないものは並行遊び，貸し借りなどの協力関係があるものは連合遊び，さらに共通目的をもって，役割分担があるような遊びを協同遊びという。そして社会性を考慮して，保育士を含む遊びを2点，連合遊びを3点，協同遊びを4点，それ以外を1点と重みづけし，それぞれに従事した時間をかけた数値を撮影時間で割り，最小1点から最大4点となる社会性スコアを各参加者について算出した。

5　研究2の結果

全般的なデータを述べた後，個別の笑顔について年齢，言語発達，社会性発達との関係の順で見ていく。笑い全体の頻度は，22名の1歳から2歳児を対象とした合計10時間37分54秒の撮影で417回であった。1名につき平均18.95回の笑いを表出したことになる。1歳児は168回，2歳児は249回で，2歳児の方が統計的に有意に多くの笑顔を見せていた。

笑いの平均継続時間は3.75秒であった。最長の笑いは32か月の女児によるもので，18.93秒であった。1歳児の平均は3.26秒，2歳児は4.09秒で，継続時間も2歳児の方が有意に長かった。

ここからは個別の笑顔について見ていく。各笑いの頻度を表7-2に示した。視線を他者に向けているが，その他者は笑っていないという一方的笑いが151回と最も多かった。以下，年齢や言語発達段階など参加者を分けて統計的解析を行うにあたり，頻度が20回以下の分類項目は除外することとする。よって今

表7-2 各笑いの頻度

笑いの種類	頻度
ひとり笑い	45
一方的笑い	151
同調笑い	47
移動笑い	23
接近笑い	69
退散笑い	6
達成笑い	23
行為失敗笑い	32
ごまかし笑い	8
困惑笑い	8
歌笑い	5

後の分析対象となるのは20回をこえた，ひとり笑い，一方的笑い，同調笑い，移動笑い，接近笑い，達成笑い，行為失敗笑いの7種類の笑いである。ここから，年齢，言語発達，社会性の発達との関係を見ていく。

年齢で統計的に有意な差が見られたのは，同調笑い，移動笑い，行為失敗笑いの3つであった。1歳児が多く見せたのは，目標のない移動中の笑いである移動笑いであった（1歳児：19回，2歳児：4回）。それに対し2歳児が多く見せたのは，他者とともに笑い合う同調笑い（1歳児：11回，2歳児：36回）と，自分または他者に何らかの失敗が生じたときに見せる行為失敗笑い（1歳児：2回，2歳児：30回）であった。

次に言語発達段階について，各参加者の言語発達段階を見たところ，喃語段階から五語文以上に広く分散していた。分析の容易さを考慮し人数でバランスをとるため，喃語から二語文段階を本研究における言語発達前期（10名），三語文から五語文以上段階を言語発達後期（12名）と定義した。

その結果，言語発達段階により頻度の差が見られたのは行為失敗笑いのみであった。言語発達後期の子どもたちの方が多くの行為失敗笑いを見せていた（前期：2回，後期：30回）。

どれほど他児と主体的に遊んでいたかで測った場合の社会性について，1点から4点の社会性スコアを算出した結果，1.03点から2.50点までの間でばらつ

いていた．分析の容易さを考慮し人数でバランスをとるため，社会性スコアの低い方から11名を社会性スコア低群，高い11名を社会性スコア高群として分析した．

その結果，社会性スコアにより頻度の差が見られたのは，同調笑い，移動笑い，行為失敗笑いの3つであった．社会性スコア低群が多く見せたのは，移動笑いであった（低群：19回，高群：4回）．高群が多く見せたのは，同調笑い（低群：12回，高群：35回）と行為失敗笑い（低群：4回，高群：28回）であった．

6　研究2の考察

年齢，言語発達，社会性の発達による違いが見られた笑顔は限られていたが，全体的な傾向は明確であったといえる．その傾向とは，笑顔は個人的なものから他者と共有するものへ，そして単なる快感情の表出から，より複雑で多様な感情を含むものへ発達していくというものである．これを観察データで数量的に明示した点に，本研究の意義がある．

1歳児，そして社会性スコアが低かった子どもたちは，多くの移動笑いを見せていた．単にハイハイをしたり，歩いたりすることも月齢の低い子どもには特別なことであると考えられる．そのような行為自体の達成感や，これまでにほめられた経験の記憶が子どもたちに満足感を与えた結果生じる笑いといえるだろう．しかし，それらの行為が日常的なものとなった2歳児には，特別な喜びを伴うものではなくなっていくということを示唆している．

2歳児，そして社会性スコア高群は，多くの同調笑いを見せた．他者と笑い合う状況であるこの笑顔が増えるということは，月齢が上がり，他者と遊ぶことが増えてくると，笑顔を通じて他者と感情や事物への注意を共有するようになるということを示している．同調笑いは，人以外のものを見て笑う，個人的なひとり笑いよりも対人的であり，他者を見ながら笑っていてもその他者が笑っていない一方的笑いよりも，効果的に感情共有がなされている状態を示す笑顔である．

2歳児，言語発達後期，そして社会性スコア高群の子どもたちは，より多くの行為失敗笑いを見せた．この笑いは対象児や周囲の他者による失敗を体験，または目にしたときに生じるものであった．そのような状況では，子どもは恥

じらい，悲しみ，驚き，緊張の緩和などさまざまな感情を経験したと考えられる。移動笑いと比較して，明らかに複雑である。言語発達や社会性発達が進んだ子どもたちは，このような単なる快とは思えない状況でも笑顔を見せるようになるのである。このように，笑顔の機能が2歳頃から拡張し，単なる快感情の表れだけではなくなってくるといえる。

　本研究は，場面をビデオにより記録し，行動と発話の詳細な記述により笑顔を分類するという新たな基準を提案している。実際のデータは笑顔に至るまでの細かな言動を時系列で並べることが可能なものであり，その評定データは活かしきれていないというべきであろう。加えて，さらに上の年齢でも，今回用いたチェックリストや笑顔の分類で十分であるか不明である。そのような限界はあっても，客観的にとらえられるものをすべてチェックするという方法は，どのような観察にも応用可能であり，観察法を科学として利用しうるものに高める考え方であると思われる。

第4節　研究3：笑顔の日米比較

　研究2で見てきたように，2歳頃から笑顔はさまざまな感情と結びつくようになってくる。研究3ではそのように多様化していく笑顔が，文化の影響によってどのように出方が異なってくるかを探っていく。

1　これまでの笑顔の日米比較

　ステレオタイプ的に，欧米文化から日本人の笑顔は「不可解」であるとされることがある。19世紀末の日本を欧米に紹介したラフカディオ・ハーンは，日本の女性が自らの夫が亡くなり，仕事を休む許可を得にきた際に笑顔を見せたというエピソードを記している[19]。ハーン自身はそれを日本人の気遣いとして述べているが，実際には，なぜ自らの不幸に笑顔を見せるのか，理解しがたいととらえられたようである。

　古くからのステレオタイプ的笑顔観があるにもかかわらず，日米の笑顔表出の違いを実証した研究は少なく，乳児を対象としたものに限られているようである。3か月児を2分間母親があやす条件下で笑顔を比較した研究では，アメ

リカ人の乳児の方が多く笑うが，日本人の乳児の方が1回の笑顔の継続時間が長いという結果であった[20]。11か月児の手首を実験者がつかむ，奇妙なゴリラの人形を近づけるといった不快刺激を呈示した研究では，ほほの上がる大きな笑顔は日米間で差がなく，ほほの上がらない小さな笑顔はアメリカ人の乳児の方が多いという結果であった[21]。

2 研究3の目的

このように，表情表出の日米比較の結果はさまざまで，ステレオタイプ的に考えられていたほど明らかな偏りはないように感じられる。加えて，乳児を対象とした研究でも，快条件と不快条件を直接比較した研究もほとんどない。そこで本研究では，参加者がポジティブな感情，ネガティブな感情になりうる条件を実験的に呈示し，その反応が日米でどのように異なるのか探ることを目的とする。実際の笑顔表出をとらえることにより，「日本人は無表情で笑わない」，「日本人は変なときに笑う」といった，おそらく欧米文化圏で思われがちなステレオタイプ的観念に対する，何らかの解釈が可能となる。

3 研究3の参加者と実験手続き

参加者は10名の日本人男児（JPM），10名の日本人女児（JPF），10名のヨーロッパ系アメリカ人男児（EAM），10名のヨーロッパ系アメリカ人女児（EAF）の合計40名であった。JPMの平均月齢は54.70（範囲48か月から64か月），JPFの平均月齢は58.20（範囲52か月から64か月），EAMの平均月齢は59.80（範囲49か月から70か月），EAFの平均月齢は58.30（範囲51か月から64か月）であった。日米間，男女間にも月齢の差はなかった。

この実験はすべてアメリカ，ニュージャージー州で行われ，日本人参加者も両親ともが日本国籍の家庭に生まれたアメリカ在住の子どもたちであった。アメリカ在住とはいえ，その家庭のほとんどが日本への帰国の意思をもっており，多くが日本語補習校に通い，家庭内ではほぼ日本語のみを使っていたため，外部環境以外の部分が日本文化であったといえる。そのため本研究で見ているものはより正確には，遺伝的側面と家庭環境が及ぼす，笑顔表出に対する文化的影響ということになる。

実験室には参加者，そして参加者と同じ文化圏の女性が実験者として入り，実験を行った。その実験の様子を隣の部屋からワンウェイミラー越しに撮影者がビデオカメラを用いて撮影した。ビデオカメラは，参加者の課題遂行の状況，表情，動作が見える位置におかれ，発話もとらえることができた。

参加者に呈示した課題はシールを台紙に貼るというものであった。台紙には動物の絵が線画で描かれており，その下に描かれた円に所定のシールを時間以内に貼るというものであった。そのような課題を4回行ってもらった。

手続きとして，実験者ははじめに参加者に対し，「3分以内に全部のシールを貼ってください。3分が来たらベルが鳴ります」と教示し，最後にベルを鳴らして聞かせた。実際には4回の課題遂行のうち，2回は成功条件，2回は失敗条件と決められていた。時計は完全に実験者によって制御されており，成功条件では実験者は参加者が課題をやり終えるまでどれほど時間がかかってもベルを鳴らすことはなく，失敗条件ではどれほど速く課題を遂行してもやり終える直前にベルを鳴らした。

4　研究3の分析法

笑顔の定義はこれまでの研究と同様であり，(1)唇の端が上がっており，(2)ビデオを通常の速度で再生しても笑顔に見えることであった。笑顔の評定は，成功条件では参加者が最後のシールを貼り終えてから，失敗条件ではベルが鳴ってからの30秒で行った。笑顔の尺度は，継続時間，頻度，潜時という3つであった。潜時は，評定開始から最初の笑顔が表出するまでの時間とした。実際にはこれら以外にも，笑顔に伴った言動を，見える，聞こえる限りすべてチェックしたが，本稿では述べないこととする。

5　研究3の結果

日米40名の幼児を対象とした実験での各120秒間の観察で，合計251回の笑顔が見られた。実験を通じて1度も笑顔を見せなかった参加者がJPMに2名，JPFに1名いた。以下では，継続時間，頻度，潜時の順で結果を述べていく。

まずは笑顔の継続時間について，平均継続時間の長い順にEAFが72.17秒，JPMが41.65秒，EAMが21.64秒，JPFが19.26秒で，統計的にEAFとその

表7-3　各グループにおける成功失敗条件ごとの笑顔の継続時間，頻度，潜時

グループ	継続時間（秒）				頻度				潜時（秒）			
	成功		失敗		成功		失敗		成功		失敗	
	平均	SD	平均	SD	平均	SD	平均	SD	平均	SD	平均	SD
EAM	17.13	9.57	7.78	6.40	3.70	2.16	2.10	1.60	5.56	3.68	6.21	6.17
EAF	42.35	6.49	29.82	17.80	4.70	1.49	3.50	0.71	1.61	1.68	2.03	1.98
JPM	21.36	11.41	23.19	11.50	3.40	2.72	3.70	3.09	7.91	8.42	4.32	3.77
JPF	14.24	14.02	9.89	8.59	2.00	1.49	2.00	2.16	10.77	10.59	8.79	7.03

他との間に有意な差が見られた。よって全体として，アメリカ人女児が最も長く笑顔を見せていたといえる。

　成功と失敗という条件で，各参加者グループでどのように笑顔の出方が異なったのだろうか。表7-3に条件ごとの各グループの笑顔の平均継続時間を示した。アメリカ人のグループはともに成功から失敗で平均継続時間が減少し，日本人のグループは比較的，条件間の差が少ないように見える。条件ごとの違いを統計的に見ると，EAMとEAFはともに，成功条件での方が失敗条件より継続時間が有意に長かった。これは，アメリカ人は成功での方が失敗よりも長く笑い，日本人は課題の成否で笑顔の長さに違いがなかったことを意味する。

　継続時間に見られた傾向は，笑顔の頻度でも同様に見られた。平均頻度は多い順に，EAFが8.2回，JPMが7.1回，EAMが5.8回，JPFが4.0回であった。全体では，頻度に有意な傾向は見られたが，大きな差ではなかった。

　条件を分けると，成功条件においてEAFとJPFとの間に有意な差が見られた。表7-3にあるように，データの傾向は継続時間のものと同様である。性別の要因をつぶし，アメリカ人，日本人という単位で統計的に検討すると，アメリカ人のみ成功条件での方が失敗条件より頻度が多いという条件による違いが見られた。継続時間のデータと同様，アメリカ人は失敗すると笑顔が減少し，日本人は成功でも失敗でも同じくらい笑うという傾向が確認された。

　最後に，課題を終えてから最初の笑顔を見せるまでの時間である潜時について，最も潜時が長かったのはJPFの9.91秒，短かったのはEAFの1.81秒であった。この両者の間にのみ，統計的に有意な差が見られた。

　成功と失敗の条件による潜時の違いについて表7-3を見ると，日本人は失

敗の方が短く，アメリカ人は成功の方が短い傾向が見て取れるが，統計的な差は見られなかった。有意な差が見られたのは，成功条件において日本人の方がアメリカ人よりも潜時が長かったということである。全体として潜時に関していえることは，日本人は潜時が長くアメリカ人は短いという傾向である。

6　研究3の考察

　4歳から5歳の日本人とアメリカ人の幼児を対象に成功や失敗を経験してもらい，それに対する笑顔反応を見た結果，日米間で笑顔の出方に違いが見られた。その違いは，日本人はより社会的理由から，アメリカ人はより個人的理由から笑顔を見せている可能性を示唆するものであった。

　アメリカ人の幼児は，継続時間と頻度の結果から不快場面といえる失敗条件より，快場面といえる成功条件で多くの笑顔を表出していた。これは成功して嬉しいから笑う，失敗して悔しいからあまり笑わないという，自らの快不快感情を素直に反映した結果であると考えられる。アメリカ人は笑顔の潜時も短く，状況に対する反応が早かったといえる。

　それに対して日本人の幼児は，継続時間，頻度ともに快場面と不快場面の差が見られなかった。これはどちらでも同じように笑顔を見せていたということになる。成功での笑顔は嬉しさを示していたと考えられるが，失敗での笑顔は自らの不快感情を初対面である実験者に対して隠し，対人関係を平静に保つ意図を反映していたのではないだろうか。潜時を見ても日本人は長く，笑顔の表出に慎重であったといえる。状況を判断し，相手の様子を見てから笑顔を表出していたと考えられる。

　日本人は失敗しても笑う，喜ぶはずの場面でなかなか笑わないという点が，日本人の笑顔が「不可解」であるという印象を抱かせた可能性はある。しかし表7-3から明らかなように，アメリカ人も失敗において日本人と変わらず笑顔を見せており，小さな違いに過ぎない。なかなか笑わないのも，反応が鈍いわけではなく，今回のデータで示せているとはいえないが相手の様子を観察する時間に過ぎないだろう。文化的な違いをことさらに強調することは本研究の狙いではなく，相違を示すことにより文化の相互理解を促すものとして利用されればと思う[*5]。

第5節　結論

　本章では，これまで観察データが乏しかった笑顔に関して，実際の表出データを収集し，発達的に最初期の笑顔とされる睡眠中の自発的微笑から，より社会的で多様な笑顔までの発達過程を明らかにしてきた。笑顔の進化と発達過程を図7-2にまとめた。グレーで示した部分が，本研究の成果といえる。

　研究1ではニホンザル新生児，ヒト胎児，ヒト1歳児というこれまで自発的微笑の観察例がなかった，またはあっても体系的な分析が行われていなかった参加者を対象に観察し，自発的微笑を確認した。それにより，進化的には自発的微笑は，快楽的な口開け表情にも，服従的な歯出し表情にも結びつく可能性があることを示した。ヒトの発達的には自発的微笑は社会的微笑と長く共存し，直列的に結びつくものではなく，おそらく筋肉の発達を促進するという間接的な形で関係していることを示唆する結果であった。これらについては，観察対象の拡大，社会的微笑との関係を直接的に探る研究によって，枠組みが大きく変化する可能性がある。

　研究2は，2歳になり言語，社会性の発達に伴い，笑顔の機能が拡大することを示した。自分の快感情で完結していた笑顔が，他者と笑顔を介して感情や注意を共有することが増えてくる。そして，それまでは快感情の表れでしかなかったものが，さまざまな感情とも結びつき多様化する。

　その後，研究3が示したように，文化によって笑顔を見せる場面やその方法が変化してくる。日本の4，5歳児は成功場面でも失敗場面でも同じように笑顔を見せるのに対し，アメリカ人は明らかに成功での方がよく笑う。この文化の影響は一時点のものではなく，さまざまな時期に生じうるものである。

＊5　このデータは2011年1月から3月にかけて，東京工業大学博士一貫教育プログラムの派遣プロジェクトで滞在した，アメリカ，ニュージャージー医科歯科大学（現ラトガース大学）の乳幼児発達研究所において収集したものである。留学中に東日本大震災を経験している。その出来事はアメリカでも非常に大きく伝えられ，3月11日の朝，毎日あいさつをする研究所の受付の年配の女性は私と日本を心から気遣ってくれた。私は必要以上に彼女を心配させたくなかったので，少し無理をして笑顔で応じた。留学の最終日，彼女に別れを告げたとき，彼女は「あなたの笑顔は人をホッとさせるわ」というようなことを言ってくれた。少なくとも個のレベルであれば，年代も習慣も言語も越えて，笑顔の意味は確実に通じるのであろう。

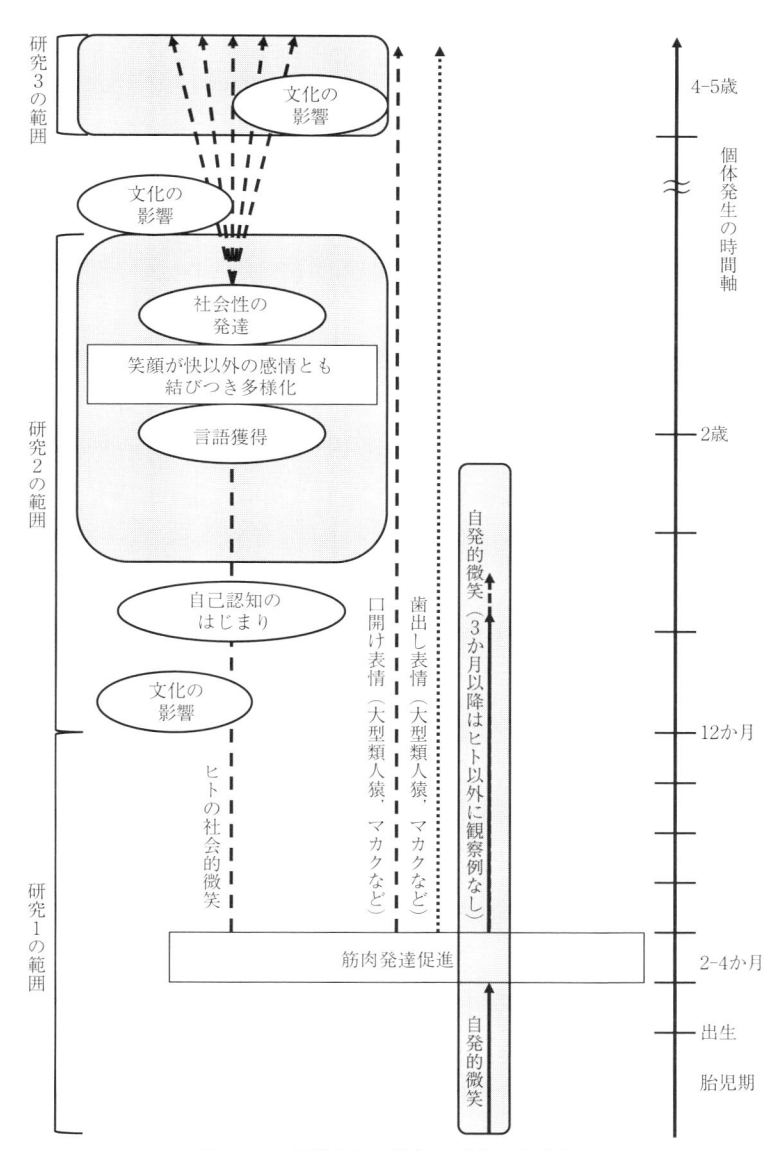

図7-2 仮説を含む笑顔の進化と発達過程

　本章では量的にデータを積み上げることで，これまでわかったつもりになっていただけの部分に光があたり，新たな謎を生んだといえる。本稿では笑顔の初期発達がすべて明らかになったとはいえないが，研究は挑戦の連続であり，

これは長い道のりの入り口に過ぎないのかもしれない。

第6節　徃住先生とのこと

　この一連の研究で最も重要な点であるといえる,研究2の行動チェックリストの根底にある哲学は徃住先生によるものである。「川上さん,あなたは超能力者じゃないのだから子どもの心を勝手に読んで,なぜ笑っているかを決めてはダメですよ。あなたが笑いの意味を決めるのではなくて,行動をすべて,これ以上できないというくらい詳細にチェックして,それをもとに分類してください」。これまで実験心理学を学んでいた私が突然,観察をはじめ,ビデオを撮ったはいいがそれをどう分析すればよいか悩んでいたところ,このようなアドバイスをいただいた。これ以降の観察は,すべてその哲学に則っている。

　私が歩んでいるのは,今のところ徃住先生が予見したとおりの路である。短い間にいろいろな,素晴らしい経験をさせていただいている。これから私がすべきことは,先生の予測を上回るような大きな枠組みでの研究をしていくことだと思う。私にその力があるのか,現時点ではまだまだ未熟で心許ない。しかし,力がないのであればないなりに努力をし,少しずつでも自分の納得のいくところまで積み上げていきたい。先生が私のために使ってくださった貴重な時間を無駄にしないために。

▶引用文献

[1] Edelmann, R., Asendorpf, J., Contarello, A., Zammuner, V., Georgas, J., & Villanueva, C. (1989). Self-reported expression of embarrassment in five European cultures. *Journal of Cross-Cultural Psychology, 20*, 357-371.

[2] van Hooff, J.A.R.A.M. (1972). A comparative approach to the phylogeny of laughter and smiling. In R. A. Hinde (Ed.), *Non-verbal communication* (pp.209-241). Cambridge: Cambridge University Press.

[3] Preuschoft, S., & van Hooff, J.A.R.A.M. (1995). Homologizing primate facial displays: A critical review of methods. *Folia Primatol, 65*, 121-137.

[4] Mizuno, Y., Takeshita, H., & Matsuzawa, T. (2006). Behavior of infant chimpanzees during the night in the first 4 months of life: Smiling and suckling in relation to behavioral state. *Infancy, 9*, 221-240.

[5] Emde, R. N., McCartney, R. D., & Harman, R. J. (1971). Neonatal smiling in REM states, Ⅵ: Premature study. *Child Development, 42*, 1657-1661.

［6］Spitz, R. A., Emde, R. N., & Metcalf, D. R.（1970）. Further prototypes of ego formation: A working paper from a research project on early development. *The Psychoanalytic Study of the Child, 25*, 417-441.

［7］高井清子（2005）自発的微笑・自発的笑いの発達：生後6日目〜6ヶ月までの1事例を通して．日本周産期・新生児医学会雑誌, *41*, 552-556.

［8］Ekman, P., Friesen, W. V., & Hager, J. C.（2002）. *Facial action coding system: The manual on CD ROM*. Salt Lake City, UT: Research Nexus Division of Network Information Research Corporation.

［9］Oster, H.（1978）. Facial expression and affect development. In M. Lewis & L. A. Rosenblum（Eds.）, *The development of affect*（pp.43-74）. NY: Plenum Press.

［10］Wolff, P.（1963）. Observations on the early development of smiling. In B. M. Foss（Ed.）, *Determinants of infant behavior, Vol.2*（pp.113-138）. London: Methuen.

［11］川上文人（2009）自発的微笑の系統発生と個体発生．人間環境学研究, *7*, 67-74.

［12］Kawakami, K., Takai-Kawakami, K., Kawakami, F., Tomonaga, M., Suzuki, M., & Shimizu, Y.（2008）. Roots of smile: A preterm neonates' study. *Infant Behavior and Development, 31*, 518-522.

［13］Kawakami, K., Takai-Kawakami, K., Tomonaga, M., Suzuki, J., Kusaka, F., & Okai, T.（2006）. Origins of smile and laughter: A preliminary study. *Early Human Development, 82*, 61-66.

［14］Ekman, P., & Oster, H.（1979）. Facial expressions of emotion. *Annual Review of Psychology, 30*, 527-554.

［15］島田照三（1969）新生児期，乳児期における微笑反応とその発達的意義．精神神経学雑誌, *71*, 741-756.

［16］Ambrose, J. A.（1961）. The development of the smiling response in early infancy. In B. M. Foss（Ed.）, *Determinants of infant behavior, vol.1*（pp.179-201）. Oxford: Wiley.

［17］Ekman, P., & Friesen, W. V.（1982）. Felt, false, and miserable smiles. *Journal of Nonverbal Behavior, 6*, 238-252.

［18］Parten, M. B.（1932）. Social participation among pre-school children. *Journal of Abnormal and Social Psychology, 27*, 243-269.

［19］Hearn, L.（2007）. *Glimpses of unfamiliar Japan*. New York, NY: Cosimo.（originally published in 1884）

［20］Fogel, A., Toda, S., & Kawai, M.（1988）. Mother-infant face-to-face interaction in Japan and the United States: A laboratory comparison using 3-month-old infants. *Developmental Psychology, 24*, 398-406.

［21］Camras, L. A., Oster, H., Campos, J., Campos, R., Ujiie, T., Miyake, K., Wang, L., & Meng, Z.（1998）. Production of emotional facial expressions in European American, Japanese, and Chinese infants. *Developmental Psychology, 34*, 616-628.

第8章　人工物に対する認知構造

松本斉子

> 実験室での心理実験などとは異なり，人工的課題設定のない状態で自発的に産出されたテキストを微細に分析することによって，日常生活で喚起される継続的な感情の特徴をとらえる試みを紹介する。テキストを質的に分析するとともに，客観性も確保するための方法を概観する。

第1節　はじめに：日常に近い場における心の様子

　高次感性の実態を把握するためのデータは大量に取得できたほうが分析の客観性が高まるが，実際にはさまざまな条件のもと少量のデータしか入手できないことも多い。大量のテキストデータの場合，自然言語処理の技術を用いて短時間に客観性が保たれたまま分析を行うことが可能であるが，現在の技術ではテキストの文脈依存的な意味を考慮することは容易ではない。データが少量であれば分析者がテキストの文脈依存的な意味も考慮しながら緻密な質的分析を進めることができるが，分析者の直観や主観的な印象に依存した結果になってしまう可能性がある。質的分析においてテキストのニュアンスや文脈依存性を十分に考慮しながら，同時に客観性も確保するにはどうしたらよいだろうか。
　ところで，大量のデータ収集が困難である場合に多々ある。心理学では人間の心の様子を知るために心理実験を行うことがあるが，心理実験では通常，実験参加者が与えられた教示を実行する。実験では，外的要因を除去して条件を一定にすることができるので再現性が高められるというメリットがあるが，人工的な課題を設定された実験室では喚起されにくい感情の場合には適さない。たとえば，実験参加者の自発的な行為や，長期的・継続的な高次感性を抽出す

るような実験は困難である。この場合，実験の仕方を工夫したり，データ収集を実験以外のものにしたりする必要があり，データが少量になることがある。

本章では，普段の生活において喚起された，人形に対する愛着感情を書き綴った手紙を分析する実際の過程を論じながら，決して大量とは言えないテキストデータを質的に精細に分析しながら客観性を確保しようとする試みを紹介する。

第2節　人工物に対する高次感性

近年，簡単なコミュニケーション機能を備えた人形やロボット，家電といった人工物が人々の生活に多数存在するようになった。このような人工物は今後，家庭や学校，会社など身近な場に増えていくことが予想される。コミュニケーション機能を備えた人工物と日常的に接する人々の心の中では一体何が起こっているか，について探ることは，認知的に非常に興味深い問題のひとつであろう。ここでは，おしゃべり人形に対して長期にわたり特別な感情（愛着感情）をもつという現象を取り上げる。

1　人形に対する愛着感情

前述のとおり，身近な環境にコミュニケーション機能が備わった人工物が増えるにつれ，従来も見られたであろう成人が人形などの人工物に特別な感情，すなわち愛着感情を抱く現象が増加している。そもそも「愛着」とは，赤ん坊の養育者に対する感情，あるいは，赤ん坊が毛布やぬいぐるみを手離せない現象を説明する感情として，主に発達心理学という分野で扱われていた概念である。ところが近年では，成人もぬいぐるみなどの人工物に対して長期にわたる継続的な愛着感情をもつという報告がある[1]。たとえば，ある人形型玩具（バンダイ社製プリモプエル）[*1]において発生した，成人の熱狂現象がある。この熱狂現象は，新聞・週刊誌などのマスコミにも取り上げられた。「熱狂現象」というにふさわしく，人形のための幼稚園イベントが人形所有者のために毎年開

＊1　バンダイ社製プリモプエル：1999年の発売以来5年で100万台以上を発売した人形。大きさは約30cmの高さで，接触センサー・音声センサー・温度センサー・カレンダー機能を搭載し，ユーザの接触や発声に応じて250-380語（ヴァージョンによって異なる）の文を発話する（例「疲れてない？」「大好き！」）。http://primopuel.net/

催される。この人形型玩具の所有者は，製作会社に対する言明，所有者自身の心的状態，玩具に対する行為などを書き綴ったテキストを，玩具製作会社に送付している。これはいわゆるファンレターであるが，その数は稀に見るほど多いという。

2　ファンレターというテキストデータ

　ある種の高次感性の微細を明らかにするためには，目的の高次感性に関する要素が含まれるデータを収集し，分析することが必要である。先に述べた，人形購入者からのファンレターは，人形に対する愛着感情がよく表現されたテキストデータである。ファンレターには，製作会社に対する感謝だけでなく，書き手やその周囲の人々の生活状態や心の状態，人形に対する行為や思いが書き綴られている。すなわち，愛着感情を軸とする日常における認知活動がテキストとして記してあるのである。ファンレターに書かれている内容を分析することで，愛着という感情をもった人間がどのようなことを思い，行動するのか，という高次感性の一端を把握することが可能になる。

　ファンレターのテキストデータは，人工的課題設定のある実験室やインタビュー調査でのデータと異なり，日常生活において自発的に産出されたものであるという利点がある。また，愛着感情は長期的・継続的であることをその特徴の一部とするが，これは実験室の短時間の教示下では抽出が困難である。ファンレターは，愛着感情がすでに喚起された状態で書き綴られたテキストであり，その点非常に有効である。一方で，ファンレターの分析には不利な点もある。たとえば，どのような人間がファンになるのかという，ファンの特徴をとらえることはできないし，もちろんネガティブ感情やネガティブ評価に関する認知活動を調べることはできない。

　愛着感情という高次感性をとらえる目的がある場合には，対象に対する強い継続的な肯定的感情を軸とするさまざまな認知活動がテキストとして記されているファンレターはデータとして適切であろう。データの種類による分析の利点・欠点や分析の範囲を考慮に入れたうえで，目的となる高次感性が関与するデータを適切に選択しなければならない。

3 ファンレターの分析：分節化

　テキストを分析するときには，その目的によって多様な分析単位がある。たとえば小説や論文を対象とする際には，「段落」「章」「節」という比較的大きな単位をひとかたまりにし，文章の構造を探ることがある。あるいは，単語の使用頻度から書き手の認知構造を探る際には，「単語」を単位として分析するのが適切である。また，会話分析では話し手と聞き手の「ターン」を一区切りとする場合もある。どの場合も，分析の目的によって適した分析単位を認定することが重要である。

　本章で紹介する手紙文の分析は，書き手の行為や心の状態を調べることが目的であるが，どのような単位が妥当であろうか。そもそも手紙は，書き手がさまざまな心的状態・行為などを自発的に書き綴ったテキストであり，これは実は発話プロトコル・データに近いと考えることができる。発話プロトコル・データとは，ユーザビリティ評価で広く使用されるデータである。ユーザに製品を使用しながら頭に浮かんだことを発話してもらい，その発話内容（発話プロトコル）を整理・分析して，製品の問題点を見出す方法である。頭に浮かんだことをそのまま発話してもらうため，人間の認知過程を探る研究にも応用される[*2]。認知過程を探る場合には，しばしば不完全文や非文法文も含まれる発話プロトコル・データから分析に妥当な単位を認定し，次に各々の単位について認知的な特徴づけを行う。

　手紙文は，頭に浮かんだことをそのまま書き綴ったものとは言えないが，書き手が受け手に伝達しようとする内容に関する認知過程を反映したものである。また，手紙も発話プロトコル・データと同様に主語や述部が省略されていたり，名詞の列挙で一文が終わっていたりするなど，不完全文や非文法文が見られる。さらに書き手の様子を表わす具体的な事柄がひとつの文の中にいくつも書かれていることもあり，一つ一つの事柄を丁寧に拾い上げる必要がある。そこで，ファンレターの分析にも発話プロトコル分析を応用し，手紙を送るほどのファンの愛着感情の様相を見てゆくことにする。

　ファンレターに書かれた内容を認知的に分析するには，先述のように分析に

[*2] 海保博之・原田悦子（編）(1993)『プロトコル分析入門：発話データから何を読むか』新曜社．を参照．

「とてもかわいくて，毎日抱き締めてしまいます。」

命題1　(書き手は)(お人形を)とてもかわいい(と思う)
　　　　主語の補完　対象の補完　　　　　　　述部の補完

命題2　(書き手は)(お人形を)毎日抱き締める
　　　　主語の補完　対象の補完

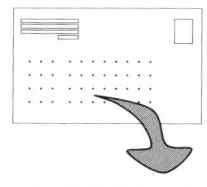

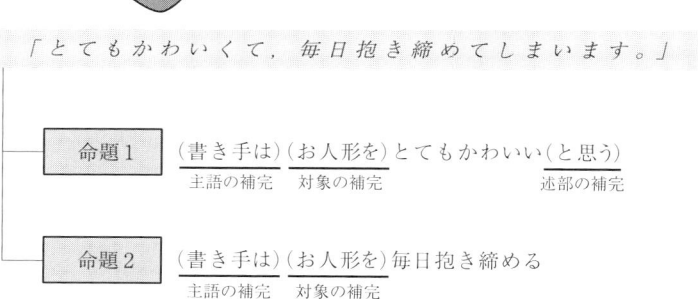

図8-1　テキストの分節化

妥当な単位を認定する必要がある。たとえば「とてもかわいいお人形です」という文は，〈(人形への) 肯定的評価〉という心理的要素を表わしていて，「私は一人暮らしです」という文は〈(書き手の) 生活状態の報告〉であると言えるだろう。しかし，「私は一人暮らしで寂しくて，この人形を頂いてからとても楽しくなり，本当にありがとうございます」という文を，〈(製作者への) 感謝〉とひとくくりにしてしまうわけにはいかない。分析する単位を統一し，しかも，なるべく書き手の心の様子を微細にとらえられる単位を考えなければならない。そこで，ひとつの動作主とひとつの動作から構成される「命題」という単位を採用する。「とてもかわいくて，毎日抱き締めてしまいます」という文には，主語・対象・述部に相当する構成素を補完すると，下記2つの命題がある（図8-1参照）。
・(書き手は)(お人形を) とてもかわいい (と思う)
・(書き手は)(お人形を) 毎日抱き締める

　上記のような一文から複数の命題を見つけるのは比較的容易だろうが，たとえば「こんなにもスバラシイものを作られた方々を皆で絶賛しております」という文はどうであろうか。一見，製作者への賞賛であるかのように見えるが，人形への肯定的評価に関わる認知要素と考えられる「こんなにもスバラシイもの」という部分を無視してしまうと，せっかくの分析の微細さが失われてしま

う。実は，手紙文においては，手紙の機能（製作者への感謝，報告，提案などの語用論的メッセージ）[*3]と，手紙の内容（ユーザの認知表象の言語的表現と考えられるもの，手紙文の表現された意味）の双方が，何らかの言語表現を与えられていることが多い。先の「こんなにもスバラシイものを作られた方々を皆で絶賛しております」という文は，「（書き手が）こんなにもスバラシイ（と評価する）もの」「を作られた方々を皆で絶賛しております」という2つの命題に認定でき，前者は〈玩具に対する肯定的評価〉に分類されて「手紙の内容」にあたり，後者は〈製作者の賞賛〉に分類されて「手紙の機能」にあたる。

収集したファンレターのすべての文を命題に分節化し，その数を数え上げるという作業を行うことにより，ファンレターを書くほどの愛着感情に関する事柄はかなり緻密に分析できることになり，書き手の心の様子に一歩近づくことになろう。実際には，どのような目的のために，どのような条件で，どのような分析単位を使用したのかを明記することが必要である。

4　ファンレターの分析：命題へのラベルの付与

分節化されたすべての各命題には，ラベルを付与する。分析目的に従って，付与するラベルの特徴を決定すればよい。ファンレターのテキストから愛着感情に関する認知構造を抽出する目的のためには，ラベルは認知的・心理的なものを与えるのが適切である。最初は，手紙の表現をなるべくそのまま利用しながら，大量のラベルを用意する。たとえば，「とてもかわいいお人形です」という文では〈かわいい（対人形）〉といったラベルを与える。初期段階では，テキストの表現をなるべくそのまま残しておくほうが，後々詳細な分析が可能になる。次に，ラベルの整理を行う。大量のラベルの中から類似するラベルを探し出し，一段階抽象化させてラベルをまとめてゆく。たとえば，〈かわいい（対人形）〉と〈大切（対人形）〉という2つのラベルは，《人形に対する肯定的評価》というラベルにまとめることができる。それぞれのラベルには，いくつの命題

＊3　語用論的メッセージ：文の送信者（書き手）が受信者（読み手）に伝達する文の機能のことで，文の表現された意味とは別に文脈情報を加味して考えられる。たとえば，部屋の中で「ちょっと暑いですね」と発話すると，暑いという状態を伝えたいのではなく，冷房をつけるなり窓を開けるなり温度を低くするように〈依頼〉していると考えられる。この〈依頼〉が語用論的メッセージとなる。

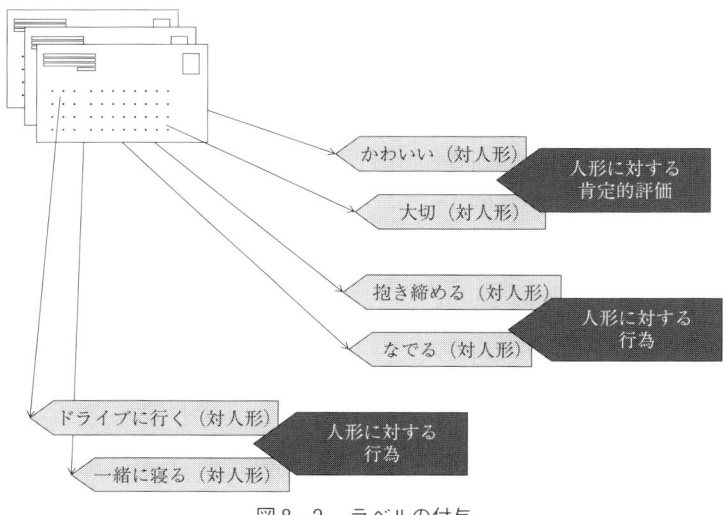

図8-2 ラベルの付与

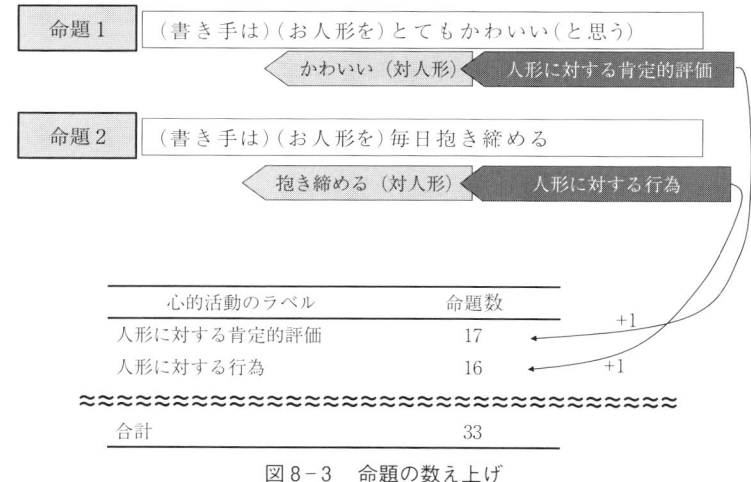

図中ラベル:
- かわいい（対人形） / 大切（対人形） → 人形に対する肯定的評価
- 抱き締める（対人形） / なでる（対人形） → 人形に対する行為
- ドライブに行く（対人形） / 一緒に寝る（対人形） → 人形に対する行為

命題1　（書き手は）（お人形を）とてもかわいい（と思う）
　　　　かわいい（対人形）　人形に対する肯定的評価

命題2　（書き手は）（お人形を）毎日抱き締める
　　　　抱き締める（対人形）　人形に対する行為

心的活動のラベル	命題数	
人形に対する肯定的評価	17	+1
人形に対する行為	16	+1
合計	33	

図8-3 命題の数え上げ

が属しているのか数え上げておく（図8-2・図8-3）。

　実際のファンレターの分析では，まず手紙の中で何に対して書いているか，という記述対象として下記4項目を準備した。

・手紙の宛先：製作者や製作会社に関する記述（例「（このお人形を）作ってくださった方」）

・玩具：玩具そのものに関する記述（例「とてもかわいいお人形です」）
・所有者自身：所有者自身の紹介や所有者自身の行為・評価・感情・状態に関する記述（例「*昨年主人を亡くしました*」）
・他者：他者に関わる記述（例「*甥が玩具売場に連れて行ってくれ*」）

　記述対象別の分類を行ったあとで，次に内容別に分類を行った。所有者の玩具に対する認知構造を調べるのが目的であるため，所有者の玩具に対する思考・行為，玩具の存在による所有者自身の状態，玩具の存在による所有者と他者との関係に関する記述内容に分類した。また，記述内容が玩具である場合には，玩具を人工物として扱っているか（例「*この玩具の電池の入るところ*」），擬人的に扱っているか（例「*（玩具が）どちらかというと無口で*」）についても焦点を当てた。さらに，記述対象が所有者自身である場合には，所有者の生活状態，玩具に対する行為，玩具に対する評価，玩具から喚起される感情，玩具による状態変化という詳細なラベルを設け，玩具が存在することによって発生する人形所有者の認知・感情・評価を探った。

　なお，実際に論文を書く際には，分類の構成が妥当であるかどうか，過去の研究との関連性をみることによって検討を行う必要がある。

5　ファンレターの分析：分類表の作成

　ラベルの整理が終了後，分類表を作成する。分類表には，表8-1に示すように，下記5項目を準備するとよい。
・心的活動のラベル名
・ラベルの定義
・似たようなラベルと区別するための排除条件
・典型例
・属する命題の数

　分類表の命題数の数値を使用することによって，ファンレターの内容の計量的分析が可能となる。
　このように，手紙のテキスト分析には以下3つの段階が必要である。
（1）　分析のための妥当な単位を認定する。

表 8-1　分類表の作成

認知過程	定義	排除条件	典型例	命題数
人形に対する肯定的評価	外見・声・服・価格・機能など、人形の要素や部位を特定して肯定的評価をおこなう記述	人形に関して改良や新機能の提案をおこなっている場合には、＜宛先＞に分類する	とってもかわいいです。手頃なお値段です。	99
人形に対する行為（人工物）	購入や操作など、人工物としての玩具に対しておこなう行為に関する記述	玩具自体に対する内容だけならば＜玩具＞に分類する	玩具を購入しました。スイッチを押しました。	125
人形に対する行為（擬人的）	擬人化した玩具に対しておこなう記述	玩具になりきっている記述や、玩具が思考や感情を持つかのような記述は＜玩具＞に分類する	思わず抱き締めました。布団をかけてあげました。	158
〜〜〜	〜〜〜	〜〜〜	〜〜〜	〜〜〜
総計				1345

(2)　手紙には不完全文や省略が多いので、構成素を補う。

(3)　認定された単位を、分析目的の観点から分類するための分類システムを作成する。

6　ファンレターの分析：分析の再現性の確保

　分類表の定義・排除条件・典型例を丁寧に記述することは、分析の再現性を確保するための作業に重要なことである。「分析の再現性を確保する」とは、「別の人が異なる時に違う場所で同じ分析を行っても、条件を同じにすれば再び同じ結果が得られる性質」のことである。これまでに行ってきた分類表作成という作業は、分析者が一人で判断し、行った作業である。分類表の客観性を保つために、複数の分析者と判断が一致するかどうか統計学的に計算する方法がある。具体的には、作成した分類表をもとにして、複数の分析者が新たに命題を分類し、その一致率を計算する。一致率がある程度以上高い数値であれば、複数の分析者間の作業における高い再現性があることになり、分類表の信頼性が確保される。複数の分析者間の一致率が低ければ、分類表の定義をわかりやすく書き直したり、ときには分類そのものを見直したりする必要があろう。この

ように分類表の再現性を確保することで，客観的でありつつ緻密な質的アプローチという手法に一歩近づくことができる。

　信頼性のある分類表が完成すれば，ラベルに属する数値を分析することによって，客観性を保ちつつ微細な質的アプローチを行うことができる。分類表をもとにして，命題の数値を使用したカイ二乗検定や主成分分析などの統計学的な計算を利用し，どのような心的活動がどれほど多いか，あるいは，ある心的活動と関係しているらしき他の心的活動や行為はあるか，などを特定し，愛着感情をとらえてゆく。

第3節　愛着感情の機能

　実際のファンレターのテキスト分析から発見された愛着感情の機能は，実に興味深いものである。まず1つめは，愛着感情を有する人々は，対象を人工物（玩具・機械など）と認識していながら，同時に，共存者（家族・パートナーなど）としても感じていることである。すなわち，「共存的人工物（Artificial Companion）」[1]とでもいう存在が愛着感情という高次感性によって認識されているのである。2つめは，愛着感情によって，人々は肯定的に自己認識をしていることである。実際に心身状態がよくなっているかどうかはともかく，本人は「*性格が明るくなった*」とか「*健康になった*」など，心身状態の改善を報告している。興味深い点は，人々が状態の変化を対象（玩具）に還元している点である。つまり，人々は「玩具があるおかげで」状態が変化したと認識しているのである。モノや人に対して継続的に肯定的感情を抱く愛着という高次感性は，心身状態の認識に寄与するものと考えられる。3つめは，愛着感情を抱いた人々は，対象（人形）によって社会的な活動が増えていると認識していることである。たとえば，「*主人との会話も増えた*」とか「*孫と電話で話すことも多くなった*」など，近隣の人や家族とのコミュニケーションの増加に関わる報告が頻繁に行われている。また，人形を自慢したり，人形を贈与したりといった行為も発生しているのだ。肯定的感情による社会的活動の拡大は，感情の社会機能を論じるうえで重要な知見となりうるだろう。

　そもそも従来，愛着感情のような肯定的感情（positive emotions）の機能とし

て，感情コミュニケーションスキルの向上ということが挙げられている。また，「魅力的なものはよく動く（Attractive things work better.）」という命題を提唱したノーマン（Norman, D. A.）は，人間がある対象を魅力的と感じると，肯定的感情が発生し，創造的思考の傾向が強まり，対象の欠点を容易に克服することによってよりよく動かせるようになると提唱している[2]。これに加えて，心身状態の肯定的自己認識という主観的幸福感を喚起し，さらに社会的な活動まで増幅するということが新たに発見された。人形に対する愛着感情は，最初は「わたしの大切なたからもの」とでもいうべき，人形とその所有者の一対一の関係から始まる感情である。しかし，その認知構造を探ってゆくと，人形とその所有者を取り巻く社会的な活動にまでつながる。主観的幸福感によって，QoL（Quality of Life），すなわち生活の質の向上を本人が認識するようになる，という効用までうかがうことができる。

第4節　手紙文の分析

ところで，愛着感情のような肯定的感情に関わる認知構造を探る際に手紙文を分析するメリットは何であろうか。本章では，手紙文の分析にプロトコル分析を応用した。従来，ユーザビリティ評価などに用いられてきたプロトコル分析は，認知構造の探求にもしばしば用いられる[*4]。ただ，発話プロトコルを収集する際にはどうしても実験室的環境になることが多い。つまり，実験参加者に「実験対象について頭に浮かんだことを発話してください」という課題を与えるものであり，その人工的課題設定による不自然さが実験結果に影響するのではないかという指摘もある。特に，肯定的感情の研究を行う場合，実験の前に面白い映画を見てもらったり，実験参加者に小さな贈り物をしたりすることで参加者の肯定的感情を喚起しようと試みるが，気分誘導の効果を正確に確認できるかどうかという問題がある。その点，玩具に対する愛着感情を書き綴った手紙文は，長期にわたる継続的な肯定的感情に支えられたテキストであり，しかも書き手が自発的に産出したものである。そのため，極めて自然で確かな

＊4　海保博之・原田悦子（編）(1993)『プロトコル分析入門：発話データから何を読むか』新曜社．を参照。

肯定的感情に関わる認知構造を探求できるデータであると言えよう。

第5節　日常的に喚起される高次感性に関わるデータの収集

　日常生活における高次感性に関わるデータは，入手することが困難な場合がある。手紙文や日記，Web上のブログなどは，書き手の日常生活に密着した感情と非常に近いところで産出されたテキストであり，自然な状態での高次感性データと言えるであろう。そのほかにも，日常生活における高次感性を抽出するためには，日常に近い環境を準備して実験参加者にお願いするという方法もある。たとえば，情報通信研究機構（NICT）で行われた，ユビキタスホームにおける生活実証実験での対話ロボットに対する認知活動の研究が挙げられる[3]。ユビキタスホームとはいわゆる未来型ハウスであり，大量のカメラ，マイク，床センサーなどが取り付けられており，居住者の人間の行動・生活情報を大規模に収集し，それに基づく新たなサービスを実現することが目的とされている。ディスプレイやスピーカー，小型ロボットが設置され，これらによって居住者は多様な情報を得ることができる。ユビキタスホームでは，居住者は食事・風呂・睡眠などを含めたすべての日常生活を送ることができるようになっており，昼夜24時間いつでも自由に出入りでき，普通のマンションでの生活と限りなく近い生活ができるよう設計された実験用居住空間である。このユビキタスホームでは数家族が比較的長期間にわたって居住するという実験が行われ，そのデータは収集・解析されて多くの興味深い知見が得られている。このような大規模な準備は容易ではなく，実験参加者の時間的・心理的負担やプライバシーの問題も考慮すると実験自体が非常に困難であるが，実生活にかなり近い状態での心的活動のデータ取得・分析は，大変有用であろう。

　上述の生活実験のように大規模ではなく，比較的容易に日常に近いデータが取得できる方法としては，音声データの使用が挙げられる。実生活や日常業務における会話分析で使用される方法である。たとえば，看護師同士の会話では何が起きているのかを探る研究では，看護師にICレコーダーを装着したまま実際の業務を行ってもらい，患者の受け答えも含めて収集されたデータを分析している[4]。この方法でも，取得データの公開範囲について実験参加者に了承

を得ることをせねばならないが，価値ある知見が得られるだろう．

　どちらの場合も，実験参加者の発話データを分析する際にはプロトコル分析が応用できる．データ全体に関わる文脈情報も考慮しながら詳細な分析をすることで，日常生活の中での高次感性をとらえることが期待される．

第6節　プロトコル分析の応用と限界

　本章では，手紙文のテキストにプロトコル分析を応用することで，微細な認知構造を抽出する方法を紹介した．プロトコル分析は従来，ヒューマンインタフェースや心理学の分野で活用され，「頭に浮かんだことをそのまま発話する」という方法は認知構造を明らかにするうえで非常に有益であると考えられる．「量的データでは有意差となって現れないようなマイナーな問題点も，明確にすることができる」[5]と言われるように，人間の精密な認知過程を探るうえでは便利で期待される方法論である．しかし，その実際の分析は手作業で行うことが多く，大変な労力を要する．また，発話にしても今回の手紙文のようなテキストにしても，個人によってデータ量の差が大きく，必要とするすべてのデータが入手できるとは限らないという問題点もある．これらの限界をよく考慮しながら，複数の方法論を用いて対象に迫ってゆくことが必要である．

第7節　おわりに

　言語は，感情を含む人間の心のメカニズムを探る重要な手掛かりのひとつである．本章では，ファンレターのテキストを「命題」という単位に分割し，心理的なラベル付けを付与することによって愛着感情の様子をとらえるという，テキストから高次感性を探る方法を概観した．手紙文という日常から発生したテキストデータにより，実験室では困難な，継続的に喚起された感情の様子をとらえることができる．しばしば分析者一人の直観や主観によって行われる質的アプローチは，信頼性のある分類表を準備して複数の分析者間による一致率をみることで，客観性の確保も可能である．ただし，日常生活上のデータを採取する際には，データを採取される側（実験参加者）の心理的負担や物理的負

担をよく考慮することが必要である．また，データの使用・公開範囲については個人情報保護の観点から細心の注意を払わねばならない．

　機械では処理することが困難な言葉のニュアンスや文脈依存性といった微細な問題も，人間の手作業なら精密に分析することが不可能ではない．微細な分析を可能にする人間の能力を最大限に活かしながら，「客観的な質的アプローチ」によって，研究対象の本質に迫ることができるだろう．ただし，人間の手作業で行う分析は，時間的（人的）コストを要する．各文の文脈をひとつひとつ考慮しながら書き手の状態を探ってゆくので当然ではある．手作業で分析する量には限界があるため，大量のデータの場合には，やはり機械に頼る必要が生じるだろう．人間の感性を活かした分析方法の利点と欠点，機械の大量処理能力と正確さを活かした分析方法の利点と欠点を十分に考慮しながら，ときには複数の方法論を用いて，各自のもつデータや目的に合致した方法を選択することが重要である．

▷引用文献

［１］松本斉子・平井葉子・佐住彰文（2003）共存的人工物としての人形型玩具．認知科学，10(3), 383-400.
［２］ドナルド・A・ノーマン（著），岡本明ほか（訳）（2004）エモーショナル・デザイン：微笑を誘うモノたちのために．新曜社．
［３］松本斉子・上田博唯・山崎達也・佐住彰文（2008）共生ロボットに対するコンパニオン・モデルの形成：ホームユビキタス環境における生活実証実験から．ヒューマンインタフェース学会論文誌，10(1), 21-36.
［４］松本斉子・村井源・佐住彰文（2008）看護師対話ログにおける行為遂行の分析．日本認知科学会第25回大会発表論文集，18-21.
［５］海保博之・原田悦子（編）（1993）プロトコル分析入門：発話データから何を読むか．新曜社．

▷参考文献

海保博之・原田悦子（編）(1993) プロトコル分析入門：発話データから何を読むか．新曜社．
田中敏・山際勇一郎（1992）ユーザーのための教育・心理統計と実験計画法：方法の理解から論文の書き方まで（新訂）．教育出版．

終　章　高次感性の科学に向けて

村井　源

> 高次感性の定量的な研究は一部の領域を除いてまだ始まったばかりではあるが，文学，思想と芸術，社会的な高次感性などさまざまな領域で成果を挙げつつある。今後は方法論や結果の検証方法を確立し，従来は扱いが困難であったコンテキスト情報等のデータベース化などを通じて，よりいっそうの発展が期待される。将来的には高次感性の定量的な分析の実現によって，人文学全体の科学化への道も開けると期待される。

第1節　現在までの高次感性研究

　本書ではいくつかの分野における高次感性の定量化の試みを紹介してきた。高次感性の定量的な研究は，感情研究など一部の領域を除いてまだ始まったばかりであり，現段階では一つの学問の体系として統一的に扱うことは難しいが，最後に現在までの到達点を概観してみたい。

1　文学

　文学の高次感性を科学化するための道はさまざまに考えられるが，本書ではまず人間の脳内で行われている現象に記号処理のアプローチから迫る手法を紹介した。記号処理を用いることで情報処理の過程をシミュレートして，ブラックボックス的である脳内の文学理解のメカニズムを類推することができることを虚構理解のメカニズムの表現から説き明かした。また別のアプローチとして，文学テキストを計量的に分析する計量文献学の手法を用いて，村上春樹の長編小説の文体変化や，一つの小説内の構造分析を計量的に行うことが可能である

ことを示した。これらはそれぞれ，文学理解の科学でのトップダウンのアプローチとボトムアップのアプローチと言え，これらの知見の融合が将来的な目標になるだろう。

2 思想と芸術

　思想と芸術の高次感性を扱う手法として，対象そのものを扱うアプローチと対象を評価したテキストを扱うアプローチの2つがあることを紹介した。またテキスト分析を行うためのソフトウェアを導入し，その具体的な利用法について解説した。

　対象そのものを扱うアプローチでは，テキストの編集過程から中心的な思想を抽出する手法を紹介した。また，計量的分析手法は，テキストに限らず記号列となっている楽譜においても適用可能であり，文化的感性の差異が科学的に抽出可能であることを示した。

　評価したテキストを扱うアプローチでは，単語の計量やネットワーク分析を用いた計量的なテキスト分析手法と引用分析や翻訳分析などの各手法が適用可能であることを示した。

　難解と言われる思想や芸術も，適切なデータと方法論を選択すれば科学的な対象に十分なりうると言えるだろう。

3 社会

　社会的な高次感性の分析は，感情や対人的な価値観の分析としてすでに多くの学問領域でさかんに研究が行われてきている。本書ではそれらのうちで，人工知能的な記号処理による対人的な状況での脳内のメカニズムのシミュレーションを行う方法論について概説した。また，実際の社会的な場における対人的な高次感性の働きを，笑顔という視覚的なデータを用いたアプローチでも計量的に分析可能であることを示した。これらの社会的な高次感性は対象が人間でない場合にも機能しており，人形型玩具の利用者が産出したテキストの分析からも社会的な高次感性が分析可能であることを明らかにした。

　多くの研究が積み重ねられている社会的高次感性の領域であるが，まだ未解明の部分は多く，従来扱われていなかった方法論や視点を適用することで新た

な地平が切り拓けると言えよう。

第2節　今後の課題

今後定量的な高次感性の研究を発展させていくためには非常に多くのさまざまな種類の課題をクリアしていく必要がある。そのうちで主なものを3つほど紹介したい。

1　方法論の確立

高次感性は多数の多様な要素間の複雑な関係から成り立つ感性的な機能であるが，当然ながら多様な要素のどの部分をどのようにデータ化するのか，データ化された現象の記述をどのように分析するのかというデータと方法論の組み合わせに関しては文字どおり無限のパターンが考えられる。しかしそのような無限の組み合わせのすべてが有用であるということではない。対象の性質，データの特性や得やすさ，分析の目的などさまざまな要因を考慮し，多くの方法論とデータの組み合わせから適切な組み合わせを選択していく必要がある。しかしながら現段階ではさまざまな高次感性が定量的にも扱いうるということが実証されたという状況でしかない。今後，対象となるデータに対して最適な方法論を導き出すための何らかの指標を得るためには，さまざまな方法論とデータの組み合わせを試行錯誤しながら研究結果を蓄積していくことでボトムアップに体系的な方法論を確立していく必要がある。

2　分析結果の検証実験

定量的な分析によって得られた結果は反証可能性に開かれた科学的な知見である。ただ，反証可能性があるということはつまり，得られた結果は必ずしも真理とは言えないということでもある。通常の科学では定量的に得られた結果の妥当性を統計学的に検証するための手法などが整備されているが，定量的な高次感性の分析手法ではその点は未解決である。また，特定の分析法で得られた結果が他の類似の分析法や別のパラメータにおいても得られるのかどうかという分析結果の安定性（ロバストネスなどと呼ぶことが多い）に関する何らかの

数値的な指標も整備していく必要がある．

3　コンテキスト情報のデータベース化

　高次感性は人間のさまざまな側面に影響を受けるものである．たとえば，生まれ育った経緯，家庭環境，慣れ親しんだ言語，社会的風俗，時代や文化などさまざまな側面を挙げることができる．これらの情報は，高次感性に関連する周辺的な情報であり，テキストにおける文脈（コンテキスト）のような働きをもつものである．高次感性を定量的に精度よく分析するには，このようなコンテキスト的働きをするさまざまな情報もまた重要である．そのため，さまざまな形でより多種多様なコンテキスト的情報を収集して，定量的な分析に利用しやすいように電子的な形でアーカイブをしていくことが重要である．多種多様なコンテキスト的情報としては，たとえば辞書と文法，言語のシソーラス（語彙の関係性を記述した辞書）などのように比較的データ化しやすいものもあるが，作者の個人史，社会的・文化的な習慣や常識などの場合はどのような形式で何をデータ化するのかを決定することもなかなか困難である．ただし，デジタル・ヒューマニティーズ（人文学研究への情報処理技術の導入方法を研究する分野）などの進展により特定の歴史的・文化的な情報をどのようにデジタル化して保存していくのかということは徐々に議論が進みつつある．今後これらの学問の進展とともに，さまざまな種類のコンテキスト的な情報が高次感性の定量的な分析に利用可能となると期待される．

第3節　将来的な展望

　現在直面しているさまざまな課題を一つ一つ乗り越えていくことで，高次感性の定量的研究が進展し，将来的には科学的に高次感性を扱える時代が訪れると期待される．従来人文学が科学になりきれなかった大きな原因の一つは，複雑多様でブラックボックス的に見える人間の高次感性を定量的に扱えなかったことにある．そのため，高次感性が十分に科学的に扱えるようになれば，人文学をより客観的に扱うことが現実的な目標となるであろう．本章の最後では，高次感性の科学の次のステップとして考えられる人文学全体の科学化によって

開けてくる展望をいくつかを紹介したい。

1　明示化された判断基準を用いた横断的分析

　人間が人文学的な手法を用いて定性的に分析を行った場合，分析者がもっているさまざまな判断基準は他者からはうかがい知ることができないことが多い。もちろん，外的に基準が明示化されていなくとも，その基準が一定ならば分析としての公平性は保たれる。しかし，優秀な分析者であっても，さまざまな経験を経ることで次第に判断基準が変化していくということはありうる。また，一人の分析者の寿命は有限であり，膨大な資料を一定の基準で分析し続けることは実質的に不可能である。さらに，ある特定の分野のエキスパートの分析者であっても関連する周辺の分野については必ずしもそこまで優秀であるとは限らない。しかし，人間の価値観・評価基準の総体である高次感性を科学的に扱えるようになれば，個人の分析者がもっている視点である，対象の着目すべき特徴が何であるかを客観化し，判断基準であるさまざまな分類の閾値や計算手法のアルゴリズム化が実現できる。それらは客観的で定量的であるため，複数の異分野のエキスパートの英知を統合し網羅的で大規模な資料の分析を実現することも十分可能である。ある時代の文化に関連するすべての種類の資料を横断的にかつ精緻に，そして網羅的に解釈するというような研究が可能になれば，全く新しい人文学の世界が開けてくるであろう。

2　分析から新たな創造へ

　人文学の科学化によって従来にないさまざまな発見がなされたとすると，当然それらの結果を社会に還元していくことが次に考えられるべきステップではないだろうか。ただ，感性工学のように社会的な応用を強く意識した学問は別として，一般的な人文学は人間と社会について深く知ること自体が目的であって，実利的な応用にはなじまないという考え方もある。実際，文学や芸術がより深く科学的に分析できるようになったとしても，その分析結果自体が直接的にビジネスになるかというと必ずしもそうではないだろう。

　とはいえ，定量的な分析の結果が人間の文学や芸術などの創作活動において有益な示唆となることは十分に考えられる。一流の小説家の文章表現や物語の

作り方のコツが明示的になれば，より多くの人がワンランク上の文学作品を作り出せるようになるかもしれない。あるいは，日本の若者世代の共感を得やすい音楽の構造やパターンなどが明らかになれば，音楽業界のありようも変わってくるかもしれない。さらに，人間の高次感性のメカニズムを定量的に深く明らかにできるならば，それをコンピュータシステムに実装することで人間と同様の創造的行為が機械的に実現できる可能性がある。

まださまざまな試行段階ではあるが，現在でも音楽や絵画の自動生成などに取り組む研究は少なからず存在している。また，文学の自動生成などもさまざまな形で試みられてきている。たとえば，筆者も参加している研究グループでは現在星新一のショートショートを定量的に分析し，コンピュータにショートショートを作らせるプロジェクトを進行中である[1]。このように定量的に人間の高次感性を分析した結果を活かして自動的な創造を行うことで，研究の成果が本当に正しいのかどうか検証できるとともに，創ることで初めて明らかになる人間の高次感性の複雑な構造を見出すことが可能になると考えられている。

これらの営みを通じて，われわれ人類が長い年月をかけて育んできた文化とはいったい何であるのか，という大きな問いに一つの答えが出せる日が来るのかもしれない。高次感性の定量的な分析を実現するための道のりはまだまだ遠く，解決すべき課題は山のようにある．しかしそれは決して不可能ではない，とわれわれは信じている。

▶引用文献
[1] きまぐれ人工知能プロジェクト　作家ですのよ．http://www.fun.ac.jp/~kimagure_ai/

あとがき

　本書のタイトルである「量から質に迫る」というフレーズは，新曜社にて本書のコンセプトをお話ししていたときに出てきたものです。近年心理学などの領域では，量的研究と質的研究の比較や，質的研究の意義を客観的に見直す機運が高まっているように思います。ただ，質的研究の必要性への無理解から生じる一方的な人文学批判や，質的研究側からの半ば居直りのような科学主義批判は私の回りにもいまだに数多くあります。私自身は，科学的方法論を踏襲しながら人文学領域に踏み込むという第三の道を模索していますが，人文学者からは数字で人の微細な心がわかるわけがないと言われ，科学者からはそんなものは分析する意味がないと言われ，話も聞かずに否定されることが少なくありません。学問の世界における量的研究と質的研究の対立の溝は非常に深く，その結果として発展が妨げられている領域もあちこちに見られます。本書のタイトルにはそのような不毛な争いが解消される一助になれば，という願いも込めています。

　序章でも触れましたが，人間の微細で複雑な感性をどのように量的に科学的に扱っていけばよいかという方法論は，いまだに確立されたといえる状態ではありません。そのため本書では，体系的に対象と方法を整理するという形ではなく，いくつかの領域における試みを各執筆者がケーススタディ的に紹介するというスタイルをとらせていただきました。ただ，体系的とは言えないまでも有用な方向性やボトムアップ的に得られた研究のコツのようなものはありますので，各部の初めに私が概説を書いて全体像を紹介する形式にいたしました。

　本書は，もともとは闘病生活を送っておられた徃住彰文教授を励ますための本として企画されたものです。当初の構想は，徃住研究室で博士号を取得した修了生が分担して執筆し，高次感性の解明に向けた取り組みをまとめて一冊の本にし，徃住先生に序文を書いていただく，というものでした。しかし，徃住

先生の病状は急激に悪化して入院となり，原稿の完成を待たずに60歳の若さで逝去されました。したがって，残念ながら本書の完成原稿を徃住先生に読んでいただくことはかないませんでしたが，本書の内容は徃住先生にご指導いただいた修士論文・博士論文がもとになっており，徃住先生は本書の監修者といえると著者一同は考えております。著者一同の追悼の意向を汲んでくださった新曜社の田中由美子様，塩浦暲社長にこの場を借りてお礼を申し上げたいと思います。

　本書をご一読いただければおわかりのとおり，徃住研究室で行われてきた研究の特色はその領域の幅広さとテーマの自由さにあります。ページの都合上，博士論文になった（現在執筆中のものも含めて）研究のみに絞ってご紹介しておりますが，修士論文の研究対象と方法論も多岐にわたり，とても一研究室で扱うテーマとは思えないようなバラエティがあります。人間の高次感性が多種多様な形で表れているということももちろん理由の一つではありますが，そのようなさまざまな研究が実現できたのは，学生が自由に自分で興味関心を探求することを認めてくださる，徃住先生の教育方針のおかげです。

　私の博士論文の研究テーマは宗教思想の科学的分析ですが，正直なところ，このような研究テーマで博士号を取得させていただけそうな研究室は，私の知る限り徃住研究室を除けば他には一つもありません。徃住先生が亡くなられた実感は未だにわかないのですが，この本をまとめる作業をしながら，従来の発想を覆す新しいパラダイムを切り開く貴重な研究の場が失われたことを改めて残念に思っております。
　徃住彰文先生のご冥福を著者一同心よりお祈り申し上げます。

2014年6月12日

村井　源

人名索引

【あ行】
アウグスティヌス　95-97
アクィナス、トマス　93, 97
アリストテレス　35, 177
アンブローズ　184
インワーゲン、ヴァン　34
ウォルターストーフ　35
ウォルトン　39-42
エクマン　184
エデルマン　177
オースティン　35

【か行】
柿木吾郎　120
兼常清佐　124
カリー　35
カルヴァン、ジャン　97
岸田國士　133, 140
キャロル　36
キリアン　43
小泉文夫　117, 118
小島美子　120, 121

【さ行】
サール　35
シェイクスピア　56
シャピロ　46
スクルートン　36, 38
ストローソン　35
スローマン　161, 171
セリグマン　163
ソシュール　55

【た行】
ダマシオ　161, 162
柘植光彦　57
ドイル　33
徃住彰文　158, 159, 198
戸田正直　159
ドネラン　35
ドレヴェッツ　163, 164, 169

【な行】
ノーマン　210

野田浩平　159, 171
野村総一郎　163, 164

【は行】
パーソンズ　33, 34
パーテン　188
ハーン、ラフカディオ　191
馬場章　142
バルト、カール　97
樋口昭　109
ヒューム　45
ファイファー　162
フィルモア　44
プラトン　31, 32
フリーセン　184
プルースト　55
フレーゲ　35
フロイト　157
プロップ　68
ベーコン　56
ベック　163
星新一　220

【ま行】
マイノンク　32-34
マクリーン　161
町田佳聲　110
マルティニッチ　35-37
宮本常一　124
村上春樹　8, 57, 68-70
メンデンホール　56, 68
守一雄　159

【や行】
ヤナーチェック　73
ヤナル　36, 39
山下利之　142
ヨハネ・パウロ二世　97

【ら行】
ラッセル　31-36
ラパポート　46
ラマルク　36, 41

事項索引

【アルファベット】
ACT-R　159, 173, 175
KHCoder　131
KWIC　141
MeCab　130, 131
N-gram　16, 82
OCR　133
Q　88
RMeCab　131
SNePS　43, 46
Soar　159, 173, 174
SOARS（ソアーズ）　172, 173, 175
StarLogo（スターロゴ）　165, 167, 172
STS　132-139, 141
Text Seer　131, 141
VLMC モデル　111, 113, 114, 121

【あ行】
愛着　201
　　――感情　201, 202, 205, 209, 210, 212
青空文庫　56, 132, 133
東物　120
アメリカ精神医学会　163
暗黙情報の抽出技術　51
育児意欲促進説　183
『1Q84』　69
1階述語論理　46
意味概念　23
意味クラスター　65
意味ネットワーク　43, 44, 46, 47, 50
意味分類　61
意訳　100
イライザ　158
因子分析・主成分分析　17
インスタンス　45
　　――・ノード　46, 47
陰旋化　118, 125, 126
引用分析　82, 83, 93-95, 97, 216
エージェント　160
　　――ベースアプローチ　80
　　――ベースシミュレーション　155
笑顔　177-179, 216
　　――の起源　179, 181
　　――の継続時間　193

（――の）潜時　194
――の定義　186, 193
――の発達　187
――の頻度　194
――の分類　186
胎児の――　180
日米の――表出の違い　191
日本人の――　191
エスノメソドロジー　151
エッジ（線）　138
おしゃべり人形　201
音価　112
音楽や絵画の自動生成　220
音楽を認知する仕組み　108, 126
音高　112
音声データ　211
音程　112
オントロジー　24

【か行】
カイ二乗検定　58
階層的クラスタリング　121-123, 143, 144
会話分析　203, 211
科学　7
　　――的手法　7, 9, 10
　　人文学の――化　219
係り受け解析　81, 130, 144
核音　117
核外属性　33
学習心理学　164
学習性無力感　167-170
　　――のモデル　163
　　初期――　164
核属性　33
格文法　44
価値観の体系　79, 80
価値判断　5
楽曲コーパス　108, 110, 111, 113, 114, 121, 122, 125
楽曲分析　108, 120
可変長マルコフ連鎖モデル（VLMC モデル）　110
カルト宗教　84, 86
感覚的（な）感性　3-6
感情　6, 150
　　――機構　160

――の研究　157
　　　――のシミュレーション　174-176
　　――（の）研究　150, 157
　　――的反応　39
　　擬似――　40, 41
　　基本――　6
　　肯定的――　209, 210
　　抑うつ――の研究　163
感性　2, 3
　　――語　147
　　　　――の使われ方　146
　　――工学　2, 219
　　――の分析　2
記号計算　159
記号処理　215
記号分析　82
記号論的アプローチ　155
記号論理学　46
記号を数える　15
擬似感情　40, 41
技術的属性　33
キノコ食いロボット　159
基本感情　6
客観性　200, 212
客観的な質的アプローチ　213
共引用関係　97
共引用分析　95
教会論　91
共観福音書　88
共起ネットワーク　138, 139
　　――分析　16
共起分析　81, 137
共時的分析　25
共存の人工物　209
共通語　70, 74
　　――の異時増加　73
　　――の同時増加　71
共同訳（聖書）　98
虚構　29, 30
　　――言説　30, 31
　　――作品　35
　　――存在　30-32, 43
　　――対象　34
　　――的真理　40, 42, 43
　　――テキスト　50
　　――認知の高次感性　30
　　――のパラドクス　37, 38
　　――文　31, 32

　　――理解技術の可能性　51
　　――理解システム　47
虚像（ファンタスマ）　31
キリスト教（の）神学　84, 92, 95
キリストの受肉　97
近接中心性　104
筋肉発達促進説　183
口開け表情　178, 179, 181, 183, 196
グノーシス主義　96
クラス　45
クラスター　17, 95
　　――分析　58, 59, 67
　　意味――　65
　　品詞――　60
クラスタリング　17, 124, 143
　　階層的――　121-123, 143, 144
クラスフレーム　42
グループ化　17
芸術音楽　109
芸術的感性　5
芸術における感性　5
形態素解析　130, 133, 134, 141
系統発生　178-180
計量書誌学　93
計量的なテキスト分析　216
計量的分析手法　216
計量文献学　56, 68, 215
計量分析　110, 125, 126, 131
　　テキストの――　129, 142, 147, 148
　　批評の――　128, 147, 148
　　翻訳の――　101
計量文体学　26
けいれん説　183
ゲーム批評テキスト　142
ゲーム理論　155
言語行為論　35, 37
言語データ　22
言語発達段階　187, 189
小泉（文夫）のテトラコルド　116-122, 125
口語訳聖書　98
高次感性　2-6, 11-15, 18, 19, 22, 26, 37, 78, 79, 81, 83, 150, 200, 202, 209, 211, 217, 218
　　――の定量化　13, 215
　　――の定量的研究　218
　　――の定量的な分析　93, 220
　　――のメカニズム　220
　　――を含んだデータ　14
虚構認知の――　30

事項索引　225

思想と芸術の―― 216
　　社会的な―― 150, 151, 154, 216
　　日常生活における―― 211, 212
　　文学の―― 215
構造化インタビュー 152
構造主義 55
肯定的感情 209, 210
高等批評 81
コーパス 27
　　――言語学 27, 141
　　――・データベース 11
　　楽曲―― 108, 110, 111, 113, 114, 121, 122, 125
　　日本民謡の地域―― 122
コーラン 85
五感 2
国立国語研究所 124
心－脳アプローチ 161
個体発生 178-180
ごっこ遊び 39-41, 50
　　「――」理論 40-42
小道具 40
言葉 56
コミュニケーション機能を備えた人工物 201
語用論的メッセージ 205
コンコルダンス分析 16, 81
コンテキスト的情報 218
コンピュータ 157
　　――を用いた分析 94

【さ行】

再現性 7, 8, 141, 200, 208, 209
作風 57
　　――変化 57, 58, 61, 67, 68, 74, 75
残差分析 58
刺激－反応 167
思考主義 37, 38, 40, 41
　　――理論 36
志向的属性 33
自然言語処理 69, 128, 130, 144, 158, 159, 172, 174, 200
思想・芸術 78
　　――的な感性 79
思想・宗教における感性 5
思想と芸術の高次感性 216
シソーラス 23, 62, 218
実験経済学 154
質的アプローチ 209
　　客観的な―― 213

質的分析 200
自動的な創造 220
自発的微笑 179-184, 196
　　――の定義 180, 182
社会エージェントシミュレーター 172
社会エージェントモデル 174
社会性スコア 188-190
社会的な感性 6
社会的な高次感性 150, 151, 154, 216
社会的微笑 179, 183, 184, 196
自由遊び場面における笑い 185
宗教 84
　　――原理主義者 86
　　――思想 84, 85
　　――思想テキスト 86
修辞分析 28
終末論 91
樹形図 17
照応解析 25
条件反射 167
常識的知識 47
情報工学 128, 131
証明するべき何か 140
初期学習性無力感 164
書誌情報 17
新 AI（人工知能） 159
進化 178
　　――シミュレーション 80, 155
新改訳（聖書） 98
『神学大全』 93
新共同訳聖書 98, 99
神経回路モデル 163
神経伝達物質 164, 168
　　――仮説 164
　　――（の）モデル 163, 171
人工生命 160
　　――環境 167, 172, 173
　　――シミュレーション 169
　　――の実験 170
　　――のシミュレーター 165
　　――モデル 171, 174
人工知能 27, 41, 43, 159
　　――学 158
　　――的な記号処理 216
　　――プログラム 158
　　第5世代――プロジェクト 159
人工的課題設定 210
人工脳方法論 161

人工無能　28
身体性アプローチ　162
身体性認知科学　159, 161, 162
人文学的手法　7
人文学の科学化　219
心理学　2, 7
心理実験　80, 200
スキーマ　41
スクリプト　41
スピリチュアリズム　86
生活の質の向上　210
聖書　85, 88, 92
　——解釈　105
　——学　81
　——略記号　94
　共同訳（——）　98
　口語訳——　98
　新改訳（——）　98
　新共同訳——　98, 99
セロトニン　164, 168, 169
線形分類器　123
潜在意味解析（LSA）　16
旋律　111, 112, 120
相対活性　39
存在論的属性　33

【た行】
第1層の脳　167
第2層の脳　167, 168
第3層の脳　168, 169
第5世代人工知能プロジェクト　159
『大観』　120 ⇒『日本民謡大観』
大規模なアンケート分析　154
胎児　180, 182
　——の笑顔　180
　——の微笑　179
体性情報　162
大量のデータ　128, 213
大量のテキスト　140
大量のテキストデータ　200
対話ロボット　211
多数のデータ　151
ダブリン・コア　18
単語　23, 130
　——の共起ネットワーク　138
　——の共起分析　135
　——の頻度を数える　131
談話分析　151

逐語訳　100
知識フレーム　41-43, 50
チャターボット　28
中心性分析　104
チンパンジー　180, 181, 183
通時的解釈技法　25
低出生体重児　179
定性的研究　7, 10, 11
定性的手法　9
定性的な分析　152, 154
定量化　13
定量性　8, 10
定量的・科学的なアプローチ　86
定量的研究　7, 9, 11
　——の定性化　11
定量的手法　12, 68
定量的なアプローチ　1, 57, 105
定量的なテキストの分析　81
定量的な文芸テキスト解析　68
定量的（な）分析　14, 152, 154
定量的な翻訳比較　101
データ分析　152
手紙文　210, 212
　——の分析　203
テキスト　22, 23, 26, 40
　——解析　142
　——中の語彙構成　58
　——読解の研究　27
　——の計量分析　129, 142, 147, 148
　——の整形作業　133
　——分析　141
　　計量的な——　216
　——マイニング　81, 82, 128, 131
　生の——　141
デジタル・ヒューマニティーズ　218
テトラコルド　117
　——理論　117
　小泉（文夫）の——　116-122, 125
　都節の——　118, 124, 125
　民謡の——　118, 125
　律の——　118, 125
　琉球の——　118
田楽　124
デンドログラム（樹形図）　17, 59, 65, 122, 123, 144
統計学　13
統計的な分析　11
ドーパミン　164, 168

事項索引　*227*

【な行】

内容分析　15, 151
生のテキスト　141
西物　120
日常生活における高次感性　211, 212
日米の笑顔表出の違い　191
『日本言語地図』　124
ニホンザル　179-181, 183
日本人の笑顔　191
日本の伝統音楽　109
日本民謡　109
　　『――大観』　110 ⇒『大観』
　　――の音楽的特徴　108, 120, 121
　　――の地域コーパス　122
　　――の地域性　108, 120
ニューエイジ　86
ニューラルネットワーク　167-169
人形型玩具　201, 216
人間の言語　35
人間の精神　31
認知科学　2, 31, 127, 158, 165
認知行動療法　161
認知心理学　162
ネットワーク　138
　　――分析　91, 95, 97, 102, 104, 139
脳科学　162
脳内の情報処理　156
脳の3層構造モデル　161
ノード　44, 138, 167, 168
ノルアドレナリン　165, 169, 171

【は行】

バーチャルヒューマンズプロジェクト　174, 175
歯出し表情　196
　　無声――　179
八地方区分　121
発達心理学　178, 184, 201
発達水準　187
発話プロトコル　210
　　――・データ　203
　　――分析　203
反証可能性　7-9, 217
汎用性　68
汎用的テキスト解析　69
汎用的な分析　69
比較行動学　178
悲劇のパラドクス　38
微笑　178

　　自発的――　179-184, 196
　　社会的――　179, 183, 184, 196
　　胎児の――　179
ビッグデータ　75
ヒト　181, 183
批評テキスト　128
批評の計量分析　128, 147, 148
比喩　28
　　――分析　28
評価・価値観の体系　78
評価語　146, 147
評価軸　79
表情表出の日米比較　192
「広い」分析　151-153
品詞クラスター　60
品詞の構成　59
品詞分類　58
ファンレター　202
フェルト・スマイル　184
フォルス・スマイル　184
「深い」分析　151-153
福音書　88
福音宣教　97
仏教音楽　109
仏典　85
プリモブエル　201
プレイ・フェイス　178
プロトコル分析　15, 127, 128, 151, 210, 212
プロトコル法　12
文学研究　55
文学における感性　4
文学の高次感性　215
文学の自動生成　220
文化的な違い　195
文芸テキスト　56
文芸批評の理論実体　34
分析結果の安定性　217
分析単位　203, 205
文体　56, 57, 68
　　――の変化　60
文脈（コンテキスト）　24
　　――木　110, 111, 114
『分類語彙表』　61, 62, 74
ペアリー　158
ホームズ，シャーロック　33, 34, 42, 45-50
ボトムアップアプローチ　162-165, 167
本能　167
翻訳の計量分析　101

翻訳分析　98, 216

【ま行】

マイノンク主義　33
マタイによる福音　88
マルコによる福音　88
マルコフ連鎖　16
　　可変長——モデル（VLMC モデル）　110
ミゼラブル・スマイル　184
都節のテトラコルド　118, 124, 125
民俗音楽　109
民俗芸能　109
民謡　109
　　——のテトラコルド　118, 125
無声歯出し表情　179
村上春樹の物語構造　68
命題　204, 205, 212
メタデータ　17
モジュール　167, 168
物語　56, 57, 68
　　——構造　28, 69, 74
　　——の時間進行　69
　　——（の）分析　28, 68
模倣（ミメーシス）　31

【や行】

有向リンク　44
ユーザビリティ評価　210
ユビキタスホームにおける生活実証実験　211
様相的属性　33
抑うつ　170, 171
　　——感情の研究　163
　　——感情の発生メカニズム　160
　　——のエージェントモデル　165
　　——の定義　164
　　——の脳回路　164, 171
ヨハネ・パウロ二世　97
ヨハネによる福音書　88
「読む」（という）行為　54-56
四資料説　88
四福音書　89

【ら行】

ライフログの分析　153
ラベル　205
　　——付け　212
律のテトラコルド　118, 125
琉球のテトラコルド　118
量から質に迫る　148
量子コンピューティング　175
ルカによる福音　88
霊長類　178, 179
霊肉二元論　97
ロシア・フォルマリズム　55
ロシア魔法民話の構造分析　68
ロバストネス　217
ロボット学　160
論理の体系　79

【わ行】

笑い　178
　　自由遊び場面における——　185
わらべうた　109

著者略歴（執筆順，【　】内は担当章）

良峯徳和（よしみね　のりかず）【第1章】
筑波大学哲学思想研究科哲学専攻満期退学。リーズ大学（イギリス）哲学部修士課程「心の哲学」専攻修了。東京工業大学大学院社会理工学研究科博士課程修了（学術博士）。現在，多摩大学グローバルスタディーズ学部教授。主な専門分野は心の哲学・認知科学・自然言語処理。文学や物語の理解・鑑賞に関わる認知的メカニズムについて，哲学からコンピュータシミュレーションにわたる広い視点で研究している。

工藤　彰（くどう　あきら）【第2章】
東京工業大学大学院社会理工学研究科博士課程修了，博士（学術）。東京大学大学院教育学研究科にて日本学術振興会特別研究員（PD）を経て，現在，同大学院特任助教。その他，東京工業大学，東洋英和女学院大学で非常勤講師。専門は文芸テキスト解析，計量文献学，クリエイティブ・ライティング，芸術創作過程。最近は小説の創作プロセスや芸術家のメタ認知に関心がある。日本認知科学会に所属。

河瀬彰宏（かわせ　あきひろ）【第4章】
東京工業大学大学院社会理工学研究科博士課程修了，博士（工学）。現在国立国語研究所非常勤研究員，東京工業大学非常勤講師。複数の学問分野の方法論を組み合わせた新しいタイプの音楽研究を実践している。デジタル・ヒューマニティーズ若手研究奨励賞，手島精一記念研究賞などを受賞。日本民俗音楽学会で理事を務める。

川島隆徳（かわしま　たかのり）【第5章】
東京工業大学生命理工学部生命科学科卒業，東京工業大学大学院社会理工学研究科価値システム専攻博士課程単位取得満期退学。修士（工学）。現在国立国会図書館勤務。専門分野はデジタル・ヒューマニティーズにおけるテキストマイニングの活用及びそのためのツール開発。

野田浩平（のだ　こうへい）【第6章】
東京理科大学理工学部物理学科卒業，東京工業大学大学院社会理工学研究科博士課程修了，博士（学術）。現在株式会社ガリバー執行役員，株式会社ココロラボ代表取締役。主な専門分野は感情の認知科学，メンタルヘルス，モチベーション，感情知能，認知科学の企業人事への応用。日本認知科学会会員。

川上文人（かわかみ　ふみと）【第7章】
慶應義塾大学文学部人文社会学科心理学専攻卒業，東京工業大学大学院社会理工学研究科価値システム専攻博士課程修了，博士（学術）。東京大学大学院教育学研究科教育心理学コースの日本学術振興会特別研究員を経て，現在，京都大学霊長類研究所思考言語分野にて日本学術振興会特別研究員。発達心理学，認知心理学を専門とし，主に笑顔の進化と発達について，チンパンジーとヒトを対象に研究を行っている。

松本斉子（まつもと　なおこ）【第8章】
東京工業大学大学院社会理工学研究科価値システム専攻博士課程修了，博士（学術）。専門分野は語用論，ヒューマンインタフェース。発話意図の推定と，人工物に対するユーザの感情に関心がある。

監修者略歴

徃住彰文（とこすみ　あきふみ）
北海道大学文学部哲学科卒業，北海道大学大学院文学研究科博士課程心理学専攻単位取得満期退学，博士（行動科学）。聖心女子大学助教授，東京工業大学大学院社会理工学研究科価値システム専攻准教授を経て，同教授に就任。2013年7月1日逝去。専門分野は認知科学，心理学，感性工学。日本認知科学会運営委員や日本感性工学会理事などを歴任。

編者略歴

村井　源（むらい　はじめ）【序章，第3章，終章担当】
東京大学工学部計数工学科卒業，東京工業大学大学院社会理工学研究科価値システム専攻博士課程修了，博士（工学）。現在東京工業大学大学院社会理工学研究科価値システム専攻助教。主な専門分野は計量文献学，テキストマイニング，デジタル・ヒューマニティーズ。聖書からTwitterまで幅広いメディアでのテキストの意味解釈を科学化する研究を行っている。情報知識学会および日本デジタル・ヒューマニティーズ学会で理事を務める。

量から質に迫る
人間の複雑な感性をいかに「計る」か

初版第1刷発行　2014年7月28日

監修者	徃住彰文
編　者	村井　源
発行者	塩浦　暲
発行所	株式会社 新曜社

〒101-0051 東京都千代田区神田神保町3-9
第一丸三ビル
電話（03）3264-4973・Fax（03）3239-2958
E-mail：info@shin-yo-sha.co.jp
http://www.shin-yo-sha.co.jp/

印刷所　亜細亜印刷
製本所　イマヰ製本所

©Akifumi Tokosumi, Hajime Murai, 2014　Printed in Japan
ISBN978-4-7885-1396-9　C1011

新曜社の関連書

書名	著者	仕様
質的心理学ハンドブック	やまだようこ・麻生 武・サトウタツヤ・能智正博・秋田喜代美・矢守克也 編	A5判600頁 本体4800円
質的心理学の方法 語りをきく	やまだようこ 編	A5判320頁 本体2600円
幸せを科学する 心理学からわかったこと	大石繁宏	四六判240頁 本体2400円
ヒトはなぜほほえむのか 進化と発達にさぐる微笑の起源	川上清文・高井清子・川上文人	四六判180頁 本体1600円
ワードマップ 会話分析・ディスコース分析 ことばの織りなす世界を読み解く	鈴木聡志	四六判234頁 本体2000円
ワードマップ エスノメソドロジー 人びとの実践から学ぶ	前田泰樹・水川喜文・岡田光弘 編	四六判328頁 本体2400円
プロトコル分析入門 発話データから何を読むか	海保博之・原田悦子 編	四六判272頁 本体2500円
R & STAR データ分析入門	田中 敏・中野博幸	B5判248頁 本体3200円
実践 質的データ分析入門 QDAソフトを活用する	佐藤郁哉	A5判176頁 本体1800円
数字で語る 社会統計学入門	H・ザイゼル 佐藤郁哉 訳 海野道郎 解説	A5判320頁 本体2500円
意識の科学は可能か	苧阪直行 編著 下條信輔・佐々木正人・信原幸弘・山中康裕 著	四六判232頁 本体2200円

＊表示価格は消費税を含みません。